시민이 주도하는

지역순환경제

시민이 주도하는
지역순환경제

| 위기의 지역경제, 그 새판 짜기 |

A Citizen-led Local Endogenous Development

Regional economic crisis, building a new paradigm as an alternative

양준호 엮음 | 양준호·남승균·박창규·곽동혁·이점순·송지현·이상헌 지음

한울
아카데미

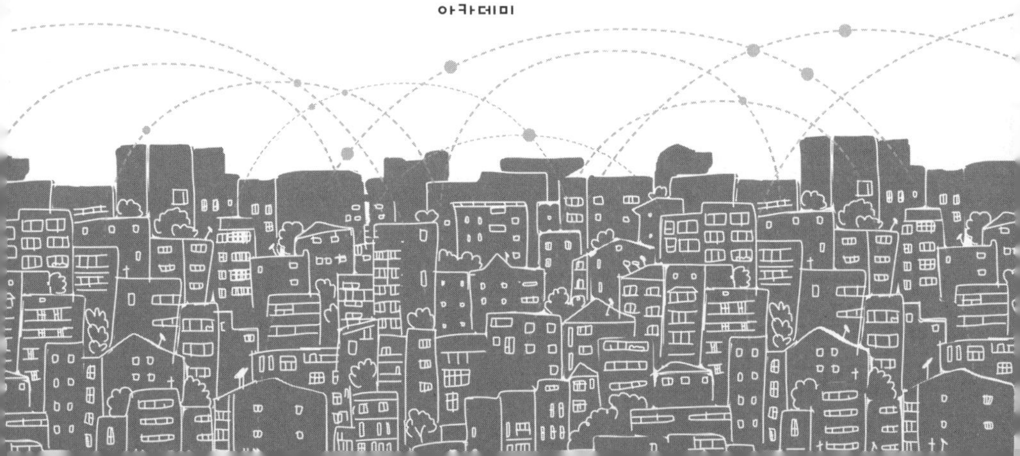

차 례

서론 지역경제의 위기, 어떻게 돌파할 것인가? 그 돌파구로서의 '지역순환경제'

1. 이른바 '지역순환경제'의 대두 8
2. 지역경제 운동, 사후적인 비판에서 사전적인 대안 모색으로 9
3. 토목공사 기반 지자체 지역경제 활성화책의 패착 10
4. '대기업 유치=지역경제 활성화'론의 분명한 허구 11
5. 대안으로서의 '지역순환경제' 12
6. '지역순환경제'의 대전제, 학습된 주민들의 자치 14
7. '지역뉴딜'의 시대, '지역순환경제'로 돌파구를 찾아야 15

1장 지역경제와 지역공동체의 피폐화

1. 지역 불균형 발전의 대두 17
2. 지역 간 불평등 격차의 실증분석 20
3. 맺음말 33

2장 지역공동체가 주도하는 지역순환경제 만들기

전라북도 임실군 금성리 '치즈마을'을 중심으로

1. 공동체 주도의 순환형 지역경제란? 39
2. 임실 치즈마을의 개요와 특징 43
3. 임실 치즈마을 이야기 46
4. 지역 활성화 근간을 치즈에 둔 순환형 지역경제 50
5. 복지로 이어지는 마을만들기와 마을공동체 문화 58
6. 지역 내 주민소득과 실천적 주민조직 63
7. 임실군 순환경제의 교훈 67

3장 지역순환경제와 사회적경제
미국 클리블랜드와 영국 프레스턴의 사례를 중심으로
1. 머리말 75
2. 지역순환경제란 무엇인가? 78
3. '지역공동체 부 구축'을 통한 지역순환경제의 사례 86
4. 지역순환경제 실현을 위한 방법으로서의 사회적경제 104
5. 맺음말 109

4장 지역순환경제와 지역화폐
브리스틀파운드와 인천e음이 주는 부산 동백전의 교훈
1. 머리말 114
2. 영국 브리스틀파운드의 도입과 운영 현황 117
3. 브리스틀파운드 평가와 전망 127
4. 인천지역화폐 '인천e음' 사례 131
5. 브리스틀과 인천의 지역화폐가 부산 동백전에 주는 교훈 139

5장 지역화폐의 의의와 활성화 방안
1. 머리말 149
2. 지역화폐에 관한 이론적 논의 151
3. 국내외 지역화폐의 운용 실태와 유형별 특성 156
4. 결론과 제언 171

6장 지역화폐, 공공 금융, 블록체인 지역 재투자 플랫폼
지역순환경제의 조건
1. 글로벌 유동성과 지방 경제 175
2. 지역순환경제를 위한 지역화폐 플랫폼 193

7장 지역순환경제 구축을 위한 '지역공동체 부 구축'

지역공동체 부 구축, CWB

1. 머리말 206
2. 대안으로서의 지역순환경제 209
3. 지역순환경제의 방법론으로서의 CWB 211
4. 영국에서의 CWB 성공 사례 215
5. 영국 CWB의 성공을 조력하는 '지역경제전략센터', CLES 221
6. CLES의 '좋은 지역경제 만들기' 보고서 "CLES-10" 222
7. 우리 현실에 맞는 CWB 모색 228
8. 맺음말 232

결론 '지역순환경제'로 지역경제 새판 짜기

1. 핍진한 지역경제 236
2. 국내 지자체 대응의 오류 237
3. '지역순환경제'로 지역경제 새판 짜기 238
4. '지역순환경제'를 위한 여러 시도들 239
5. 지자체의 새로운 정책기조와 문제의식 240
6. 지자체와 시민사회, 지역경제의 '순환구조'를 살펴야 241
7. 지자체의 '지역주의적인' 경제정책의 조건 242
8. 비서울권 지역들이 직면한 위기의 '중층성' 243
9. '지역순환경제' 운동의 진보적 의의 244
10. '지역순환경제'에 대한 오해, 그리고 그 반론 244
11. 지역의 자기방어 장치로서의 '지역순환경제' 246

서론

지역경제의 위기, 어떻게 돌파할 것인가? 그 돌파구로서의 '지역순환경제'

양준호(인천대학교 경제학과 교수)

1. 이른바 '지역순환경제'의 대두

세계적인 지역경제 연구자이자 일본의 진보적 시민사회를 대표하는 지역경제 운동가인 전 교토대학교 경제학부 오카다 도모히로(岡田知弘) 교수는 지자체가 외국 자본이나 국내 대기업을 유치하는 식으로 지역경제를 살리려 해도 유치된 자본과 대기업은 그 지역 안에서 별다른 경제적 파급효과를 거의 만들어내지 못하고 또 그들이 지역 주민들을 고용하거나 재투자하지 않음을 평생의 실증연구를 통해 입증해 왔다(오카다, 2016). 바로 이와 같은 현상은 일본에서만 나타나는 것이 아니다. 1980년대 이후의 거의 모든 자본주의 국가 내 지역에서, 또 IMF 위기 이후의 우리나라 각 지역에서도 이러한 현상이 고스란히 나타난다. 즉, 지역에 유치된 외국 자본이나 국내 대기업의 '무용(無用)론'은 어떤 특수한 담론이 아니라 일반적인 법칙으로 간주해도 무리가 아니다. 사실 이러한 문제는 우리나라 지역경제에 깊이 뿌리내려 있으며 또 우리 지역경제를 피폐화하는 중요한 원인 중 하나로 작용해 왔다. 그래서, 지역경

* 서론은 양준호(2022)의 내용을 수정·보완한 것이다.

제는 그 성장 동력을 지역 외부에서 '모셔오는' 것이 아니라 지역 내부에서 동력을 찾는, 즉 지역에서 생산된 것은 지역에서 소비될 수 있도록 하고, 또 지역에 축적된 자금은 지역 안에서 돌고 돌 수 있도록 하며, 지역 내 기업들은 지역 안의 여타 기업들로부터 원재료나 중간재를 조달하는, 그런 '지역순환경제'를 구축할 때 비로소 활성화될 수 있다는 결론을 도출해 낼 수 있다. 실제로 이는 이론적인 논리 차원을 넘어 경험적으로도 분명히 확인된다. '지역순환경제'를 지향하고 또 이를 정책화하며 시민실천으로 제기하는 데 성공한 전 세계의 도시, 농촌 그리고 골목들은 전반적인 지역의 위기 가운데에서도 상대적으로 높은 수준의 경제적·사회적 지속가능성을 분명한 통계로 보여주기 때문이다.

2. 지역경제 운동, 사후적인 비판에서 사전적인 대안 모색으로

우리나라 지역에도 지역혁신을 목표로 활동하는 여러 시민운동단체들이 있다. 그 지역에서 다양한 경제문제가 발생할 때마다 그 문제의 본질을 밝히는 활동도 한다. 그러나 이들은 그 지역에 어떠한 경제시스템을 구축해야 하는지, 즉 지역경제에 관한 실천적·정책적 대안을 제시하지는 못 했던 것이 사실이다. 일이 발생한 뒤에 진단하는 정도에 그치고, 새로운 대안을 모색하는 활동에는 미치지 못했다. 예를 들어 대기업이 지역에 들어와 아무것도 기여한 것이 없다며 비판을 하면서도 이를 대체할 수 있는 지역경제 동력과 그 지속가능한 작동에 관해서는 제언해 내지 못 했다는 의미다. 가까운 일본에서는 지역문제, 특히 지역경제 문제에 관한 그 지역 주민들의 자발적인 운동이 큰 성과를 내고 있는 것으로 잘 알려져 있다. 지역의 변혁적 혁신을 지향하는 일본 각 지역의 주민운동은 주로 진보적인 정치조직이나 협동조합 등의 사회적경제 조직과 깊은 연관을 맺으며 전개되는데, 주민운동, 즉 주민공동체 단위의 운동들은 지역경제를 '순환형으로' 작동시키고자 하는 데 초점을 맞춘다.

지역공동체 차원의 대안적 경제시스템을 지역 주민이 직접 기획·주도하며, 지역 내부의 경제적 자원 간의 연관을 강화하는 데 주안점을 두고, 이러한 실천적 운동을 기반으로 대안 모색에 집중한다는 것이다. 반면에 우리나라 지역의 주민운동이나 시민운동은 앞에서도 지적했듯이 단순히 문제가 터지고 나서 원인을 진단하는 데 집중되어 왔다. 그런 의미에서, 이제부터 지역경제 또는 골목 경제 활성화를 위한 논의는 어떤 지역의 생산과 판매가 그 지역의 투자 또는 소비와 연계되는 순환형 경제가 구축되지 않고 있다거나 지자체가 외부 자본의 투자 유치에만 매몰되어 있다는 식의 사후적인 비판에 그칠 것이 아니라, 새로운 지역경제 시스템을 모색하는 문제의식으로 업그레이드되어야 한다.

3. 토목공사 기반 지자체 지역경제 활성화책의 패착

지금까지 지역경제 활성화를 위한 우리나라 지자체 정책은 주로 그 지역에 대한 '투자'를 유도하는 데 초점을 맞췄다. 가장 대표적인 것이 토목공사 중심의 투자였다. 투자가 경제성장에 대한 기여도가 크다는 사실을 인식하면, 이는 논리적으로 틀리지는 않았다. 일반 기업이나 협동조합과 같은 사회적경제 조직이 그 지역에 공장이나 사무실을 짓고 그 지역의 원자재나 중간재를 구매·조달하며, 나아가 신기술을 도입하는 등 이른바 투자가 이뤄져야 그 지역경제가 성장하는 것이니 말이다. 그러나 지역경제의 지속가능한 발전과 관련해 그 투자가 과연 무엇에 의해 견인되는가 하는 문제는 매우 중요하다. 서울을 제외한 우리나라 지역들의 투자는 주로 토목공사가 이끈다. 대도시의 경우, 그곳의 공단 또는 산업단지에서 새로운 기술을 도입하거나 그 지역의 기업에서 자재를 조달하거나 나아가 그 지역의 인재를 고용하는 등 '지역 내발적인(endogenous)' 형태로는 투자가 이뤄지지 않는다. 투자가 지역경제에 안정적으로 기여하려면 지역의 민간 소비 촉진과 그 지역의 산업 주체인 기업들 간의 원재료 및 부품 교환 등을 유도해 내어야 하는데 말이다. 나아가 토목공사형 투자는 지속해서 이뤄지기 어렵다. 도시 인프라는 한번 구축하면 100년 이상 지속된다. 또한 토목공사는 그 양적 수준이 경기에 따라 탄력적으로 변하고 또 안정적이지도 않다. 우리나라 지자체들의 재정 여건만을 볼 때도 막대한 지방예산이 투입되는 토목공사에 지속적으로 투자하는 것은 현실적으로 불가능하다. 이렇듯, 지역경제를 추동하는 투자가 생산적이지도 또 '내발적이지도(지역경제 내 파급을 담보하는 식으로 작동하지도)' 않았던 것이 바로 우리나라 지역의 문제다. 그런 투자를 외부에서 백번 유치해 와도 지역경제는 좀처럼 살아나지 않는다.

4. '대기업 유치 = 지역경제 활성화'론의 분명한 허구

그렇다면 투자가 지역 안에서 유인되는 것인지, 아니면 외부에서 유인되는 것인지를 잘 살펴볼 필요가 있다. 사회적경제의 메카로 불리는 스페인 몬드라곤(Mondragon)에서는 여러 협동조합이 생산 부문별로 카르텔을 이룬다. 그곳의 자동차 기업은 그 지역의 유리 만드는 기업에서 유리를 조달하고, 유리 만드는 기업은 그 지역에서 유리 만드는 기계를 생산하는 기업에서 기계를 조달한다. 이것이 바로 생산적이고 또 '내발적인' 투자다. 미국의 클리블랜드(Cleveland), 영국의 프레스턴(Preston), 일본의 이와테현(岩手縣)과 가나자와시(金沢市), 그리고 캐나다 퀘벡(Quebec)과 같은 도시에서는 이와 같은 투자를 정책적으로 또 시민실천적으로 지향해 왔다. 이 도시들에는 투자의 동력과 그 주체가 바로 지역 내부에 있다는 점을 주목해야 할 필요가 있다. 그러나 우리나라 지역들을 보면, 투자의 동력이 지역 외부에서 유입된다. 이로 인해 지역으로 유입된 자금은 지역 내부에서 연쇄적 파급효과를 내는 투자로 이어지지 않았다.

우리나라 각 지자체는 대기업 유치가 지역경제를 살려내는 '만병통치약'인 것처럼 인식해 왔고, 이를 위해 막대한 재정을 쏟아부었다. 그러나 지자체의 '상전 모시기'식의 정책 지원으로 유치된 대기업들은 사실 그 지역에서 그리 환영할 만한 기업들이 아니었다. 실제로 지자체들의 정책 지원에 의해 지역으로 유치된 대기업들은 본사와 같은 모회사가 아닌 분공장 형태의 자회사가 많다. 상법상으로 자회사에 불과한, 무늬만 대기업인 이 유치기업들은 지자체에서 행정·재정 지원 및 세금 감면과 같은 이른바 '상전 대접'을 받지만, 실제로 그 지역에서 벌어들인 모든 부가가치를 지적재산권 사용료 또는 특허권 사용료 등의 명분으로 그들의 본사나 모회사로 그 대부분을 이전시켰어야 했다. 이렇듯, 그간 우리 지자체들이 지역경제 활성화의 동력으로 인식해 오며 열심히 '모셔왔던' 이 대기업들은 그 지역에서 엄청난 돈을 벌지만, 그 부가가치는 해당 지역의 물류 기업이나 원자재 및 중간재 생산 기업으로 재투자되지 않고 고스란히 그들의 본사 또는 모회사로 새어나가 버렸던 점을 간과해서는 안 된다. 바로 이와 같은 '대기업 유치 만능론'의 문제점이 지역경제를 피폐화하는 중요한 요인으로 작용한다.

5. 대안으로서의 '지역순환경제'

해서, 앞에서 언급한 '지역순환경제'를 지역을 살리는 대안으로 제시해 그 정책적·시민실천적 대응을 기획해야 한다. 그간 우리나라 지역의 지자체와 시민사회에게는 앞에서 지적한 것들에 대한 문제의식이 결여되어 있었다. 이는 부정할 수 없는 사실이다. 지역경제를 활성화하는 것을 목적으로 했던 우리나라 지역의 시민운동은 앞에서도 언급했듯이 지역경제와 관련한 사후적인 문제의식에 익숙해져 있다 보니 대안을 모색하는 데 인색했고 역량도 부족했다. 이른바 리버럴 정당 또는 진보정당의 지자체 단체장들과 지방의원들이 노동문제나 복지문제는 상대적으로 잘 알고 있는 반면, 지역경제에 대해서는 사실 잘 알지 못했다. 다른 사회운동에 쏟는 만큼의 지적 역량과 그 에너지를 지역경제에 과감하게 배분해야 할 필요가 있다는 것이다.

그렇다면 지역경제 발전을 목적으로 하는 우리나라 지역운동은 어떻게 방향을 잡고 또 어떤 대안을 찾아야 하는 것일까? 그 대안의 단서를 외국의 모범 사례에서 찾아보자. 일본 나가노현(長野縣)에는 인구 1만 명 정도의 작은 마을, 사카에정(榮町)이라는 곳이 있다. 이곳에 가려면 도쿄의 공항에서 버스를 타고 나가노현으로 들어가야 한다. 버스를 기다리고 있으면 나가노현의 다른 도시로 가는 버스는 다들 비어 있는데, 이곳 사카에정으로 가는 버스는 매번 만석이다. 승객은 대부분 외국인이다. 세계 주요 도시의 주민운동가들, 진보정당의 지역 정치인들이 이 작은 도시를 끊임없이 찾기 때문인데, 이는 사카에정이 '지역순환경제'의 가장 모범적 모습을 보여주고 있음에 기인한다. 이른바 지역경제는 기본적으로 그 지역의 생산과 소비에 의해 움직인다. 여기서 말하는 소비는 주민들 개인 차원뿐 아니라 기업 간 산업 차원의 조달 관계도 포함한다. 그런데, 이곳 사카에정에서는 지역에서 생산된 모든 것이 지역에서 거의 다 소화된다. 높은 수익률을 내고, 재고가 없다. 그러므로 생산자들은 지역 주민 중 노동활동인구에 해당하는 주민들을 100% 고용한다. 지역의 다른 생산자들한테서 원재료와 부품, 부동산을 구매해 조달하고, 이렇게 생산한 제품들은 거의 다 지역 안에서 소비된다. 그런데 중요한 것은 이 선순환의 전 과정을 지역 주민들이 직접 통제한다는 점이다. 풀뿌리민주주의와 주민자치를 통해 지역경제 내 생산과 소비의 불균형을 해소하고 또 극복할 수 있다는 것을 보여주는, 매우 모범적이고 대안적인 사례라고 할 수 있다.

6. '지역순환경제'의 대전제, 학습된 주민들의 자치

그런데 사카에정 지역의 '지역순환경제', 그리고 그 동력은 바로 '의식화된 주민'들이다. 사카에정에서도 사실 1970년대까지는 '외부 자본 유치 만능론'이 득세했다고 한다. 이곳 지자체 역시 외부의 대형 유통업체나 제조 대기업 분공장을 유치하는 식으로 지역경제를 자극하려 했다. 우리나라 지자체들처럼 지역경제의 성장 동력을 외부에서 찾았다. 외부 자본을 유치하면 지역경제가 살아날 것이라고 생각했던 것이다. 그러나 이러한 문제의식을 가지고 정책들이 실패로 돌아가자, 지역 주민들은 외부 자본이 들어온다 하더라도 지역경제에 도움이 되지 않는다는 것을 막연히 느끼기 시작했다. 여기서, 사카에정의 지역운동가들은 그 지역 주민들의 그와 같은 막연한 문제의식을 과학화하고 이론화하는 교육 운동을 펼치기 시작했다. 대규모 쇼핑몰 등이 들어와도 지역 주민들을 고용하지 않고, 향토기업에서 원자재나 부품을 조달하지 않는다는 것을 데이터베이스화해서 통계를 기반으로 이론화하고 또 알기 쉬운 문체로 풀어쓴 소책자를 만들어 지역 주민들에게 돌리고, 교육하려 노력했다. 필자는 15년 전 그곳을 방문했을 때 어떤 식당에서 우연히 110세의 고령 할머니를 만났는데, 그 할머니는 '사카에정 옆에 있는 아오키정(青木町)이라는 도시가 있는데, 이 도시가 멍청하게도 복합쇼핑몰을 유치한다더라. 지자체가 여기에 모든 행재정적 지원을 쏟아붓고 있더라. 우리가 30년 전에 이미 통계로 얻은 교훈을 그곳 사람들은 모르고 있더라' 하는 식으로 얘기하는 것을 접한 바 있다. 그 고령 할머니에게서 이런 말을 접할 수 있었던 것은 사카에정에서는 주민들이 '외부 자본 유치 만능론'을 실증적이고 객관적으로 인식할 수 있도록 하는 교육을 주민들에게 체계적으로 해온 것이 그 배경으로 작용한다. 사카에정에서는 지역운동가들과 그 지역 대학이 지역경제 전반, 특히 지역경제를 피폐화하는 요인에 관해 공동연구를 수행해 그 연구성과를 지역의 모든 조직과 개인에게 발신하고 교육하는 사업이 10년 이상 지속되어 왔다. 그리고 지역 주민 80% 이상의 공동출자로 생산자협동조합을 만들었다. 전통 목공예, 농업, 임업, 견직물 생산자들과 다양한 서비스업자들이 참여했다. 지역에서 생산된 모든 생산물과 서비스를 바로 이 협동조합이 전량 매입한다. 협동조합이 개입하기 전에 이뤄지는 교환이나 매매는 내버려 두지만, 일정 기간에 모든 생산물을 매입해 지역 안에 있는 소비자 개인이나 지역 내 기업들에 배분한다. 배분한 뒤에도 물량이 남으면, 인근 다른 도시에 공급하는데 그것은 불과 10% 정도밖에 되지 않는다.

그렇다면 이곳 사카에정 지역이 시도하는 이와 같은 '지역순환경제'의 토대는 과연 무엇일까? 앞서 언급한 것처럼 학습되고 또 의식화된 주민들이다. 이들을 열정적으로 교육하는 지역운동가들의 역할도 매우 중요했다.

7. '지역뉴딜'의 시대, '지역순환경제'로 돌파구를 찾아야

결국, 지역경제 활성화는 자발적으로 주민공동체가 직접 상상하고 실천하는, 그리고 지자체와 국가는 이를 적극적으로 지원하는 그와 같은 '지역뉴딜'에 의해 담보될 수 있다. 우리 지역경제는 '위에서부터' 강행되어 온 글로벌화 과정에서 피폐해졌다. 그렇다면 지역경제는 로컬 차원에서, 즉 '밑에서부터' 살려야 한다. 지역 전체의 경제를 살려야 한다는 거대 담론이 아니라, 작은 규모의 공동체부터 골목 경제의 선순환 시스템을 학습시키고 교육하며, 그리고 그 정책화를 위한 실천을 해야 한다. 이를 통해 지역경제의 자기 완결적인 순환 메커니즘을 주민들에게 인식시킬 수 있게 된다. 한번 상상해 보자. 어느 도시의 특정 동(洞)에서 생산되는 모든 생산물과 서비스를 그 지역 안에서 소비하는 '지역순환경제' 시스템을 구축하기로 한, 의식화된 주민조직이 협동조합을 만들어 그 생산물과 서비스를 일괄 매입해 그것을 필요로 하는 소비자, 소상공인, 기업에 배분한다. 여기에다 그 동네 내부 기업들 간의 선순환 거래를 결합해 주는 역할을 협동조합이 발휘했더니, 그 동네에서 생산된 모든 생산물과 서비스가 100이라고 했을 때 소화된 것은 70, 다른 도시에 공급한 것 10, 재고가 20이다. 여기서의 재고 20은 그 동네 지방자치단체가 공공적인 사회서비스를 위해 현물로 매입한다. 그리고 지역화폐를 발행해 지역 저소득층과 노년층 등에게 나눠줘 이를 구매하게 한다. 이렇게 되면, 지자체는 재고 20만으로도 '제대로 된' 사회서비스를 제공하게 되는 것이다. '지역순환경제'를 구축하는 데 지방재정 약간을 지출하고 또 그 지출의 유효성까지 높일 수 있다.

세계적으로 100여 개가 넘는 도시 또는 지역에서 이와 같은 '지역순환경제' 실험이 펼쳐지고 있다. 시장에 의해서 생산과 소비를 연결하는 자본주의적 경제 논리를 뛰어넘을 수 있는 새로운 원리의 경제를 동(洞)이나 구(區) 정도의 작은 공간 단위에서 실천하고, 성공으로 이끌어내고 있다. 우리 지역들도 그러기 위해서는 자발적 주민공동체를 구축해야 하며, 또 그 마을만의 경제 청사진을 '밑에서부터', 지역 '내발적으로' 제시해야 한다. 이와 같은 주민들이 주도하는 지역경제, 그러한 주민 주도에 의해 역내외 자본과 생산을 통제하는 민주적 지역경제, 이를 행정적으로 또 재정적으로 적극 지원하는 '지역뉴딜'이야말로 우리 골목의 경제를, 우리 지역의 경제를, 그리고 우리나라의 경제를 새롭게 바꾸는 출발점이 아니라면 무엇이겠는가.

참고문헌

오카다 도모히로(岡田知弘). 2016.『지역만들기의 정치경제학: 지역 주민이 직접 만드는 순환형 지역경제(地域づくりの経済学入門)』. 양준호·김우영 옮김. 한울엠플러스.

양준호. 2022.「지역경제의 위기, 어떻게 돌파할 것인가?: 그 돌파구로서의 '지역순환경제'」. ≪후기산업사회연구≫, 제1권 1호.

1장

지역경제와 지역공동체의 피폐화

남승균(인천학연구원 상임연구위원)

1. 지역 불균형 발전의 대두

지역 불균형 발전은 우리나라에서 중요한 정책적 의제가 되고 있다. 나아가 불균형의 심각성은 '지역소멸'로 불릴 만큼 인구·경제·사회·문화 등 다양한 측면에서 나타나고 있는데, 이런 불균형의 가장 큰 원인은 수도권 집중 현상 때문이다. 그래서 2003년 노무현 정부 출범 당시 '국가균형발전위원회'가 대통령 자문위원회로 설치되었다. 이후 2009년 이명박 정부 시절 '지역발전위원회'로 이름이 변경되었다가, 2018년 문재인 정부에서 다시 명칭을 '국가균형발전위원회'로 다시 명칭을 되돌려 사용 중이다.

이 위원회의 목적을 보면 "지역 간의 불균형을 해소하고, 지역의 특성에 맞는 자립적 발전을 통하여 국민생활의 균등한 향상과 국가균형발전에 이바지함을 목적으로 한다"로 되어 있다. 이는 수도권에 집중해 발전하는 제반 사항들과 이로 인한 경제성장 성과들을 지방으로 배분하겠다는 취지의 지역균형발전 정책이다.

또 세계화는 상품의 획일화로써 지역에 빈곤을 창출하는 구조로 나타난다. 그래서 이에 대한 대응으로 광역경제권을 구축해야 하고, 지역의 특성을 살린

발전과 지방자치와 지방분권을 실현해야 하며, 나아가 도시와 지역의 협력과 상생발전을 위한 동반성장 전략을 펼쳐야 한다.

따라서 국가균형발전위원회는 공기업이나 공단을 지방으로 이전하거나 신도시와 혁신도시 사업을 추진했으며, 정부 부처를 지방으로 분산하는 행정중심복합도시를 추진하면서 현재 세종특별자치시를 탄생시켰다. 이렇게 국가적 차원에서 지역 간 격차를 해소하고자 노력한다는 것은 지역 간 격차가 그만큼 심각한 수준이라는 반증이기도 하다.

우리나라는 1997년 외환위기 이후 소득과 부의 불평등이 심화되고 있다. 사회의 불평등은 소득·자산·소비·문화·건강·교육 등 다양한 측면에서 심화되었다(전병유, 2016). 특히 금융소득과 근로소득의 상층 집중도가 높아졌으며 불평등 심화에 따른 양극화는 이전소득 증가 등에도 불구하고 여전히 높은 수준이다(국회입법조사처, 2019).

2016년 기준 상위 10% 계층이 차지하는 소득집중도는 OECD 국가 중에서 칠레(54.9%), 터키(53.9%), 미국(47.0%)에 이어 한국이 43.3%를 기록해 네 번째로 높은 것으로 나타났다(≪한국일보≫, 2018.11.25). 이러한 불평등은 비정규직과 정규직의 소득 격차와 하층의 불안정한 고용 그리고 금융과 부동산 자산의 불평등에 기인하는 것으로 보인다(국가교육회의, 2019).

사회 전반적으로 축소가 진행 중인 지역에서 흔히 발생하는 문제들은 인구축소, 지역경제 피폐화, 사회기반시설과 주택 등의 노후화, 극장과 학교 등 문화서비스 축소, 일자리 감축 등이다. 이러한 문제들의 누적 과정은 그 지역을 경제적, 사회적으로 점점 더 어렵게 만들며 악순환이 거듭된다.

따라서 한국 사회가 직면한 시대적 과제로 지역사회 구조의 급격한 축소와 위축이 전국적인 규모로 진행되는 '축소사회(shrinking society)' 현상과 도시 및 농촌 사이의 양극화가 가속화되면서 발생하는 지역 불균형 문제가 심각하게 나타났다. 나날이 심화되는 초저출산화·인구고령화 추세 속에 농촌에서 도시로의 인구이동은 지역사회 쇠퇴, 나아가 '지역소멸'이라는 심각한 문제를

그림 1-1 쇠퇴하는 지역에서 발생하는 문제들의 개념화

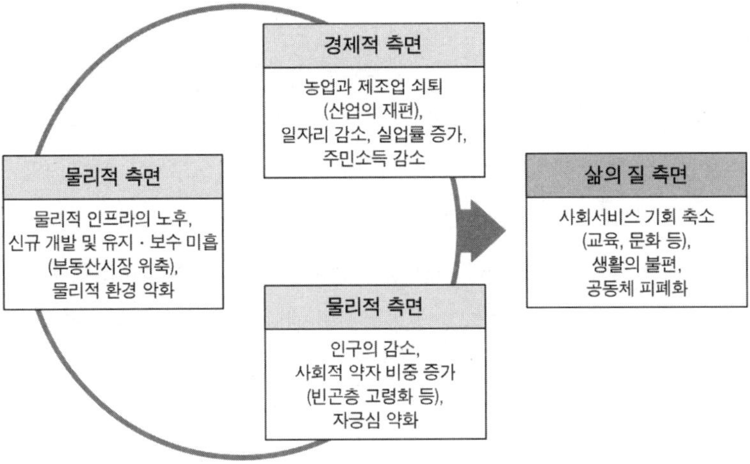

자료: 통계청, "통계용어및지표".

야기했다(고선규·이병호, 2019: 153~180).

쇠퇴하는 지역에서 발생하는 문제들은 개념적으로 경제적 측면, 사회적 측면, 물리적 측면, 삶의 질(quality of life) 측면으로 구분 가능하나, 이 문제들은 서로 영향을 주고받으며 밀접하게 얽혀 있다고 한다(박인권, 2012: 1~26).

박인권은 먼저 경제적으로 쇠퇴하는 지역에서는 농업 및 제조업의 쇠퇴와 같은 산업의 재편 등으로 인해 일자리 감소, 실업률 증가, 주민소득 감소 등의 문제가 나타난다고 보았다(박인권, 2012). 이는 곧 해당 지역의 사회적 문제로 이어져 인구 감소, 빈곤층·고령층 등 사회적 약자의 비중 증가, 자긍심 약화, 지역공동체 의식 붕괴 등을 야기하며, 이러한 사회적 쇠퇴 현상이 지역의 물리적 쇠퇴를 초래한다고 보았다.

또한 지역경제의 쇠퇴가 지방재정의 악화로 이어져 물리적 인프라의 유지·보수가 제대로 이뤄지지 않아 노후화가 급격히 진행되고, 민간 부문에서도 수요 감소에 따른 부동산 시장의 위축으로 신규 개발 및 유지·보수 활동이 미흡하게 이뤄져 물리적 환경이 악화되며, 역으로 물리적 쇠퇴가 사회적·경

제적 쇠퇴로 이어지기도 한다. 이러한 악순환은 해당 지역에 남아 거주하는 주민들의 삶의 질도 악화시킬 수밖에 없다고 보았다(박인권, 2012).

주민들 삶의 질 하락은 지역 내 생활환경의 불편과 공동체 피폐화로 나타난다. 그리고 인구 감소는 규모의 경제를 감당하지 못하는 산업으로 교육시설, 문화시설 등 사회서비스 기능을 이전하거나 폐쇄함으로써 그 지역 주민들의 다양한 기회를 박탈하고, 마침내 지역의 소멸로 이어지는 문제로 나타난다.

이렇게 지역에서 대두되는 문제들은 상호 중첩되고 연관되며, 이에 대한 문제 해결은 단순한 접근 방식보다는 미시적 접근과 거시적 접근을 중층적으로 고려해 종합적으로 판단해야 한다.

2. 지역 간 불평등 격차의 실증분석

경제적 측면에서 지역 간 격차를 분석하는 지표로 지역내총생산(GRDP)이 있다. 지역내총생산은 "일정 기간 동안에 일정 지역 내에서 새로이 창출된 최종생산물가치의 합, 즉 각 시·도 내에서 경제활동별로 얼마만큼의 부가가치가 발생되었는지를 나타내는 경제지표"이다. 먼저 지역 간 소득격차를 알아보고자 개인소득과 지역 내 총생산을 비교하면 〈그림 1-2〉 그리고 〈그림 1-3〉과 같다.

서울특별시와 경기도를 제외한 모든 광역시도의 지역내총생산이 평균에 못미칠 정도로 수도권 집중 현상이 심각한 수준이며, 여기서 1인당 GRDP를 비교하면 울산광역시와 충청남도가 그나마 높게 나타난다. 이는 수도권에 경제적 집중과 인구집중이 심각하다는 것을 통계적 수치로 보여주는 것이다.

2019년 기준 통계청 자료를 보면 개인소득은 서울이 2224만 원으로 가장 많고, 전남이 1704만 원으로 가장 적어, 520만 원 차이가 난다. 1인당 GRDP는 울산이 6537만 원으로 가장 높고 대구가 2231만 원으로 가장 낮아 4306만 원

그림 1-2 지역내총생산(GRDP) 규모(명목)

(단위: 조 원)

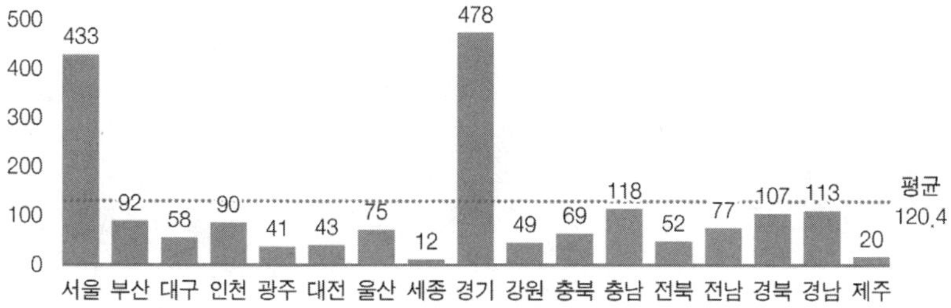

자료: KOSIS 국가통계포털, "시도별 경제활동별 지역내총생산".

그림 1-3 1인당 개인소득 및 지역총생산(GRDP)의 격차 비교

(단위: 만 원)

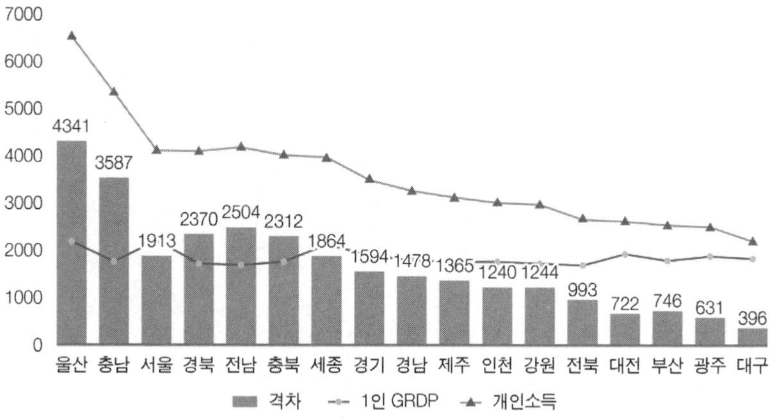

자료: KOSIS 국가통계포털, "시도별 경제활동별 지역내총생산".

의 차이를 보인다. 개인소득과 1인당 GRDP의 격차는 무려 3786만 원으로 상당한 차이가 난다. 울산-충남-경북-전남-경북-충북의 순서로 나타났으며, 이는 자본의 높은 역외 유출이 일어나는 것으로 분석된다.

각 광역시·도별로 지역 내로 유입되는 소득과 유출되는 소득을 비교한 결과가 〈그림 1-4〉, 〈그림 1-5〉와 같다. 서울-경기-대구-부산-대전-광주-인천-제주 순서로 소득 유입이 나타나며, 충남-경북-울산-전남-경남-충북-강원-전북 순서로 소득 유출이 일어나는 것으로 분석되었다.

그림 1-4 지역 간 소득유입과 소득유출의 차액 비교

(단위: 조 원)

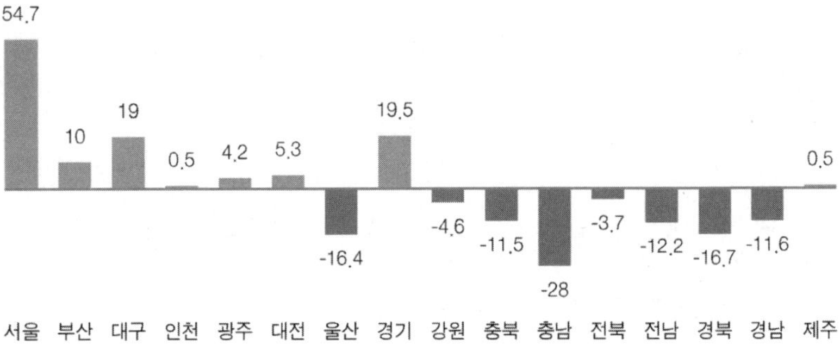

자료: KOSIS 국가통계포털, "시도별 1인당 지역내총생산, 지역총소득, 개인소득".

그림 1-5 지역 간 1인당 소득 역외 순유입·순출입 비교

(단위: 만 원)

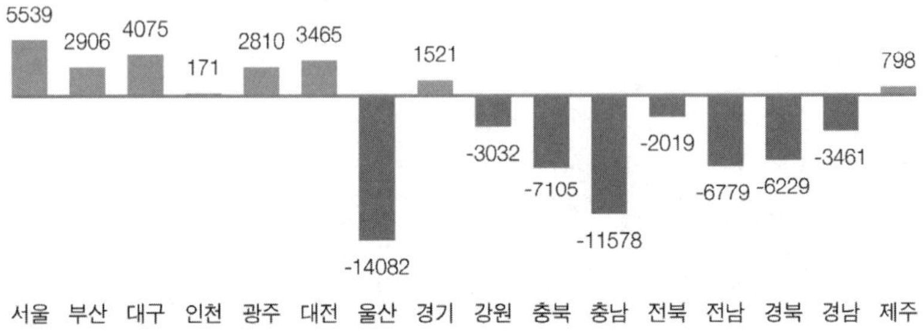

자료: KOSIS 국가통계포털, "시도별 1인당 지역내총생산, 지역총소득, 개인소득".

수도권과 비수도권의 소득 유출과 유입의 격차, 그리고 1인당 GRDP와 개인소득 간의 차이 등을 종합하면 국가가 국가균형발전 정책을 다양하게 전개 중임을 알 수 있다. 그러나 경제학의 역류 현상(backwash effect)처럼 수도권으로 흘러들어 가는 집중 현상은 심각한 수준으로 나타났으며, 지역 간 불균형도 점점 더 확대 중인 것으로 판단된다.

우리나라의 경우 전체 개인소득 인구를 다섯 개 그룹으로 나누었을 때(소득분배지표 중 5분위 배율), 소득이 높은 상위 20%를 5분위 소득 그룹으로 하고 하위 20%의 그룹을 1분위 소득 그룹으로 설정하면, 〈그림 1-6〉처럼 2015년

그림 1-6 저소득층과 고소득층의 소득격차(5분위 소득격차)

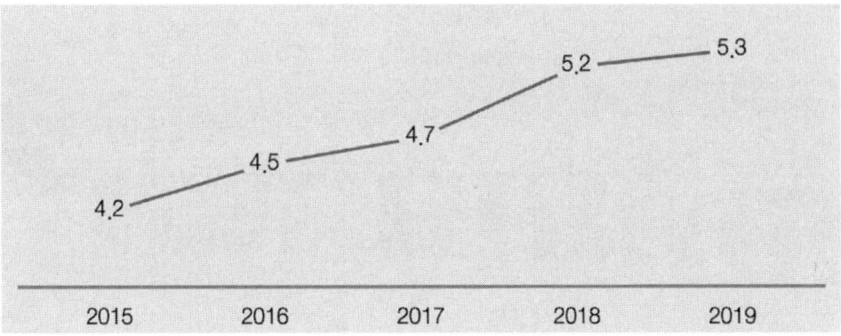

* 매년 2분기(4월~6월) 기준 5분위(월) 처분가능소득 / 1분위(월) 처분가능소득 = 값(배율).

그림 1-7 광역시도별 역외소비율 및 소비유입률 비교

(단위: %)

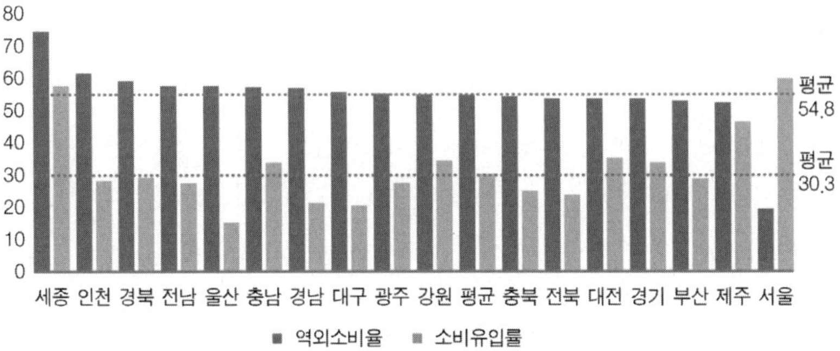

자료: 박현서·전형재(2020.1.22) 자료를 참고해 작성.

4.2배에서 2019년 5.3배로, 1.1배 증가했음을 알 수 있다. 이는 국내의 소득 분위별 격차가 역대 최고치로 벌어져 점점 더 불평등구조로 향하는 것으로 분석된다.

또한 울산광역시를 제외하면 지역 거점인 광역시는 대부분 소득 유입이 있고, 제주특별지자체를 제외한 모든 광역도에서 소득의 유출이 일어나는 것으로 분석되었다. 여기에 더해 지역경제와 골목상권에 가장 큰 타격을 주는 것이 소비의 유출이다.

〈그림 1-7〉에서 역외소비율을 보면 전국 평균 이상인 광역시도는 세종·인

그림 1-8 광역시도별 소비유입률에서 역외소비율 격차 비교

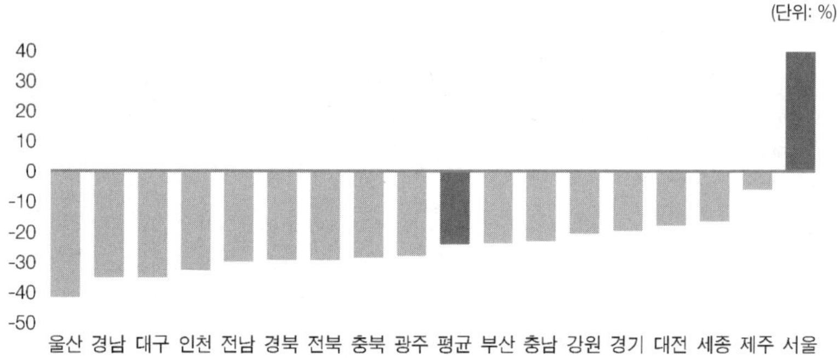

자료: 박현서·전형재(2020.1.22) 자료를 참고해 작성.

천·경북·전남·울산·충남·대구·광주·강원 지역이다. 소비유입률은 서울로 블랙홀처럼 빠져들어 가는 모습이며, 전국 평균보다 소비유입률이 높은 곳은 세종·충남·강원·대전·경기·제주 지역이다.

〈그림 1-8〉과 같이 소비유입률에 역외소비율의 비중을 캡(cap, 자본총액)으로 계산하면 전반적으로 음(-)의 비중으로 나타나며 유일하게 서울만 양(+)의 비중이 나타나, 서울을 제외한 지역 주민들의 소비는 타 지역으로 빠져나가는 것으로 분석된다.

통계청에서 발표한 '전국사업체조사 결과 보도자료'를 바탕으로 전북연구원에서 가공한 지역별 사업체 중 본사 비중(2015년 기준) 분석 자료를 검토하면, 지역별 본사의 비중은 대부분 95% 수준, 평균은 95.38%로 나타났다(〈그림 1-9〉). 지역에서 거주하는 종사자의 비율은 75~85%의 비중을 나타내며, 평균 82.07%로 나타났다. 이는 종사자의 15~25% 정도가 인근 지역에서 출퇴근 중인 것으로 분석된다. 매출액과 영업이익을 살펴보면 매출액은 평균 57.57%, 영업이익은 57.52%로서 거의 비슷한 비중을 보이며, 평균 이상의 비중을 차지하는 것으로 나타났다. 본사의 매출액과 영업이익이 높다는 것은 기업 소득이 지역 내의 소득으로 흡수되는 것으로 판단되며, 43% 정도는 외부로 빠져나가는 것으로 분석된다.

그림 1-9 2015년 기준 지역별 사업체 중 본사 비중

(단위: %)

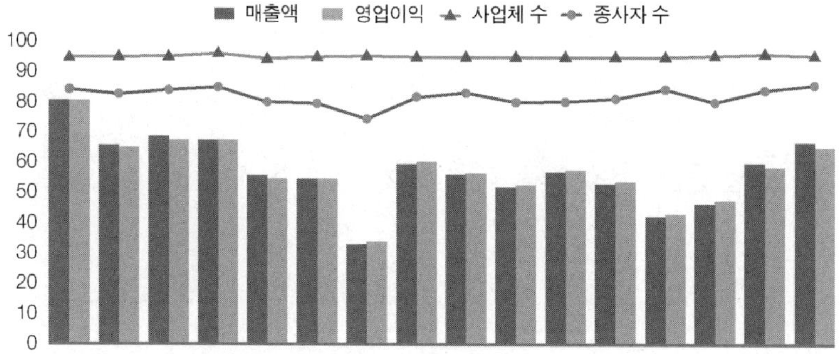

	서울	부산	대구	인천	광주	대전	울산	경기	강원	충북	충남	전북	전남	경북	경남	제주
매출액	80.6	65.9	68.7	67.7	55.9	55.0	33.4	59.9	56.3	52.0	57.3	53.2	42.4	46.6	59.9	66.5
영업이익	80.5	65.4	67.9	67.8	54.8	55.0	34.2	60.2	56.4	52.7	57.8	53.5	42.9	47.6	58.5	65.3
사업체 수	95.4	95.2	95.9	95.7	95.0	94.8	95.2	95.2	95.3	95.1	95.4	95.2	95.4	95.7	96.0	95.5
종사자 수	84.6	82.8	83.8	84.5	80.4	79.5	75.1	81.9	83.5	80.3	80.5	81.4	84.4	80.6	84.1	85.7

자료: 김시백(2019).

그림 1-10 2020년 고령인구수 대비 고령인구 비중 전국 비교

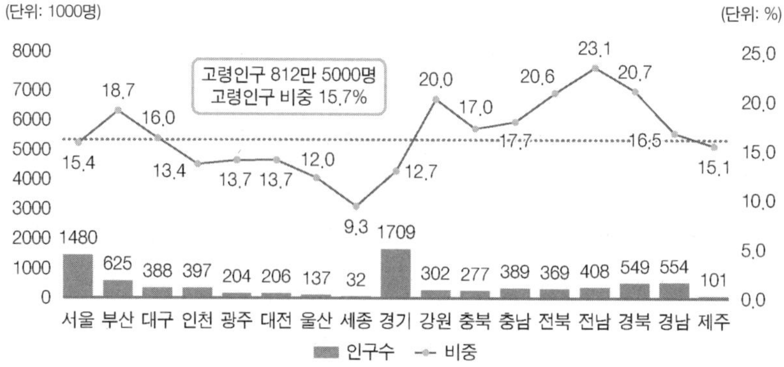

자료: KOSIS 국가통계포털, "시도별 경제활동별 지역내총생산".

〈그림 1-10〉에서 지역 간 격차 가운데 고령인구의 비중을 살펴보면 전남·경북·전북·강원이 65세 이상 인구가 20%이상인 초고령사회로 이미 진입했다. 고령인구 비중이 14%에서 20% 사이인 고령사회에 진입한 광역시도는 부

그림 1-11 유소년 인구와 고령인구의 비교

(단위: %)

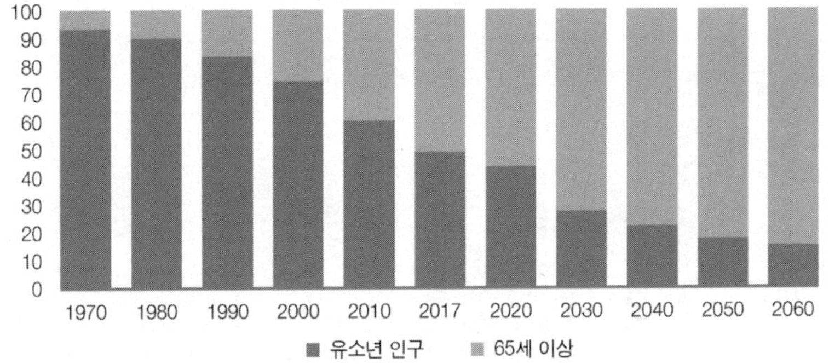

자료: 통계청(2019.3.28) 자료 중 1970~2060년 내역을 참고해 작성.

산·충남·충북·경남·대구·서울·제주이며, 7% 이상 14% 미만으로 고령화사회에 있는 광역시도는 대전·광주·인천·경기·울산·세종이다.

또한 1970년부터 2060년까지 장래인구를 추계한 통계청의 자료를 인용해 그래프를 그려보면 경계가 대각선으로 우하향한다(〈그림 1-11〉). 결국 유소년 인구의 비중 감소에 반비례해 65세 이상 노령인구의 비중은 급격히 확대되는 추세로 판단된다. 따라서 쇠퇴하는 지역의 특징으로 꼽았던 소득과 소비의 외부 유출에 더해 인구의 고령화로 인한 지역 간 격차는 매우 심각한 수준으로 분석된다.

다음으로 인구이동에서 권역을 살펴보면 수도권은 서울·인천·경기 지역이고, 중부권은 대전·강원·충북·충남·세종 지역이며, 호남권은 광주·전북·전남이고, 영남권은 부산·대구·울산·경북·경남이다. 〈그림 1-12〉에서 보는 바와 같이 전국적인 연도별 인구이동률은 14% 내외로 큰 차이가 없다. 그러나 권역별 인구이동을 분석하면 2017년까지 중부권의 순 인구이동이 수도권보다 높은데, 요인은 행정수도 세종시의 영향으로 분석된다. 호남권과 영남권의 순 인구이동은 감소치를 보이며 인구의 유출이 호남과 영남권역에서 높게 나타나는 반면, 특히 수도권의 경우 매년 늘어나는 것으로 분석되었다(〈그림 1-13〉).

그림 1-12 국내 인구 총이동·전입신고 건수 및 이동률

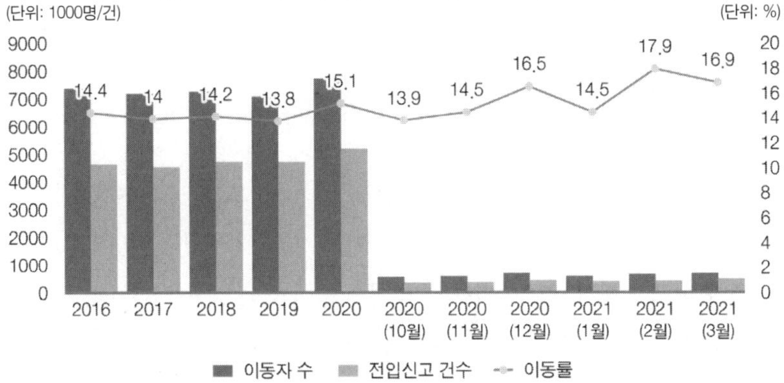

자료: 통계청(2022.4.27) 자료를 참고해 작성.

그림 1-13 국내 권역별 순이동자수

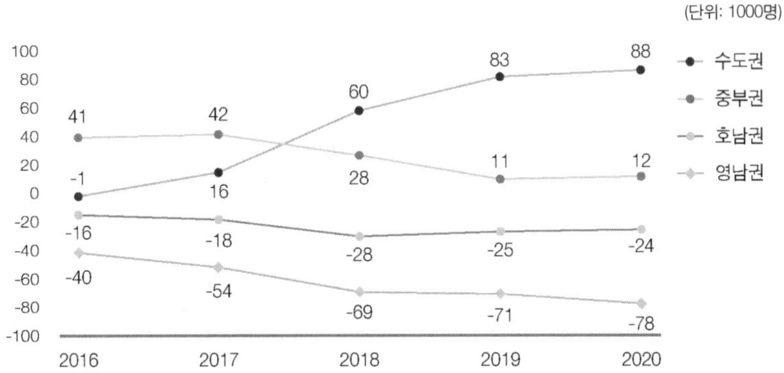

자료: 통계청(2022.4.27) 자료를 참고해 작성.

지역 간 불균형 중 인구이동이 수도권으로 집중되어 나타날 뿐만 아니라, 수도권과는 먼 지역인 호남권 및 영남권은 순 인구이동이 다른 지역으로 매우 심각하게 유출되고 있다. 지역 간 불균형으로 소득과 소비, 그리고 사업체에 이어 인구에서도 유출 현상이 심화되는 것으로 분석된다.

아무래도 일자리가 없다 보니 젊은 사람들이 밖으로 많이 나가는 경향이 있

죠. 수도권 규제 대상이라 큰 기업이 못 들어오고 중소기업도 얼마 없습니다. 새로 들어오는 젊은 사람은 적고, 노인 인구 증가 속도는 그보다 훨씬 빠릅니다(≪중앙일보≫, 2019.11.14).

이 인터뷰는 ≪중앙일보≫ 기사에 실린 것으로, 수도권에 위치하는 지방도 소멸의 위험에 처해 있음을 알 수 있다. 수도권에서 멀리 있는 지방도 노인인구 증가 속도가 빨라 문제이지만, 수도권에 들어 있는 지방도 역차별을 받고 있어 소멸의 위험을 겪고 있다.

한국고용정보원의 한 연구자가 '저출산고령사회위원회와 육아정책연구소 주최의 토론회'에서 "지방 소멸 지수 2019"를 발표하면서 이슈로 떠올랐다. 지방 소멸 지수는 일본의 사회학자 마스다 히로야(増田寛也)가 처음 세운 개념으로, 한 지역의 만 20~39세 여성 인구를 만 65세 이상 인구로 나눈 값을 지수로 하여 지역소멸을 측정하는 방법이다. 이 지수가 1.5 이상이면 소멸 위험이 매우 낮다는 것을 의미하고, 1.0~1.5인 경우 보통, 0.5~1.0인 경우 주의, 0.2~0.5는 소멸 위험, 0.2 미만은 소멸 고위험 지역으로 분류한다(이상호, 2018).

〈그림 1-14〉에서 광역시도별로 분석하면 지수가 1.5 이상으로 소멸 위험이 매우 낮은 지역은 세종시밖에 없고, 1.0~1.5로 보통 도시인 지역은 대전·광주·서울·인천·울산·경기이며, 0.5~1.0로 주의 지역은 경북·전북·강원·충남·충북·부산·경남·대구·제주, 0.2~0.5로 소멸 위험 지역은 전남으로 분석되었다.

2021년 2월 기준으로 전국 226개의 기초자치단체를 분석하면 소멸 위험 지역(소멸 위험 지수 0.5 미만인 위험과 고위험 지역)은 106개(46.9%)로 나타났다. 지수가 0.2 이상 0.5 미만의 소멸 위험 지역은 총 74개이며, 0.2 미만의 소멸 고위험 지역은 총 32개로 나타났다(〈표 1-1〉).

지역경제 활성화를 명목으로 진행되는 지역개발은 지역 주민들의 갈등을 부추기는 요인이 되기도 하며, 이러한 요인으로 지역의 공동체는 지독하게 몸

그림 1-14 2019년 광역시도별 지방 소멸 지수

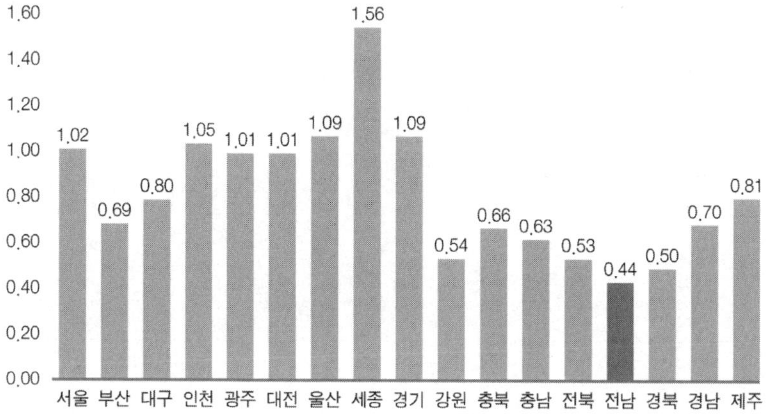

자료: 이상호(2019.11.14)

표 1-1 2021년 소멸 고위험 지역 현황(2월 기준)

광역자치단체	기초자치단체
충청북도	괴산군, 단양군, 보은군
충청남도	부여군, 서천군, 청양군
전라북도	고창군, 무주군, 임실군, 장수군, 진안군
전라남도	강진군, 고흥군, 곡성군, 구례군, 보성군, 장흥군, 신안군, 함평군
경상북도	군위군, 의성군, 청송군, 청도군, 봉화군, 영양군, 영덕군
경상남도	남해군, 산청군, 의령군, 하동군, 함양군, 합천군

* 서울특별시, 부산광역시, 대구광역시, 인천광역시, 광주광역시, 대전광역시, 울산광역시, 세종특별자치시, 경기도, 강원도, 제주도에는 소멸 고위험 지역이 없다.

삶을 앓고, 심지어 마을의 갈등 구조가 심각한 사회문제로 나타나기도 한다. 이러한 갈등은 마을과 마을의 집단적 대립, 이웃 간의 대립, 관과 민의 대립 등 다양하게 표출된다.

우리가 흔히 알고 있는 국책사업이나 공공사업을 둘러싼 갈등은 지속적으로 발생했으며 아직도 계속 발생하는 중이다. 최근 동남권 신공항 건설의 갈등은 지역 간 갈등을 넘어 정치적 갈등으로까지 번졌다. 2014년 세월호 참사

표 1-2

1991~2012년 공공갈등의 유형에 따른 갈등 사례 비교

(단위: 건수)

갈등유형	민·민	민·관	관·관	계
환경	12	99	6	117
이념	6	37	3	46
노동	130	70	0	200
지역	13	124	43	180
계층	17	144	2	163
교육	33	50	3	86
계	211	524	57	792

는 8년이 지난 지금까지도 갈등을 마무리하지 못하고 있고, 이는 정치적 갈등을 넘어 이념 갈등으로 나타나 심각한 국가공동체 파괴 현상으로 확대되기도 한다. 이렇듯 지역갈등은 지방정부 간 갈등을 포함하면서도 지역민이나 지역기업, 시민사회단체 등 제반 기관들을 포함하는 지역 간 갈등을 가리킨다(허철행 외, 2012: 431~454).

국가정책에서 환경과 밀접한 사안은 더욱 심각하다. 방사능폐기물처리시설, 일명 방폐장 부지선정과 관련해 생겨난 갈등은 고성·양양·울진·영덕·영월·태안·인천·부안·경주·군산 등에서의 입지 선정을 놓고 지역 주민들 간에 치열한 싸움이 벌어졌고, 일부 주민들은 경제적 혜택에 찬성했다가 지역민 사이에 집단 괴롭힘을 당하기도 했다.

공동체를 파괴하는 다양한 갈등 유형은 환경, 이념, 노동, 지역, 계층, 교육으로 나누어볼 수 있다(〈표 1-2〉). 윤인진은 단국대학교 분쟁해결연구센터 홈페이지에 게재한 공공분쟁 통계지표에서 1990~2013년 자료를 통해 공공갈등에 관한 경향을 분석했다. 이를 살펴보면 노동갈등의 비율이 25.3% (200회)로 가장 높게 나타났으며, 그다음으로 지역갈등 22.7%(180회), 계층갈등 20.6%(163회), 환경 갈등 14.8%(117회), 교육갈등 10.9%(86회), 이념 등 5.8%(46회)이 그 뒤를 이었다(윤인진, 2014).

그림 1-15 연도별 갈등 건수 발생 현황

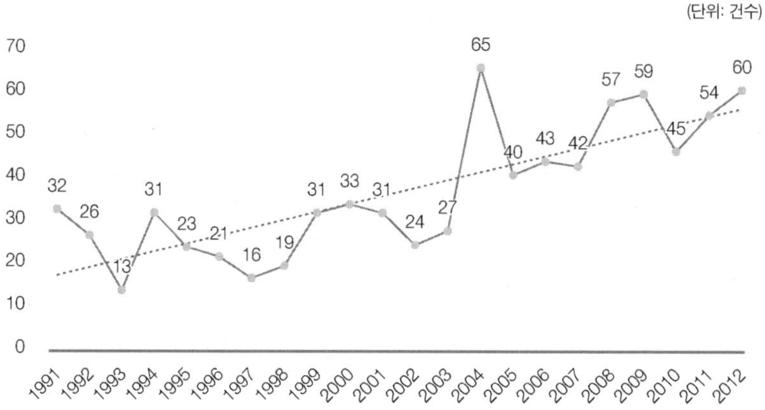

자료: 김학린(2014).

단국대학교 분쟁해결연구센터에 의하면 1991년부터 2012년까지 우리나라의 공공갈등[1)]의 발생 건수는 모두 792건이다. 이에 792건의 공공갈등 사례를 분석해 보면 관·관 갈등은 7.2%, 관·민 갈등은 66.2%, 민·민 갈등은 26.6%로서 관·민 갈등의 비중이 절반 이상을 차지하고, 민·민 갈등도 1/3에 육박함을 알 수 있다.

갈등 양상으로 보면 관의 정책수행 과정에서 나타나는 갈등은 주로 개발사업과 관련된 것으로 보이며, 그 과정에서 지역 내 공동체가 파괴되어 심각한 지역문제로 대두되었다. 연도별 발생 건수를 살펴보면 전반적으로 상승하는 추세로 나타나, 갈수록 지역 공동체가 파괴되는 것으로 분석된다(〈그림 1-15〉).

장호순은 ≪용인시민신문≫에 성주의 사드 반대 투쟁과 밀양 송전탑 반대, 제주도 화순 강정마을 해군기지 건설 반대 등에서 나타난 공동체 파괴에 관해

1) 연인원 500명 이상의 참여자가 집단행동을 하거나, 공중이 자유롭게 접근하는 장소에서 100명 이상 참여자의 집단 행동 발생이 1회 이상 혹은 일주일 이상 지속된 건수로 한다.

서 기고했다. 그의 글은 국책사업으로 인한 갈등이 어떻게 지역공동체를 파괴하는가에 대해 시사하는 바가 크다.

국책사업을 둘러싼 의견 대립으로 인해 지역 주민 간의 유대와 신뢰가 깨지는 경우가 허다하다. 인근 지역과의 이해차이로 인한 갈등도 빈번하고, 같은 지역 내에서도 정치적 입장이나, 지역 위치에 따라 의견이 달라 상호 반목이 깊어지곤 한다. 타지의 정치세력이나 시민단체들이 가세하면서 지역 주민들 간 불신의 골을 더욱 깊게 만드는 경우도 적지 않고 주장한다. 그리고 중앙정부가 추진하는 국책사업의 유치나 반대를 두고 지역사회 내에서 정치적 입장이나 이해관계에 따라 찬반으로 갈리는 것은 불가피한 현상이다. 문제는 그러한 차이와 갈등을 합리적으로 해소할 장치가 전무하다는 점이다. 국책사업을 추진하는 세력들은 오히려 그러한 갈등과 반목을 해소하기보다 반대주민들을 고립시키는 데 이용한다. 갑작스러운 문제에 당면한 지역 주민들은 스스로 대처하기보다 외부 세력의 힘을 빌릴 수밖에 없고, 결국 정당정치권이나 시민사회가 지역사회 문제에 개입하면서 중앙의 반목과 갈등이 지역에 그대로 재현된다. 결국 대부분 국책사업은 추진세력이 의도한대로 사안이 종결된다. 외부인들은 떠나고, 상처받은 원주민들만 남게 된다(장호순, 2017.9.14).

따라서 지역 주민들과 소통이 없이 진행되는 국책사업이나 공공사업은 지역의 인구 유출, 소득과 소비 유출 등 지역경제의 어려움을 해결하려는 목적으로 시행되지만, 이익과 가치에 따른 찬반으로 지역 주민들이 갈라서서 싸우는 민·민 갈등을 유발한다. 그러다 결국은 지역공동체까지 파괴함으로써 삶의 질을 더욱더 하락시키는 요인으로 작용하게 된다.

3. 맺음말

앞서 살펴본 바와 같이 우리나라는 각 지역들이 지역소멸이라는 위기에 직면했다. 수도권을 제외한 지역들은 소득과 소비가 유출되고, 인구는 노령화되면서 지역경제의 침체가 계속된다. 그리고 이에 대한 대응으로 추진한 국책사업과 공공사업의 지역개발은 오히려 주민 공동체를 파괴하는 모습으로 나타났다.

물론 지역경제의 낙후는 다시 재정을 투입하면 살릴 수 있을 것이다. 문제는 지역공동체의 파괴에 있다. 지역공동체 파괴는 문제 해결의 주체를 잃어버리는 꼴이 되어 지역발전의 핵심 동력을 상실시키며, 때문에 어떤 재정적 투자로도 되돌리기 힘든 결과를 낳을 수도 있다.

따라서 악순환 누적은 지역 내 생산, 분배, 소비라는 순환경제의 산업 연관을 약화시킨다. 비수도권 지역의 생산과 소득, 분배와 소비의 자금 흐름은 지역 내에서 순환되지 못하고 결국 서울과 수도권으로 집중된다. 그 결과 지역경제구조는 누적되는 악순환에 의해 외부 유출 경제로 발현된다.

이는 지역 균형발전의 자치와 분권이라는 목표를 도외시한 채 경제의 역류효과처럼 수도권 집중 현상으로 나타났으며, 시간이 흐를수록 더욱더 가속화되고 있다. 따라서 지역경제 활성화와 공동체 복원의 대응정책 및 대안으로 도입된 지역화폐는, 그동안 갈구해 온 방향성과 정합했다. 이에 지역화폐는 많은 지자체들의 각광을 받으며 확대되는 상황이다.

그러므로 지역경제 활성화와 공동체 복원은 지역 내 주체들의 자발적 참여를 위해, 그리고 시장과 사회가 괴리되는 현상을 지역 내에서 순환경제로 유도하기 위해 칼 폴라니(Karl Polanyi)의 내포(embeddedness) 개념, 즉 지역사회에 시장이 내포된 경제로의 대안이 필요하다.

지역개발과 지역발전에서도 기존에는 외부 의존 중심 개발로 인해 지역 내 자본이 유출되었으며, 본사가 아닌 분사가 유치됨으로써 지역 내 이출은 증가

그림 1-16 지역의 내발적 발전과 사회적경제의 융합체계

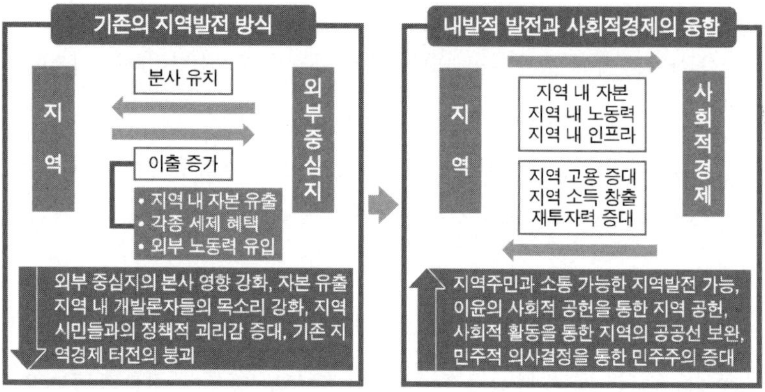

자료: 남승균(2016).

했다. 이로써 지역 내 성장연합과 개발론자들의 목소리는 한층 강화되었고, 지역 주민이 배제된 개발은 주민 간 공동체 파괴와 일부 주민만의 혜택을 야기해 주민 괴리감만 키웠다. 이런 방식은 인접한 지역의 토종 산업 등 전통적인 지역경제 터전을 붕괴시키는 현상으로 나타났다. 그리고 그 과정이 반복적으로 누적되면서 각 지방마다 외부 유출과 지역 내 선순환을 위한 정책들을 발굴·도입하게 되었는데, 지역화폐제도 도입, 농촌살리기와 마을만들기 등 다양한 정책적 노력으로 나타났다.

따라서 선순환경제를 만들기 위한 기초 작업으로 지역에 대한 객관적이고 과학적인 자료 조사를 진행하고, 이를 통해 지역경제 활성화를 위한 다양한 측면에서의 인적·물적 자원과 사회적·자연적·환경적·문화적 자원을 거시적으로, 또 미시적 차원으로 중층화해 검토할 필요가 있다.

그리고 지역, 즉 지방의 발전과 지역경제 활성화 전략이라는 화두는 외발적 발전에서 내발적 발전으로의 패러다임 전환에서 찾아볼 수 있다.

지역 불균형발전의 대안으로서 과거 지역 개발 방식은 관광객 유치를 위해 농어촌 지역 관광자원과 결합한 농어촌 지원사업으로, 정책자금의 지원과 관

주도의 하향식 개발 방식이었다. 그러나 노무현 정부 이후 지역개발은 주민 참여를 우선하는 상향식 방식으로 개선되었다. 즉, 지역민의 직접적인 참여와 주도로 주민이 제안한 사업을 검토하고 지원해 발전시키는 방식으로 전환된 것이다. 이러한 지역 개발 방식은 지역발전을 위한 다양한 사업의 변화를 경험하며 주민들에게 축적되었고, 주민들에 의한 자발적 참여 방식에 정부기관이 계속해서 지원하는 상향식 개발로 전환되어 갔다.

김호식·유원근(2007)에 따르면 역사적으로 외생적 지역발전 방식은 제2차 세계대전 이후 유럽 여러 나라에서 선호되었고, 우리나라에서도 대체로 1990년대까지 정책적으로 채택해 온 방식이라 할 수 있으며, 이 전략은 주로 지역의 자생력이 아직 성숙하지 못한 개발도상국이나 저개발국에서 단기간에 효율적으로 지역발전을 이루고자 할 때 채택되어 상당한 성과를 거둔 것이 사실이다. 특히 이 국가들 내 몇몇 성장거점에 대한 집중적 투자는 해당 지역경제의 양적성장과 효율성을 제고하는 데 기여했다고 한다.

외생적 지역발전 패러다임은 몇 가지 점에서 근본적 한계가 있다.

첫째, 외생적 지역발전은 국가로부터의 이전 재원(transfer funds)에 대한 의존성이 높기 때문에 중앙의 재정 부담을 가중시켜 국가의 재정문제가 악화될 수 있다고 보았으며, 실제로 서구의 많은 나라에서 1970년대 국가 재정위기가 발생하자 외생적 지역발전 전략을 수정했다고 한다.

둘째, 지역의 외부에 대한 의존성 심화로 인해 자율성을 약화한다는 문제가 있다. 외부 자본의 지역 내 투자는 자본과 같은 생산요소의 증가로 생산이 증대되는 효과가 있기는 하지만, 지역경제가 외부 시장이나 자본에 의해 통제되어 의존성이 심화되는 결과를 낳을 수 있다는 평가를 받기도 한다(김용웅·차미숙·강현수, 2003).

셋째, 지역의 생산 증대가 지역 주민의 소득 증대로 이어지지 못한다는 비판이 존재한다. 많은 경우 지역 내 생산 이익이 외부 자본에 대한 배당 및 이자 형태로 유출되는 결과를 만든다. 또한 지역 자원과 환경의 오남용으로 지역자산의 파괴와 고갈, 공동체의 파괴 등 부작용을 발생시켜 실질적으로 지역의 이익은 별로 크지 않다는 것이다(박경, 2008).

지역발전을 위해서는 우선 물질적으로는 지역 주민들이 빈곤이나 질병에서 자유로울 수 있을 만큼 경제적 부를 갖추어야 한다. 의식주와 같은 최소한의 물질적 조건이 충족되지 않고는 지역 주민들이 인간으로서의 삶을 향유하는 것이 불가능하기 때문이다. 문화적으로는 지역 주민들이 동시대에 향유되는 기본적인 교육과 문화예술 기회를 보장받을 수 있어야 하겠다.

정규호(2012)는 지역공동체가 주도하는 지역발전을 위해서는 지역공동체 자체가 형성되어 있지 않으면 안 된다고 보았다. 지역공동체 형성은 지역 주민이 자신의 지역에 대한 공동체의식을 가질 때 형성될 수 있고, 공동체의식은 다시 지역에 대한 친밀감이나 애착과 같은 심리를 필요로 한다. 물론 이러한 심리는 한 곳에 오랫동안 정착해 거주하지 않고서는 형성되기 어렵다. 전통사회에서 지역공동체가 강하게 형성될 수 있었던 요인 중 하나는 주민들의 이동이 잦지 않았던 데 있다. 따라서 인구의 이동성과 지역공동체 형성 사이에는 밀접한 연관이 있다고 할 수 있다.

앞에서 지역 간 불평등으로 지역 내 소득의 유출과 소비의 역외 유출, 그리고 지역별 본사 비중에 따라 기업의 영업이익을 역외로 유출하는 현황을 살펴보았다. 그리고 지역의 인구고령화와 인구이동의 지역 유출을 실증분석 하고 이에 따른 지방 소멸 지수를 통해 위기 지역과 지자체 현황도 살펴보았다. 또 지역 간 격차를 유발하는 요인 중 공동체 파괴와 관련된 갈등을 중심으로 공동체의 문제점과 현황을 살펴보았으며, 지역공동체 파괴 현상들을 언론매체의 기사를 통해 확인했다.

기존의 균형발전은 외부 의존 중심 개발로 인해 오히려 지역 내 자본의 유출, 분사의 유치에서 비롯된 지역 내 이출 증가, 지역 내 성장연합과 개발론자들의 목소리 강화, 지역 주민이 배제된 개발로 인한 공동체 파괴와 주민 괴리감만 키우는 방식이었다.

이런 많은 문제점은 지역경제 활성화를 명목으로 진행된 국책사업과 공공사업이 일방적이고 획일적인 하향식 개발 방식으로 진행된 결과로 분석된다. 결론적으로 이와 같은 제반 문제들을 극복하고 지역경제를 활성화하며 공동체를 제대로 복원하기 위해서는 지역 내 주체들이 자발적으로 참여하는, 내발적 발전에 기초한 선순환경제를 만들어야 한다.

참고문헌

KOSIS 국가통계포털. "시도별 1인당 지역내총생산, 지역총소득, 개인소득". https://kosis.kr/statHtml/statHtml.do?orgId=101&tblId=DT_1C86&conn_path=I3.

______. "시도별 경제활동별 지역내총생산". https://kosis.kr/statHtml/statHtml.do?orgId=101&tblId=DT_1C81&conn_path=I3.

고선규·이병호. 2019.「지역공동체 주도의 자원순환형 지역재생 모델 연구: 일본 다카마츠시이 사례」. ≪지방행정연구≫, 제33권 2호.

국가교육회의. 2019. "2030 미래교육체제 수립을 위한 방향과 주요 의제". 2030 미래교육 한-OECD 국제교육컨퍼런스 자료집.

국회입법조사처. 2019.3.22. "한국 사회의 불평등은 얼마나 심각한가? 포용국가의 방향과 과제" 정책토론회 자료집.

김시백. 2019.「지역소득 역외유출 진단과 대응방향」. ≪전북연구원 이슈브리핑≫, 제193호.

김학린. 2014. "한국 사회 공공갈등의 양상과 특성".「(행복세상 2014 정책토론회) 사회적 갈등 종합 정책보고서」.

김호식·유원근. 2007.「경제적 과점에서 본 지역공동체와 지역발전」. ≪한국행정과 정책연구≫, 제5권 1호.

남승균. 2016.「지역경제의 내발적발전과 사회적경제조직에 관한 연구」. 인천대학교 대학원 박사학위논문.

박경. 2008.「대안적 지역발전 전략으로서 내생적 발전론」. ≪사회과학연구≫, 제47권 1호.

박인권. 2012.「지역재생을 위한 지역공동체 주도 지역발전전략의 규범적 모형: SAGR 전략」. ≪한국지역개발학회지≫, 제24권 제4호.

박현서·전형재. 2020.1.22.「울산지역 가계소비 유출입 현황과 특징」. 한국은행 울산본부 보고서.

윤인진. 2015. 「한국인의 갈등의식 현황과 변화: 제1~3차 한국인의 갈등의식조사 결과 분석≫, ≪한국사회≫, 제16권 1호.

이상호. 2019.11.14. 「지역인구 추이와 국가의 대응과제」. 〈제20차 저출산고령화 포럼: 저출산 시대 해법, 지역에 답이 있다〉. 저출산고령사회위원회·육아정책연구소 공동 주최.

이상호. 2018. 「한국의 지방소멸 2018: 2013~2018년까지의 추이와 비수도권 인구이동을 중심으로」. ≪고용동향 브리프≫, 7월 호.

장호순. 2017.9.14. "지역공동체를 파괴하는 국책사업". ≪용인시민신문≫.

전병유. 2016. 『한국의 불평등』. 페이퍼로드.

정규호. 2012. 「한국 도시공동체운동의 전개과정과 협력형 모델의 의미」. ≪정신문화연구≫, 제35권 2호.

통계청. "분기별 균등화 처분가능소득 5분위 배율(2인 이상 가구)". https://kostat.go.kr/portal/korea/kor_nw/1/1/index.board?bmode=read&aSeq=418357.

______. "통계용어및지표". http://kostat.go.kr/understand/info/info_lge/1/detail_lang.action?bmode=detail_lang&pageNo=2&keyWord=9&cd=SL4950&sTt=.

______. 2019.3.28. "장래인구특별추계: 2017~2067년". 장래인구추계 보도자료.

______. 2022.4.27(자료갱신일). "전출지/전입지(시도)별 이동자수". 「국내인구이동통계」.

≪한국일보≫. 2018.11.25. "전체 소득 43%가 소득 상위 10%에 쏠려".

허철행·이희태·문유석·허용훈. 2012. 「지역갈등의 원인과 해소방안: 동남권 신공항 사례를 중심으로」. ≪지방정부연구≫, 제16권 1호.

2장

지역공동체가 주도하는 지역순환경제 만들기

전라북도 임실군 금성리 '치즈마을'을 중심으로

남승균(인천학연구원 상임연구위원)

1. 공동체 주도의 순환형 지역경제란?

현대사회는 지역 불균형발전으로 인해 지역공동체가 파괴되고 피폐화되고 있다. 이런 상황에서 지역경제 활성화와 지속가능한 발전 방안은 무엇일까? 흔히 지역을 연구하는 연구자들은 대안으로 착근경제, 착한경제, 순환경제 등을 제시한다.

지역에 뿌리내리는 착근경제는 일정한 공간적 범위 안에서 경제가 누적 순환구조를 지니고, 성장과 성과가 지역 내부에 뿌리를 내리는 경제구조를 가진다. 이를 '착근경제구조'라고 한다.[1] 그리고 착한경제는 외부와 구별되는 내적 동질성과 결집력을 가진 '지역'이라는 테두리 안에서 발전하고, 소득과 일자리 등의 열매가 외부로 유출되는 것이 아니라 지역사회에 고스란히 남는 '경제'를 의미한다. 순환경제는 지역경제 단위에서 소득 창출, 소비 창출, 투자 증가, 일자리 창출로 순환되는 구조를 순리적으로 확립하는 경제구조다.

---

1) 충남사회적경제지원센터의 김종수 박사에 따르면 지역순환경제란 "일정한 공간적 범위 안에서 경제가 누적적 순환구조를 갖고 성장의 성과가 지역내부에 착근되는 경제구조"로 정의된다(≪뉴시스≫, 2013.12.8).

따라서 지역경제의 활성화와 활력을 위해서는 지역 내에서 누적 순환구조를 바탕으로 지역에 깊숙이 뿌리를 내리는 착근경제와 지역 내 외부 유출을 막아내고 소비를 활성화하는 소비운동적 측면의 착한경제, 생산-분배-지출의 순환 시스템을 만드는 순환경제 구조가 필요하다.

순환경제에서 소비가 활성화되면 생산이 증가하고, 생산이 증가하면 사업자는 자연스럽게 투자를 하게 된다. 투자는 고용 증가로 나타나고, 이는 소득 증대로 이어져 다시 소비가 확대되는 선순환구조를 만든다. 이 과정에서 투자 증가는 자금조달과 임금인상으로 이어지며, 임금인상은 가계의 부채를 줄이고 유효수요를 탄생시킨다. 이때 소비는 내수 또는 역내 소비를 만들어야 한다.

선순환경제를 만드는 과정은 내발적 발전론에 의한 지역 발전 전략과 더불어 사회적경제 조직들의 활성화를 인위적으로 만들어내는 매우 의미 있는 정책적 단계가 될 것이다. 이러한 과정에서 사회적경제 조직의 기업들이 지역 안에서 활성화하는 것이 매우 중요하다.

내발적 발전은 인간과 인간, 자연과 인간, 자연 간의 순환과 공생의 원리에 기초하며, 순환과 공생의 자립적 지역경제를 만드는 과정이다. 이와 함께 분권과 자치에 의한 지역생활 공동체를 만들어 생태계를 보전하는 역할을 한다. 그 과정 가운데 자원의 순환형 경제는 자원을 채굴·생산·유통·소비·폐기하는 단선형 경제(linear economy)에서 원재료를 바탕으로 설계·생산하고 제조업을 거쳐 유통, 소비(사용·재사용·수리), 회수 및 리사이클을 통해 다시 원재료로 순환하는 순환경제(circular economy)로서 전환하는 것을 의미한다. 이는 더 적은 원료를 사용하는 디자인과 생산, 유통, 소비, 재사용·수리, 재활용하는 자원순환경제를 연계할 수도 있다.

내발적 발전과 사회적경제·순환경제를 살펴보면, 내발적 발전은 지역화를 실현하기 위해 지역 주도 및 주민 참여를 통한 지역 자원과 지역 주체에 기초한 발전을 추구하고, 발전의 성과가 최대한 지역 내에 수렴하도록 하는 발전

전략이다(남승균, 2015). 사회적경제 조직은 기본적으로 지역사회를 기반으로 성립하고 발전한다. 초국적자본에 의한 신자유주의적 세계화와 대응해 지역화가 필요한데, 사회적경제는 이러한 지역화에 유효한 경제 조직이다. 사회적경제는 사람과 사람의 관계를 중시하고, 연대와 호혜의 원리로 지역과 공동체의 문제를 해결하고자 한다는 점에서 내발적 발전의 동력이 될 수 있다(황영모, 2012.10.3).

생산·분배·지출을 선순환경제의 관점으로 보자면 먼저 생산은 부가가치의 역외 유출을 줄이고, 지역 고용을 어느 정도 확보할 수 있는지 검토가 필요하다. 생산은 선순환 진단에 중요한 요소라고 할 수 있는 기업들의 영업이익률을 보아야 한다. 또 영업잉여 유출을 개선하기 위해서는 정책적으로 본사 유치를 할 필요가 있다. 본사 유치는 유치하는 산업의 내용에 따라 영업잉여 유출 감소뿐 아니라 역외소비와도 밀접하게 관련된다. 지역 내 분배의 선순환을 촉진하기 위해 생활임금 적용, 비정규직의 정규직 전환, 사회적경제 체제 강화, 영업잉여 유출 방지 수단으로 본사 유치가 필요하다는 것이다. 이와 함께 저임금계층의 소득 상승과 비정규직 감소가 핵심적이며, 사회경제적 약자들에게 경제적 자립 기반을 제공하기 위해 사회적경제 체제를 견실하게 마련해야 한다. 지출의 선순환에서는 경제뿐만 아니라 사회, 문화, 교육 등 다양한 부문과 일상생활에서 인접 지역과의 불가분의 관계를 맺는다. 그 양과 질은 상당 기간 지속적이다.

경제를 포함해 21세기 삶은 외부 세계와 관계를 맺는 속도가 빨라지고 밀도도 강화되는 추세다. 특히 코로나19로 인한 인터넷 쇼핑 등 비대면 역외소비가 매우 큰 비중으로 늘고 있다. 이런 상황에서 역외소비 수지 적자를 줄여 역내 소비를 높이기 위한 정책적 대안이 필요하다(조승헌, 2014).

지역 내 순환경제 시스템을 확보·구축하는 지역 내발적 발전의 기본적 조건은 지속가능한 발전이 가능하도록 지역 내 경제순환 체계를 구축하는 것이다. 따라서 지역이나 도시를 중심으로 지속가능한 순환경제 시스템의 구축이

그림 2-1 지역 내 선순환경제 구조

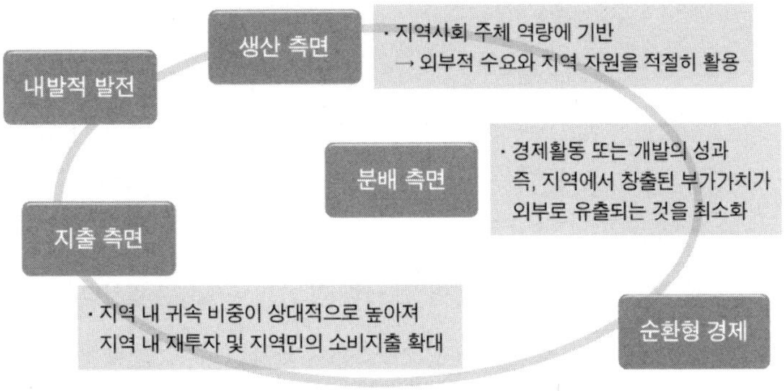

지역 내발적 발전의 목표이자 조건이다(〈그림 2-1〉).

사회적경제 확산은 지역공동체 회복과 순환경제 실현을 위해 중요하다. 지역에서 추진하는 사회적경제 정책은 단순히 취약계층을 돕는 일자리 사업으로 접근할 것이 아니라, 사회적·경제적 문제 해결을 위한 지역 차원의 의제화가 필요하다. 최근 확산 중인 지역화폐 도입 논의는 순환경제 실현을 위한 중요한 정책적 방법 중 하나다.

더불어 로컬 거버넌스를 활성화해 지역 주민의 주체성을 확립하고, 협력과 호혜에 기반한 사회적 합의(주의)를 지역 내부의 새로운 정책 결정 패러다임으로 만들어가야 한다. 산업적 기반을 상실하는 것보다 인적자원 유출이 도시의 장기적인 발전에 더 부정적 영향을 미친다는 사실에 사회적 공감대를 확보할 때다. 이는 지역 주민이 정책의 대상이 아니라 주체로서 위상을 정립하는 문제다.

미래세대를 위한 사회적 투자 확대는 기존 산업 파괴에 따른 인구 감소 문제를 해결하는 방식이 아니라, 장기적으로 도시 인구의 축소가 불가피하더라도 청년 등 미래세대의 자발적 유출을 억제하는 방식으로 접근하려는 관점의 전환이 필요하다.

이를 위해서는 도시 공유자산(commons)을 확대해 다양성 포용을 유도해야 한다. 도시 공유자산은 도시 내부인이면 특별한 비용 부담 없이 활용할 수 있는 자원으로, 이를 관리하는 것이 내발적 순환도시의 중요한 기능이다. 문화·예술 활동에 대한 권리는 '도시권'의 중요한 부분이다.

따라서 지역 주민들이 내적 발전의 원동력을 중심으로 총체적인 자원 동원까지 파악하는 지역 자원 조사가 필요하다. 지역에 대한 정량적·정성적 자원 조사를 바탕으로 공동체가 참여해 다양성과 포용의 관점에서 인간과 인간, 조직 대 조직, 조직과 인간, 인간과 자연 간의 공생과 순환의 지역경제를 만들어야 할 때다. 생태계를 보전하며 분권과 자치에 의한 지역 생활공동체를 중심으로 지역경제에 활력을 불어넣어야 한다.

이러한 논의를 바탕으로 공동체 주도의 지역경제를 만들어왔던 임실 치즈마을의 실천적 사례를 살펴보고, 산악 중심의 지형에서 산양이 자라기 쉬운 자연조건과 이를 특화해 낸 치즈, 그리고 주민공동체가 쇠퇴해 가는 농촌의 지역발전 과정을 조사·연구하고자 한다.

2. 임실 치즈마을의 개요와 특징

임실은 전라북도 중심부에 위치하며 지형적으로 산악지대와 구릉, 평야가 공존하는 지역이다. 따라서 경지 면적이 비교적 좁은 편이고 70% 이상이 산악 지형으로 이루어져 있다. 전주시에서 20km 정도의 거리로 섬진강 상류에 위치해 있다. 바로 이곳이 대한민국 최초의 '토종 치즈'가 만들어진 곳으로 유명하다.

임실은 백제 때의 잉힐군을 신라 경덕왕 16년(757)에 임실군으로 지명을 바꾸고 나서 현재까지 이 이름을 그대로 사용하고 있는 유서 깊은 고장이다. 임실군의 인구는 2021년 1월 말 기준 1만 4782세대에 2만 7248명이 살고 있으며, 65세 이상 고령자 비중이 36.6%에 달한다. 남녀 비중은 남성이 51%로 남초 현상을 보이는 지역이다. 특히 치즈마을이 있는 임실읍은 3662세대에 7420명이 살고 있으며 65세 이상 고령자는 24.4%다. 임실군 전체 65세 이상 고령자 수와 비교하면 무려 12.2%나 낮으며, 세대당 65세 이상 고령자 비중도 0.67명에서 0.49명으로 낮게 나타났다. 65세 이상 세대당 인구수는 임실군은 1.84명이고, 임실읍은 2.03명으로 조금 높게 나타난다.

따라서 치즈마을이 있는 임실읍의 경우가 임실군 전체와 비교하면 상대적으로 젊은 세대가 많은 지역임을 알 수 있다. 임실군은 597km^2 면적에 경지는 18.1%, 임야는 69.9%, 기타 12%이다. 행정구역은 1읍 11면에 131개의 법정리와 262개의 행정리로 구성된다. 임실읍은 16개 법정리에 40개 행정리가 있으며, 치즈마을인 금성리는 법정리이고 화성, 중금, 금당 이 세 마을 가운데 화성과 중금에 두 명의 행정리 이장이 있다.

유서 깊은 임실은 1996년 기준 2만 44세대에 인구는 11만 8277명이었으며 2021년 1월 말에는 1만 4782세대에 인구는 2만 7248명을 기록했다. 24년간 세대수는 26.25% 감소했고, 인구는 76.96%나 감소했다. 65세 이상 노령인구 비중을 보면 1986년 8.9%에서 2021년에는 무려 36.6% 증가해 매우 높아졌다. 국내 전반적인 사회현상이지만 고령인구가 기하급수적으로 늘어난 것이다. 대부분의 농촌이 초고령사회에 진입했지만, 특히 전북 임실은 초고령사회의 기준인 '65세 인구 20%'보다 무려 16.6%나 높다. 치즈마을이 있는 임실읍의 경우 2021년 1월 기준 24.4%로 임실군 내에서 65세 이상의 인구 비중이 매우 낮게 분포한다. 임실의 주요 특산물로는 임실 고추와 임실 치즈가 있다.

임실은 1894년 동학농민운동의 고장이며, 1907년 일본군과 맞대응하는 의병단이 조직되기도 했고, 3·1만세운동의 민족대표 33인 중 박준승 선생님이 태어나 활동하던 농민운동의 고장이다. 현대에도 고추 투쟁 등 농민운동에서 굉장히 활발한 지역으로 알려져 있다.

1964년 임실성당에 부임한 지정환 신부(1942~2019)에 의해 임실 치즈의 역사가 시작된다. 어려웠던 당시 변변한 특산품이 없던 임실 지역 농촌에 벨기에에서 온 지정환 신부[디디에 엇세르스테번스(Didier t'Serstevens)]가 가난을 타개하고자 신자들을 위한 활동뿐만 아니라 임실군 전체 농민들을 생각하며 산양 두 마리로 시작한 것이 '치즈'다. 이 치즈는 한국 최초 토종 치즈의 역사가 되었으며, 이제 임실 치즈는 치즈의 불모지 한국을 넘어 세계로 나가고 있다.

이렇듯 임실의 변화는 지정환 신부에 의해 시작되었다. 현재 임실에는 임실 치즈마을, (사)임실N치즈클러스터사업단과 (재)임실치즈테마파크 등이 생겼으며, 임실N치즈축제는 문화체육관광부지정 우수 축제이자 전라북도 최우수 축제로서 대한민국의 대표 축제 중 하나가 되었다.

임실 치즈는 1967년 처음 생산되어 토종 치즈의 원조가 되었으며, 현재 국내 피자용 치즈의 30%를 공급한다. 테마파크 등 '치즈밸리' 조성 산업으로 1000억 원 소득을 목표로 한다. 지방 특산물을 보유한 특유의 경쟁력을 살려, 주민의 수익을 높이고 지역사회에 활력을 불어넣는 사례로 꼽힌다(≪조선일보≫, 2007.1.14).

임실 치즈의 역사는 지정환 신부가 가내수공업 형태로 치즈 만드는 법을 가르치며 시작된 이후, 마을 주민들이 주도해 조합을 만들고, 공장을 짓고 규모를 확장해 현재에 이르렀다. 1969년부터 많은 실험과 실패를 거듭한 끝에 마을 주민들은 치즈 기술을 배우고 익히면서 자립적인 재정을 만들어 국내 처음으로 치즈 공장을 세웠다. 또한 '치즈마을'이라는 한국 사회에 차별화된 브랜드를 만들어내어 전국적으로 가장 우수한 마을만들기 사례로 꼽힌다.

현재 임실군은 이 치즈를 바탕으로 '아시아의 아펜첼(Appenzell)'[2]을 꿈꾼다. 임실군과 치즈마을의 마을만들기는 쇠퇴해 가는 농촌에서 지역의 발전 모

2) 아펜첼 치즈는 소젖으로 만들며, 아펜첼러 치즈라고도 불린다. 8~9세기경 오스트리아 국경 부근 생갈렌(St.Gallen) 지방의 산 이름을 따서 이름 붙였다. 스위스의 에멘탈(Emmental) 치즈, 그뤼예르(gruyère) 치즈와 함께 3대 치즈 중 하나다. 700년 이상의 전통을 자랑하는 이 치즈는 스위스 북동부의 아펜첼에서 시작되었다. 사과주나 백포도주에 담갔다가 숙성 중에 허브 등을 넣어 풍미를 낸다. 전통적인 아펜첼 치즈는 저온살균하지 않은 신선한 생유로 만든다.

델을 제시한다. 특히 치즈라는 우리 민족의 음식과는 거리가 먼 식품을 지역의 자연조건과 주민 공동체를 통해 특산품화해 국내는 물론이고 세계시장에 진출한 모범적인 사례를 만들었다. 이에 임실의 사례를 살펴보며 지역의 내발적 발전론과 선순환경제의 관점에서 배우고자 한다.

3. 임실 치즈마을 이야기

전북의 산간지대인 임실군의 여름은 후덥지근한 편이다. 여름의 평균기온은 30℃ 안팎이며 가끔 30℃를 웃돌기도 한다. 겨울은 매우 춥고 건조한 편이며, 영하 17℃ 이하까지 떨어질 때도 있다. 경도는 속초보다 훨씬 아래지만 온도는 속초와 비슷해 시설원예농업보다는 한우·산양 등 목축농업에 유리하다.

임실 치즈는 1964년 작은 산골 마을 임실군에 외국인 신부가 부임하면서 지역은 서서히 변화하기 시작했다. 이러한 마을의 변화는 지역의 주민들을 자립하게 하는 원동력이 되었으나 그 과정이 순탄하지만은 않았다. 지정환 신부는 처음에 풀밭이 많은 마을의 자연적 특성을 살려 산양을 키워 젖을 짜서 팔면 마을의 경제적 기반이 마련될 것이라고 설득했다. 동의한 주민들은 하나둘 산양을 키우며 젖을 생산했다. 그러나 판로가 좁고 신선한 우유를 공급할 시장의 범위도 넓지 않았다. 그 때문에 남아서 버려지는 산양유가 임실 산양 축산농가와 지정환 신부에게 닥친 첫 번째 어려움이었다. 이들은 고민 끝에 남는 우유로 치즈를 만들어야겠다는 아이디어를 떠올렸다. 치즈에 관심이 없었던 지정환 신부는 치즈를 생산하기 위해 다양한 실험을 하거나 유럽에 치즈 견학까지 다녀오기도 했다.

지정환 신부의 임실 치즈는 임실 내 다른 공동체에서도 만들기 시작했고, 지금의 치즈마을이 있는 금성리에서 농업과 농민 문제를 해결하고자 '예가원'의 초창기 주체를 중심으로 임실 치즈마을이 탄생한다. 1986년 당시 예가원은 치즈 생산을 하고자 모인 공동체는 아니었다. 예가원은 마을을 떠났던 젊은 사람들이 귀향해 종교적 성격의 공동체를 만들어 '공동생산 공동분배'를 원칙으로 농촌 문제에 새로운 돌파구를 찾고자 시작한 모임이었다.

1987년 예가원은 화학비료나 농약을 사용하지 않는 유기농법으로 농산물을 생산하고 도농 교류를 통해 도시의 소비자에게 판매·유통하는 그림을 그렸다. 지금의 생활협동조합 같은 결사체 공동체의 성격을 띤다. 그러나 예가원은 금성리에서 첫 실패를 경험한 뒤 바로 '농사실천농민회'를 꾸려 실천적인 농민 활동으로 농촌문제를 해결하게 할 생각이었다. 농사실천농민회는 농업 문제를 도시와 직거래를 통해 해결하는 것이 목표였으며, 생산자와 소비자 단체를 조직해 생산은 농민회가 하고, 유통은 당시 '전북살림'이 담당하고자 했다. 그러나 이 사업도 유통 문제 때문에 중단하기에 이른다. 이들은 정부지원금과 융자본인 부담 등으로 영농조합법인인 '예가원영농조합법인'을 만들어 유기농 퇴비 제조사업으로 업종 전환을 꾀했으나 1998년 판로 문제로 완전히 도산한다.

농민이 자력으로 농민 문제를 해결하고자 했던 사업은 실험으로 끝났다. 다양한 이유가 있었겠지만, 너무 앞선 실험적 사업으로 시기적인 문제 등의 교훈을 남기며 끝맺었다고 생각한다. 그러나 역사적 역동성과 농민운동의 내적 힘은 실패에서 얻은 교훈을 경험으로 축적했고, 마을공동체 사업에 정부지원금을 적극적으로 활용했다. 그러나 당시 신자유주의적 세계화 흐름 속에 우리나라의 농업정책은 우루과이라운드(Uruguay Round, UR)와 세계무역기구(World Trade Organization, WTO) 체제의 공고화, 자유무역협정(FTA) 등을 거치며 농업 시장 개방 압력 속에서 한계에 직면하고 말았다(이해진, 2009: 14~15).

정부는 이 같은 추세에 농업정책 전환이 불가피했으며, 이러한 전환이 농촌체험마을 정책으로 나타났고, 임실 치즈마을은 이러한 분위기 속에서 치즈 만들기 체험과 마을만들기가 결합해 형성되었다.

금성리의 농민들은 다양한 농촌사업을 시도했지만, 모두 수포로 돌아갔다. 임실읍 금성리는 2003년 '꽃보다 아름다운 느티마을'이라는 주제로 제2차 녹색농촌체험사업 시범마을로 선정된다. 녹색농촌 사업은 "농촌관광 활성화를 통한 농외소득증대를 위해 녹색농촌체험마을을 조성하고 농업인과 농촌 마을의 사업추진을 돕기 위한 다양한 소프트웨어 개발 및 정보시스템 구축을 추진하기 위한 사업"이다(농촌진흥과, 2003.3: 1).

이 사업은 두 가지 방향으로 추진되었는데 하나는 도시의 사람들이 여행하며 하루를 숙박할 수 있는 시설을 조성하는 것과, 다른 하나는 농촌 체험 행사를 만드는 것이었다.

금성리는 자연경관이 평범해 빼어난 자연경관을 내세워 휴식처를 제공하는 방법은 어렵다고 보고, 찾아오는 관광객에게 유익한 프로그램을 개발·제공해 기억에 남는 추억을 만들어 다시 찾아오도록 하는 방향으로 계획을 세웠다.

이 계획에서 농촌 체험 행사는 영농체험, 농촌 정취 즐기기, 농촌 문화 체험, 교육 등으로 구성했다. 영농체험은 오리·우렁이 방사, 우유 생산 과정 체험, 채소류 가꾸기가 계획되었다. 농촌 정취 즐기기로는 포도밭 가기, 얼음지치기, 산나물 채취, 메뚜기 잡기, 산책과 등산하기 등이 있었다. 또한 마을에서 생산한 농산물을 가공·판매하기 위해 고추장·된장 담기, 청초 효소 만들기, 메밀묵·도토리묵 만들기, 두부 만들기 등의 계획을 준비했다(권봉관, 2015).

임실군 금성리 추진 방향은 차별성과 독창성이 없었다. 이 사업도 실패가 눈에 보이는 듯했다. 그러나 녹색농촌체험사업 핵심 프로그램의 실패는 치즈마을의 시발점이 되었다. 예상치 못한 하나의 체험 프로그램이 엄청난 인기를 얻기 시작한 것이다. 다름 아닌 숲골유가공장의 '모차렐라 치즈 만들기 체험'이다. 핵심 프로그램도 아니었고 다양한 체험 프로그램 중 하나였는데, 속칭 '대박'이 났다. 당시 숲골유가공장 김상철 대표는 모차렐라 치즈를 배우고자 1994년 한서교회협의회(SOAM)에서 주관하는 낙농 연구생에 지원, 선발되어 3월부터 1995년 2월까지 스위스 베르비에(Verbier)라는 곳에서 낙농 연수를 받고 귀국한 뒤 젖소 일곱 마리를 구매해 낙농업을 시작했다. 그러나 1997년

표 2-1 임실 치즈마을의 연혁

연도	주요 내용
1964	지정환 신부, 임실성당 주임 신부 부임, 산양 2두 사육 시작
1965	지정환 신부, 임실관 내 산양 분양 시작
1966	임실산양협동조합 설립, 산양유 판매, 성당 사제관에서 치즈 개발 및 치즈 공장 설립
1967	지정환 신부, 한국 최초의 치즈 공장 완공(임실읍 성가리), 치즈 제조 기술 전수
1968	까망베르 치즈 제조 성공, 정환치즈 브랜드로 우편 판매 및 남대문시장 납품
1969	지정환 신부, 치즈 생산 연구를 위해 유럽 방문(벨기에 → 프랑스 → 이탈리아)
1970	체다 치즈 생산 성공, 외국인 대상 우편 판매 및 조선호텔 납품
1972	모차렐라 치즈 제조 성공, 서울 피자 전문점에 납품, 삼양사와 치즈 거래 계약 체결 임실산양협동조합 명칭을 임실치즈협동조합으로 변경
1976	지정환 신부, 건강 악화로 신병 치료를 위해 벨기에 출국 후 입국
1978	임실 관내 롯데우유 공장 건립
1986	임실치즈협동조합 임실치즈공장 신축(임실읍 갈마리)
1991	임실낙농축산업협동조합 설립
1999	임실축산업협동조합, 임실 치즈·피자 체인 사업 개시
2000	숲골유가공 설립(대표 김상철)
2003	임실치즈농협 ISO9001 및 HACCP 인증 취득
2004	정부, 임실치즈밸리 지원사업 선정
2007	유가공업체 이플 설립
2008	임실N치즈 상표 등록
2010	(재)임실치즈과학연구소 설립 → 2016년, (재)임실치즈앤식품연구소로 개칭
2011	(재)임실치즈테마파크 개장 및 치즈체험관 운영 시작
2012	유가공업체 밸리애 설립
2013	임실치즈농협, 스트링치즈 및 구워먹는치즈 출시(전주국제발효식품엑스포, 농림축산식품부 장관상 수상)
2015	임실 치즈마을 내 치즈레인보우 설립
2019.4	지정환 신부 선종(향년 88세)

자료: 금종수(2019).

IMF 외환위기에 희망이 절망으로 바뀌어 천정부지로 치솟는 사료값을 감당하기 어려웠다. 숲골유가공장의 대표는 1999년 3개월간 스위스 유가공전문학교(Molkerei Schule Rutti-in Zollikopen) 코스를 밟고 돌아와서 두 번째 치즈 공장을 세웠다. 2000년 한스유가공연구소를 설립하고, 2001년 모차렐라 치즈와 까망베르 치즈 등을 생산하면서 '숲골유가공연구소'로 명칭을 변경한다. 2004년 늘어나는 방문객을 감당하지 못해 1500평의 땅에 240평 규모 공장을 설립해 1일 생산량을 4500kg으로 늘렸다.

'숲골유가공연구소'는 목장형 방식으로 우유를 생산했고, 스토리텔링으로서 "지리산 자락에서 자연 방목으로 사용하는 숲골 목장의 홀스타인 젖소에서 신선한 최고급 우유를 착유하여"라고 홍보했다. 그 결과 치즈 체험 프로그램 체험객이 예상 못할 만큼 증가해 2005년 1000명 정도에서 2006년 1만 명으로 껑충 뛰었다.

금성리의 임실 치즈마을은 2003년 농협 주관 팜스테이 마을로서 '느티팜스테이마을'이라 불리며 시작되었다. 임실에 느티나무가 많아 지어진 이름이다. 금성리는 2005년 '녹색농촌체험' 가운데 '느티마을'의 치즈 체험에서 대박을 맞이했는데, 이에 2007년 마을총회를 통해 느티마을은 치즈마을로 이름을 바꾸었다. 이로써 치즈마을이 금성리에 탄생하게 되었다.

당시 행정자치부 주도의 정보화 마을 조성 사업으로 '치즈정보화마을'이라는 새로운 브랜드를 얻기도 했다. 그러나 가장 대표적으로 많이 사용한 명칭은 '치즈마을'이다.

4. 지역 활성화 근간을 치즈에 둔 순환형 지역경제

임실은 1960년대 가난을 이겨낼 방법이 없었다. 새마을운동이 전국적으로 전개되었지만, 획일적인 운동의 방식이었다. 농촌에서는 농로·지붕 개량이나 생활문화 개선 운동 등 식량 수확을 늘리는 방향으로만 추진되었다. 이런 가운데 유럽에서 임실로 부임한 외국인 신부에 의해 산양과 우유, 치즈라는 당시에는 선호도가 낮은 제품을 선점했다는 점과 청정 지역이며 산악이 70%인 지형을 이용해 산양을 선택한 것은 내발적 관점에서 진단하면 지역 자원을 활용한 매우 의미 있는 아이디어다. 산악과 목초를 이용한 우유와 치즈는 매우 정합성이 뛰어나다고 분석된다. 이처럼 외지에서 온 인력을 내적 발전의 원동력으로 활용한 점 또한 내발적 발전이며, 이런 까닭에 조건 없이 외부 인적자원을 배제하는 것은 정답이 아니다. 특히, 지역공동체를 만드는 활동가와 지도자는 지역을 이해하고 변화시키고자 하는 사회운동적 관점의 지향이 있어야 한다. 지정환 신부는 한때 민주화 투쟁에 몸을 담그기도 했고, 본인 또한 장애가 있으면서도 중증 장애인들을 돌보며 형편이 어려운 학생들에게 장학금까지 주었다. 이렇게 지역만들기를 하는 사람은 내적으로 충만하고 외부의 힘을 빌리려고 하기보다는 내적 자원을 우선하려는 관점이 필요하다.

일본 나가노현 사카에촌을 바꾸어 놓은 다카하시 히코요시(高橋彦芳) 촌장은 "우리는 외부의 정보에 의해서 정책을 세우고는 하는데, 실제로는 각각의 존재 상황을 재검토해서 거기에서부터 정책을 추진하는 것이 중요합니다. '어지럽게 변하는 국가의 농정'에 충실히 따를수록, 마을의 농림업이 쇠퇴하고 과소화가 진행되며, 마을의 인재가 활력을 잃어가는 모순이 발생합니다"라고 말했다(오카다, 2016).

저자가 보는 관점은 지역개발도 마을만들기도 바로 지역 이해라는 토대에서 출발해야 한다는 것이다.

당시 임실 지역의 생업의 양상은 농업기계화로 빠르게 변화하고 있었다. 농업기계화의 진전은 농민들에게 상대적으로 더 많은 여유 시간을 선사했고, 이러한 여유 시간은 체험 사업으로 이어졌다. 따라서 금성리 일대의 체험 사업으로서 치즈마을은 농민들의 생활 변화를 넘어 기존 농촌사회의 변화 과정과 밀접하게 연관된다.

체험 사업을 통해 마을은 소득을 올릴 수 있었고, 일부 가공 판매가 가능했다. 그중에서도 치즈 생업의 가장 뚜렷한 변화는 치즈 체험에 수많은 방문객이 마을을 방문하자 '목장형 유가공업'이 더욱 활성화된 것이다. 체험 사업은 마을의 변화를 불러왔다. 체험을 통한 마을의 급격한 경제적 성장은 인구 유입으로 이어졌고 가족 형태와 세대 간 권력 양상에도 변화가 나타났다. 유입된 사람 중에는 다양한 업종 종사자와 20대와 30대 토박이들이 다수 존재했다. 이들은 도시로 나가기보다 마을 내에서 부모의 생업에 동참하고 있었고, 그 결과 1세대 중심의 가족 형태가 2세대로 바뀌어갔다(권봉관, 2015).

목장형 유가공업은 가족 내 수평적 권력관계를 넘어 여성들의 지위가 이전과 비교해 향상되는 효과도 있었다. 특히 체험 사업과 치즈마을의 각종 사업을 이끌어가는 데 여성들이 적극적으로 참여해 그 역할과 비중이 높아지며 운영위원회 임원을 여성들이 맞기에 이른다.

"지정환 신부님은 임실 주민들에게 먹거리뿐만 아니라 공동체 정신까지 주고 떠나셨어요"라고 임실의 농민들은 이야기한다(≪농민신문≫, 2019.4.22). 당시 임실은 척박한 산골이라 마땅한 소득 작목이 없었다고 한다. 지정환 신부가 시작한 산양 두 마리는 주변으로 확대되어 몇몇 집에서 산양을 키우고 있었는데, 버려지는 산유가 생기기 시작했다. 지정환 신부는 버려지는 산양유를 보고 치즈를 만들기 시작했다.

그러다 보니 농가들이 젖소를 들여와 키웠고, 우유로 치즈를 만들면서 치즈 산업이 자리를 잡았다. 지정환 신부는 당시 임실군수에게서 지역의 가난한 농민들을 위해 고민해 달라는 부탁을 받고 산양을 키우기 시작했으며, 이 산양 두 마리는 오병이어의 기적처럼 지역민들과 함께 나누는 소득 작목이 되었다. 지정환 신부님의 산양 두 마리는 토종 치즈를 만들었고 연 매출 270억 원이 넘는 임실군의 대표 산업으로 성장했다.

마을만들기 사업은 마을별로 자연 자원 및 축제, 각종 행사 등을 활용해 자신들만의 주제를 선정하고자 노력했다. 마을에서 발생하는 수익금이 투명하고 공평하게 분배될 수 있도록 금전 관리에 신경을 썼으며, 마을에서 생산되는 농특산물을 활용하는 데 주민 모두가 적극적으로 참여해 소득을 창출했다.

치즈마을은 우유 생산부터 치즈 가공 및 체험관광까지 6차 산업화의 선진

모델이 되고 있으며, 주민들 주도로 작은 음악회를 매년 개최하는 등 '사람이 꽃보다 아름다운 치즈마을'이라는 캐치프레이즈를 내세운 점이 성공 요인으로 분석되었다(이영걸, 2017).

따라서 마을만들기 사업의 결과로 등장한 치즈마을은 표면적으로 국가가 제시한 경제 사업을 이끌어가고자 한 마을 사업처럼 보이지만, 그 성공은 역설적으로 국가가 제시한 길을 따르지 않았기 때문에 성취할 수 있었던 것이다. 오히려 치즈만의 성공은 농촌에서 지속적인 삶을 위해 노력한 농민들과 이들에 의해 우연히 시작한 치즈 체험에서 촉발되었고, 그 핵심은 장소 경쟁에서 우위를 차지할 수 있는 '이색성' 확보였다(권봉관, 2015).

치즈마을 사업이 국가 주도의 새마을운동과 다른 점은 상향식 정책 제안에 내발적 발전 방식으로 진행된 '마을만들기'라는 것이다. 즉, 마을에서 농촌관광 사업을 제안하면, 그중 가능성이 있는 사업을 국가가 지원하고 '지역의 자연 자원과 전통, 인적자원을 활용하여 소득사업으로 가능성이 있는가'를 심사해 결정한다. 이는 이미 국가가 제시한 경로에 따라 사업을 추진하는 경로의존적인 과정이다. 임실에서도 비슷하게 추진했지만, 국가의 지시만이 아니라 공동체를 중심으로 대응하며 성장한 차별화 전략이 있었다.

현재 임실군에서는 50여 농가가 젖소를 키운다. 군에서는 치즈 판매, 체험관광 등을 통해 1년에 270억 원의 소득을 올린다.

임실치즈축산업협동조합은 1967년 벨기에 출신 지정환 신부가 낙후되었던 임실 농민의 소득 증대 및 식생활 개선과 상호 협동을 통한 목적으로 국내 최초로 설립한 치즈 생산 전문 기업이었다. 이후 1991년 임실낙농축산업협동조합을 설립했고 2001년 임실치즈축산업협동조합으로 명칭을 변경했다.

2012년 금성리 축산시설 소유를 보면 18개 농가 정도가 젖소, 산양, 한우, 돼지, 닭 등을 키운다. 돼지는 3개 농가 3600마리, 한우는 6개 농가에서 112마리, 젖소는 7개 낙농가에서 274마리 정도 키운다. 6개 낙농가 중 5개 낙농가는 목장형 유가공 방식으로 발효유, 치즈, 버터 등 유제품을 생산한다. 산양은

1가구에서 40마리를 키우며, 생산한 산양유 전량을 치즈나 요구르트를 만드는 데 사용한다. 또 다른 1가구가 닭을 생산해 치즈마을 농산물 판매장에서 달걀을 판매 중이다. 치즈마을 주민들은 치즈 판매장과 식당, 체험장 등을 운영한다. 주민들의 이야기로는 금성리 일대에서 생산하는 농산물의 연간 총생산이 8~9억 원 수준인데, 체험과 판매사업이 농산물 생산액의 약 2배 가까운 수준이라고 한다.

개별 체험장은 매출액의 3~5% 정도를 '마을 세금' 명목으로 납부한다. 마을 세금이란 개별 사업자가 치즈마을의 인지도와 유명세 등을 활용한 데 대한 일종의 권리금 개념과 유사하다. 치즈마을사무국에서는 개별 체험장의 매출액 가운데 16.5%에서 18.5%를 공제하며 여기에는 부과세 10%와 카드수수료 3.5% 등 회계 정산을 위한 비용에 마을 세금 3~5%이 포함된다(권봉관, 2015). 개별 체험장에서 직접 체험객을 모집한 경우에는 3%의 마을 세금만 내면 된다. 마을 세금은 공동체 세금이라고 주민들은 이야기한다. 치즈마을 공동체를 위해 치즈마을에서 소득을 취하든, 판매로 수익을 내든 모두가 마을 세금을 내고 있었다.

농사만 짓고 살던 사람들이라 "갑작스러운 3차 산업, 6차 산업" 하면서 체험 프로그램이 더 소득이 높은데도 늘 부업으로 취급하는 실정이다. 2012년 자료에 의하면 치즈 체험 강사와 이를 보조하는 도우미 등 부업으로 종사하는 19명의 사람들의 수입을 확인한 결과 평균 최고 1044만 5000원에서 최저 12만 5000원으로 차이가 있지만, 1년간 강사와 도우미에게 지급된 금액은 8584만 5000원으로 나타났다. 금성리에서 강사로 나선 사람들은 주로 교회를 다니는 여성들과 60세를 넘긴 분들이며, 이들은 도우미로 참여하고 있다.

마을에서 생산한 농산물 가운데 상품성이 좋은 것은 먼저 동네에서 친인척 등 아는 사람들끼리 1차 거래를 하고, 1개월 단위의 판매장은 판매처가 없을 때 적극적으로 이용한다고 한다. 소농은 유통경로가 매우 제한적이다. 그래서 농산물 가공품을 생산하는 경우는 드물다. 그런데 체험하는 사람들이 늘어

그림 2-2 치즈마을과 임실치즈테마파크의 위치

나면서 농민들은 판매장을 이용해 판매하고자 하는 농산물 가공품을 만들기 시작했다. 이는 치즈마을에 관광객이 몰려들면서 또 다른 방향에서 농민들의 수익 구조가 생겼다는 의미다.

체험 마을에서는 마을의 다양한 계층이 소득을 가져갈 수 있게끔 경운기 운전의 경우 60세 이상 노인들만 가능하게 하고, 60세 이상 할머니들은 치즈 체험 도우미 역할을 하도록 함으로써, 마을에서 여러 사람들이 골고루 수익을 얻을 수 있도록 한다.

임실 치즈마을의 치즈 체험과 판매장 사업은 지역 공동의 자산으로서 지속 가능한 농촌을 만들기 위해 공생 경제를 구축하는 것이며, 개인의 이익이 아닌 치즈마을의 공적이익을 위해 운영하는 것이 핵심이다.

임실군이 (재)임실치즈테마파크를 설립해 유럽의 궁전처럼 조성한 임실치즈테마파크는 임실군 성수면 도인리에 13만 m^2의 규모로 지어졌다. (재)임실치즈테마파크는 임실이 명실상부한 치즈 산업의 메카로 확고히 자리 잡을 수 있도록 지역 업체 및 낙농가와 협력해 낙농가의 소득 증대와 낙농업의 선진화를 돕고, 임실체험관광 콘텐츠 개발 등 관광임실의 이미지 개선과 이를 통한 지역경제 활성화에 크게 이바지할 목적으로 만들어졌다(임실치즈테마파크, "설립배경/연혁"). 임실치즈테마파크는 〈그림 2-2〉에서처럼 치즈마을에서부터

직선으로 1km 내의 거리에 있다. 그러나 몇 번의 실패를 거치는 과정에서 치즈 체험 프로그램으로 대박이 나고 임실군의 대표적인 지역 상표가 된 임실치즈는, 임실군이 만든 임실치즈테마파크에 의해 찬밥 신세가 되었다. 국가의 정책을 믿고 따라온 결과 하루아침에 "닭 쫓던 개 지붕 쳐다보는 꼴"이 되어버렸다. 그러나 농민운동과 고추 투쟁을 통해 단련된 내공으로, 치즈마을은 6차 산업으로 마을 발전의 방향을 전환하고 마을 입구인 임실역에 판매장을 내기로 한 임실군과 단판을 벌여 치즈마을에서 운영·관리하기로 결정했다. 그러나 여전히 판매장 운영 적자라는 딜레마에 빠진 상태다.

임실군이 테마파크에 투입한 지원과 지원금을 살펴보면 금성리 치즈마을과 비교할 수 없다. 임실군은 신성장 동력 산업으로서의 임실 치즈 육성을 위해 2004년 과학기술부로부터 임실치즈과학연구소 설립 사업과 농림부의 치즈피아 조성 사업, 2005년에는 지역농업클러스터사업인 첨단 유가공 생산 시설 건립 사업, 그리고 행정자치부의 신활력 사업으로 임실치즈밸리 육성 사업 등 네 개 사업에 대한 국가예산을 확보했다(금종수, 2019). 이 사업은 13만 2000m^2(약 4만 평)의 부지에 250억 원을 투입해 치즈 체험관, 치즈 요리 체험관을 비롯된 홍보관, 박물관, 팜마켓, 치즈조각공원, 첨단 치즈 가공공장 및 치즈과학연구소(현재는 임실치즈앤식품연구소) 등 목가적인 풍경 속에 이국적인 건축물을 신축했고, 2011년 개장했다. 여기에 임실군 낙농산업의 선진화를 위해 2005년부터 2007년까지 3년 동안 11억 2300만 원을 투입해 혁신 체계 및 혁신 리더 양성사업과 임실 치즈 장소 마케팅, 임실 치즈와 치즈피자 브랜드 제고 사업, 낙농의 규모화와 유가공 육성 사업 등 총 4개 분야 18개 단위 사업을 추진했다(금종수, 2019).

그 결과 2018년 기준 임실 지역 유가공업체는 14곳이 운영 중이며, 2017년 치즈 생산량은 약 1631t, 매출액으로 환산하면 213억 원에 달했다. 이러한 임실 치즈 생산량은 국내 자연치즈 총생산량 3608t의 45.2%를 점유하는 수치로 여전히 국내 자연치즈 주요 생산지로서의 위치와 명성을 유지 중이다. 임실

표 2-2 임실군 관내 주요 유가공업체 현황(2019)

업체명	설립 연도	위치	생산 제품
임실치즈농협	1967	임실읍	솔로라떼, 포션 치즈, 삼색떡, 돈까스 등 21종
(영)이플	2007	임실읍	고다 치즈, 찢어먹는치즈, 플레인 요구르트 등 5종
(영)목장의아침	2008	오수면	스트링 치즈, 퀘소블랑코 치즈, 요구르트 등 5종
(영)대한목장	2010	지사면	플레인 요구르트, 딸기 요구르트 2종
임실농부	2010	임실읍	스트링 치즈, 베르크 치즈, 요구르트 등 7종
자연의 꿈	2010	덕치면	스트링 치즈, 카티즈 치즈 등 7종
(영)무지개	2011	임실읍	퀘소블랑코 치즈 등 6종
산들치즈	2011	지사면	스트링 치즈, 요구르트 등 3종
벨리애	2012	임실읍	카페 치즈, 라클렛 치즈, 요구르트 3종
꽃과목장	2014	임실읍	고담 치즈, 요구르트 등 3종
임실산양유	2013	신덕면	리코타 치즈, 산양유 아토피비누 등 3종
(영)임실샘고을	2013	청웅면	치즈, 요구르트, 쿠키 3종
감성유가공	2018	임실읍	치즈, 농후발효유
가족사랑유가공	2018	관촌면	치즈, 퀘소블랑코 치즈, 농후발효유

자료: 이영걸(2017: 42).

치즈마을은 농업회사법인임실치즈레인보우(이하 임실치즈레인보우)를 통해 임실 치즈마을 내 로컬푸드 직매장을 중심으로 임실 치즈를 판매하고 있다(임실군, 2019).

〈표 2-2〉의 임실군 유가공업체를 살펴보면 임실읍에는 일곱 곳이 있으며 임실 치즈마을에만 다섯 업체가 존재한다. 2013년 기준 임실치즈농협 등 유가공업체 아홉 곳의 연간 생산량은 1432t이며 판매량은 1402t이고 판매 금액은 150억 원 규모다.

지정환 신부에서 시작된 임실군 치즈는 금성리 치즈마을에서 꽃을 피우며 임실의 브랜드로 만들어졌다. 또 임실치즈테마파크 확장을 통해 임실은 치즈 산업의 메카로 자리 잡았으며, 지역의 유가공업체 및 낙농가와 협력해 낙농가 소득 증대를 꾀하면서 지역 내 순환형 경제, 내발적 발전의 사례 지역이 되었다. 그러나 사례 연구를 하면서 매우 큰 아쉬움으로 남은 점은, 금성리 치즈마을과 임실테마파크가 1km 내 근접한 거리에 위치했음에도 서로 간에 적극적인 연계가 없었다는 것이다. 다양한 상생 방안을 모색해 지역공동체 중심의 내발적 발전과 지역순환형 경제의 우수 지역으로 거듭나기를 기원해 본다.

5. 복지로 이어지는 마을만들기와 마을공동체 문화

임실에서 치즈마을은 행정구역으로 전북 임실군 임실읍 금성리에 있다. 금성리는 '화성마을', '중금마을', '금당마을' 이렇게 세 개의 자연마을로 구성된 공동체다. 금성리는 화성마을과 중금마을에 이장이 있고, 세 마을을 통합해 치즈마을을 운영한다. 국가와 공공기관이 추진한 마을만들기 사업이지만, 실제 법정동과 마을공동체 조직과 구성은 기존의 마을공동체와 일치할 수도 있고 다를 수도 있다.

그러나 저자가 본 치즈마을은 법정동 마을공동체와 동호회를 중심으로 이루어졌고, 치즈마을의 사업체를 중심으로 서로 연계 혹은 견제하며 상호 보완하는 결사체적 공동체라고 할 수 있다. 이 공동체는 각종 농촌사업을 위한 영농조합이나 작목반 같은 사업체 조직이다. 그러나 마을 내 혹은 마을과 마을을 연합해 운영함으로써 그 자체가 마을공동체 전체를 대변하지는 못하는 한계가 있었다.

이곳에서는 회원 교육 및 단합 대회를 하며, 회원 교육은 주로 협동조합 등의 교육과 선진지견학으로 사업비를 활용해 국내와 일본 등 국외에서 진행되었다. 2012년 이전에는 마을 연혁 및 회원단합과 단체의 지향점 공유가 회원 교육의 주를 이루었지만, 임실군 치즈마을의 회원 교육은 2013년부터 새롭게 시작한 치즈마을 사업과 관련해 진행되어, 교육을 통해 사업에 대한 설명과 사업의 동의·협조를 받는 형식이 되었다. 또 임실군의 재단법인이 운영하는 테마파크와 관련한 대응으로 6차 산업 교육 등이 이루어졌다. 치즈마을운영위원회 임원 선출 방식은 마치 로마 교황을 뽑는 콘클라베(conclave)와 비슷하다. 그만큼 운영위원장은 만장일치에 가까운 과정을 거쳐 선출된다. 치즈마을 사업은 직영사업과 개별사업으로 이원화해 운영한다. 정확히는 치즈마을 운영위원회 중심의 직영사업 운영과 운영위원회가 지원해 주는 개별사업으로 이원화되어 있다.

기본 체험으로 모차렐라 치즈 만들기, 경운기 타기, 치즈돈가스 식당과 판매 운영장은 직영사업이고, 그 외 송아지 우유 주기 등 각종 체험 사업은 회원들의 선택에 의해 자발적으로 꾸려진 개별사업이다. 두 가지 사업은 긴밀한 협조하에 진행되며, 체험객 안내와 예약 접수 그리고 결제 등 전 과정을 직영에서 처리한다. 개별사업의 경우 부가가치세, 카드수수료, 마을 세금 등을 제외한 결산 금액을 개별 사업자에게 보내준다.

개별 사업자가 정식으로 체험 신청서를 제출하면 승인하고, 개별 사업자의 요청이 있을 시 최대 1인당 2000만 원가량의 사업비도 대출이 가능하다고 한다. 그러나 이 마을에는 마을의 다양한 사람들이 다양한 사업을 할 수 있으나 불문율이 존재한다. 모차렐라 치즈 만들기는 누구도 체험으로 신청해 진행하지 않는다. 지금의 치즈마을을 있게 해준 대표적인 사업이므로 개인이 사적으로 시행할 수 없다는 암묵적인 합의다. 이와 관련해 몇 번의 논쟁 끝에 치즈 체험은 마을의 공동 자산으로 마을에서 직영해야 한다는 데 합의해, 임실 치즈마을에서 모차렐라 치즈 만들기는 일종의 공동체 사업으로 인식된다.

치즈마을의 사업 운영 규칙을 보면 판매장 운영과 관련해 조항에 "생산물 판매는 마을공동판매장으로 단일화하는 것을 원칙으로 하되, 개별판매장에서는 소규모의 물품에 관해서는 구매하여 판매할 수 있다. 단, 마을생산물을 우선하여야 한다"라고 되어 있다. 이는 치즈 체험과 판매장 운영은 치즈마을의 공동체 자산이며, 지속가능한 방향을 위해 개인의 이익보다는 공동의 이익을 우선하는 자산 공동화 규칙을 의미한다.

국가에 협조해 농촌의 살길이 열리기도 했지만, 우유 투쟁과 고추 투쟁을 통해 금성리 농민들은 국가라는 존재에 대한 다른 인식을 보이기도 한다. 국가사업에 적극적으로 협조해 사업을 진행하면서도, 그들의 이익을 해친다는 판단이 들면 적극적으로 저항했다(권봉관, 2015).

우유 투쟁 과정에서 농민들은 '낙농진흥법' 등 법률을 공부해 대응 투쟁을 전개했으며, 시위 이후 치즈신용협동조합에 원유를 납품하게 되었다. 무엇보다 이 투쟁의 성과는 농민들이 주도적으로 법률까지 공부해 관계 법령을 들이대는 공무원들에게 오히려 법률로 대응해 이긴 승리라는 점이다. 농민들에게는 스스로의 힘으로 행정기관과 대기업을 상대로 투쟁해 목적을 달성한 쾌거로 기억되는 성과였다.

이러한 투쟁의 결과, 임실 농민들은 지속가능한 농촌을 만들기 위해서는 국가가 제시한 농업정책을 일방적으로 따라가서는 안 된다는 것을 분명하게 깨달았고, 또 경우에 따라 국가 정책에 대응하는 투쟁으로도 뚜렷한 성과를 낼 수 있다는 사례를 만들었다. 또한 마을의 지속가능성을 구축하기 위해 농민 스스로 길을 개척해야 함을 인식했다고 한다.

임실은 유제품과 고추가 주요 산물인 지역이다. 따라서 젖소를 키우는 금성리의 농민들도 지역사회와 연대한 고추 투쟁을 임실군 농민회와 연대해 벌이게 된다. 1987년에 근당 3000원이던 고추 가격이 1989년 근당 900원으로 폭락했다. 고추 농사를 많이 짓던 임실에서는 이 상황을 그냥 시장에 맡겨만 둘 수 없었다. 그래서 1989년 1월 6일 장날에 고추 전량 수매 대회를 열었다. 당시 서울로 올라오는 상경 투쟁에 임실군에서만 24대 버스에 1000여 명이 동참하는 투쟁을 전개했다. 이 과정에서 70여 명이 연행되었으며, 부상자 20명, 구류 4명이 발생했다. 시위 기간은 총 40일로 기록되었지만 고추 투쟁은 젊은 농민 활동가에게 좋은 경험으로 남았으며, 이는 임실 치즈 등 많은 사업에서 역동적인 모습으로 나타나게 된다(신무호, 1991: 847).

당시 고추 투쟁에 참여한 사람은 주로 천주교 신자인 농민들과 제일교회에 나가던 기독교농민회가 주를 이루었으며, 금성리의 제일교회 농민들은 경찰 감시를 피하고자 산골짜기에서 교육을 진행했다고 한다. 고추 투쟁의 성과로 마을 단위 기반의 조직이 점차 지역사회 기반 조직으로 연대하기 시작했다(권봉관, 2015).

이후의 문제 해결 과정과 대응 방식을 주목해 보면, 금성리 임실 치즈마을의 사례 중 새롭게 구성된 작목반이나 영농조합의 경제 조직 그리고 기존 농민 간의 성향 불일치는 체험 사업의 원활한 진행을 어렵게 했다. 그뿐만 아니라, 시장에서의 경쟁 심화가 체험객 감소로 이어져 사업 지속을 담보하기 어렵게 만들기도 했다. 게다가 지방정부의 체험 시장 진출은 치즈마을에 엎친 데 덮친 격으로 나타났으며, 이에 대한 대응으로 지방정부와 국가에 순응하기보다, 사업의 정당성을 확보하고 통계의 이중적 보고를 통해 위장된 순응이라는 방식을 동원했다고 한다(권봉관, 2015).

치즈마을 구성원들은 다양한 문화적 담론을 생산했다. 수익금 처리에서 노인복지의 효 사상을 교육 담론으로 만들었고, 아동복지지원금과 인재장학기금 등을 조성했다. 그리고 마을 내부뿐만 아니라 외부 마을을 위해 임실 지역 마을만들기 사업에 보조금을 지원해, 임실 치즈마을의 폐쇄성보다는 지역적 연대를 통한 확장을 고려하면서 성장했다.

임실 치즈마을은 세 개 마을의 통합 임실치즈운영위원회와 두 개 행정조직인 마을 동회 조직이 서로 보완하며 성장하는 모습도 보였다. 특히 마을의 정체성을 형성하기 위한 축제로 작은 음악회, 대보름굿, 술멕이 등 행사를 서로 상부상조하며 진행했다. 또한 임실 치즈마을은 임실 치즈의 지향점과 역사성을 확립하고자 임실 치즈의 산파 역할을 한 지정환 신부를 치즈마을 역사로 편입하고, 우리 몸에는 우리 농산물이 좋다는 신토불이를 마케팅화하며 가공치즈가 아닌 토종 자연치즈 생산을 이어가는 등 차별화 노력을 게을리하지 않았다. 이와 관련해 정승진은 다음과 같이 말했다.

> 한국의 마을이 형식상 열린 촌락의 특질을 보이면서 내용상으로 비공식적 결사체의 형태로 공동체의 이미지를 증폭시켜 왔다. 이는 식민지적 규율권력의 관통, 급격한 상업화와 도시화에 의해서 해체되지 않고 비공식적 레벨에서 전개되고 있는 농민문화의 정신세계 때문일 것이라고 주장하였다. 농민은 마을의 질서와 규범을 의식하면서도 협력적 행위와 개인주의적 행위에 균형을 맞춰 조합하고 선택하는 합리적인 농민으로 보았다. 농민들은 마을 내에서 공유하는 일종의 인지적 지향 즉 농민윤리를 의식하면서 개인주의적 행위의 선택폭을 조절하고 있었다(정승진, 2008).

이러한 농민의 모습은 임실에서도 나타났다.

세 마을은 오래전부터 생업과 관련된 공동체를 따로 편성하고 각종 마을 잔치나 축제·의례를 따로 치러왔다고 한다. 두레도 각기 조직하고 백중을 전후로 열리는 '술멕이' 행사도 마을별로 따로 전해지며, 금당마을의 경우 세가 약화된 이후로는 중금마을과 함께 열고 있었다.

마을만들기 사업은 마을 주민들의 주민 역량 강화를 위해 고령화에 따른 맞춤형 교육을 실시하고 있다. 이 사업을 통해 지역 주민 참여[3]를 확대하고 공동체 문화를 창출하는 것은 매우 중요하다. 치즈라는 이색적인 지역 자원을 활용하며 '사람이 꽃보다 아름다운 치즈마을'이라는 문화적 가치를 꾀하고, 이로써 장학사업이나 어르신들 급식 지원 등의 공동체를 만들어내는 것은 임실 치즈마을의 특징이자 공동체 기반의 지역 내발적 발전의 토대를 구축하는 일이다.

---

3) 주민 참여는 주민 자신이 생활 공간의 문제 해결을 위해 자발적으로 제도를 형성하고 의사소통을 통해 공유공간을 만드는 과정이다. 장기적 전망을 가지고 자신이 사는 지역을 보다 풍요롭고 쾌적하게 만들기 위해 참여하는 '가치적 참여'가 마을만들기에서의 주민 참여다(문지환, 2012: 6~7).

6. 지역 내 주민소득과 실천적 주민조직

임실 치즈는 한국인의 입맛에 맞는 전통 치즈의 맛을 이어가고 있으며, 1999년 임실 치즈피자 체인사업을 시작했고, 2002년 조합 구역을 전라북도 일원으로 확장했다. 임실치즈농협은 일반 농협처럼 다양한 사업을 펼친다. 그중에서 낙농조합원이 생산하는 우유를 활용한 치즈와 요구르트가 사업의 핵심이다. 임실치즈농협의 치즈와 요구르트 매출은 2017년 기준 임실군 자체 수입의 58.5%에 해당할 정도로 매우 높다.

1969년부터 많은 실험과 실패를 거듭한 끝에 마을 주민들은 치즈 기술을 배우고 익히면서 자립적인 재정을 만들어 국내 처음으로 치즈 공장을 세웠다. 또한 '치즈마을'이라는 한국 사회에서는 차별화된 브랜드를 만들었고 전국적으로 가장 우수한 마을만들기 사례로 꼽힌다.

2015년 기준 금성리의 행정 등록된 가구와 인구수는 109가구 235명이며 화성마을은 69가구 150명, 중음과 금당마을 40가구 85명이 거주하는 것으로 파악되었다.

2015년 당시 금성리 치즈마을 회원은 78가구에 47가구로 63%의 참여율을 보이며, 인구로 보면 전체 160명 가운데 71명이 가입해 44%의 가입률을 기록했다.

농촌의 인구문제는 어제오늘의 일이 아니며 산업의 발달로 농촌은 공동화 현상이 가속화되고 있으나 금성리 인구분포를 살펴보면 20세 이하의 연령층은 29명으로 금성리 실제 거주인구 전체의 18.2% 정도 차지한다. 이는 외부에서 유입된 40~50대 연령층이 20대 이하의 인구 재생산에 기여한 것으로 판단된다. 65세 고령인구의 비율이 44.6%로 매우 높은데 그래도 임실읍의 고령층 비율이 66%인 점을 보면 임실 치즈마을은 다른 곳에 비해 양호한 편이다. 10대와 20대의 비율도 다른 곳보다 아주 높은 편이다.

치즈마을은 '녹색농촌마을체험마을조성사업'[4)]에 자연조건이 좋은 부안군에 이어 선정되기도 했다. 그런데 일할 수 있는 젊은 사람이 많다는 점이 선정 사유 중 하나였다고 한다.

금성리의 논 면적은 대략 84만 6895m^2, 밭은 22만 4989m^2, 과수원은 1만 3200m^2, 축산시설은 9306m^2이다. 농경지 중에서 논의 비율은 높고, 금당저수지와 칠갑저수지의 확장공사를 통해 양수기와 지하수를 끌어 올려 농업용수로 사용하기 때문에 대부분이 수리 안전답이다.

2012년 금성리 축산시설 소유를 보면 18농가가 젖소·산양·한우·돼지·닭을 키웠고, 돼지는 3농가 3600마리, 한우는 6농가 112마리를 사육 중이며, 젖소는 7농가에서 274마리를 정도 키운다. 6농가 중 5농가는 목장형 유가공 방식으로 유제품을 생산했다.

산양은 1가구에서 40마리 정도를 키웠고, 산양유 전량을 치즈나 요구르트 제작에 사용했다. 1가구가 닭을 생산하는 데 달걀은 치즈마을 농산물 판매장에서 판매 중이다. 임실 지역은 1970년대부터 낙농업이 시작되었고, 1980년대에 유가공산업이 본격화되었다. 이러한 임실 지역 농촌의 공동 자산은 2000년대 접어들어 국가의 농촌정책과 맞물렸다. 이로써 임실의 우유와 치즈는 6차 산업화와 결합되었고, 농촌 활성화와 다양한 직종에서 종사자가 필요해졌다.

임실 농업을 보면 1차 산업에서 2차와 3차 농업의 비중이 확대되고 있으며, 농촌 변화의 중심은 갈수록 2차와 3차 산업의 비중이 커지는 양상을 보인다. 복합영농 실행 이전인 1967년부터 지정환 신부의 치즈 생산은 시행착오 끝에 확고히 자리를 잡기 시작했고, 1972년 임실 최초의 젖소 도입 후 점차 젖소를 키우는 농가가 늘어났다. 임실군 전체를 보면 1980년대에 167개 농가에서 817마리를 사육해 해가 갈수록 농가 수는 줄어들었지만, 농가당 젖소 사육 수

4) 2002년부터 2017년까지 진행되었으며, 마을당 2억 규모를 지원했다. 당시 농림식품수산부가 친환경농업, 자연경관 등을 활용한 농촌 체험관광 활성화를 통해 농업 부가가치를 증진하고, 농외 소득 향상 등 도농 교류 활성화를 도모하고자 벌인 공모사업이다.

표 2-3 임실군 젖소 사육 농가와 사육 두수 비교

연도	1980		1990		2000		2010	
구분	농가	두수	농가	두수	농가	두수	농가	두수
농가(수), 젖소(마리)	169	817	331	3,345	163	5,347	61	5,058
두수/농가	4.8마리		10.1마리		32.8마리			

자료: 권봉관(2015).

는 증가한 것을 알 수 있다. 1980년에는 젖소 사육농가당 4.8두였으나 2010년 83마리로 늘어났다. 1980년 대비 젖소 사용 농가당 16.3배가 증가했다(〈표 2-3〉).

금성리 치즈마을 사람들에게 치즈 체험으로 소득이 증대되면서 부업과 임노동에 변화가 생겨났다. 그러나 농촌 사람들은 실제 농사 수입보다 체험으로 얻는 수입이 더 많아도 이를 농외소득으로 간주했다.

2005년부터 본격화된 치즈마을의 체험 사업은 이색적이고 이국적인 치즈 체험이라고 알려지면서 유명세를 타기 시작했다. 또한 산양유 비누 만들기 체험, 송아지 우유 주기 체험, 피자 만들기 체험도 새로운 체험 프로그램으로 인기를 같이 얻어가면서 치즈마을은 관광객 수가 증가하는 특수한 풍경이 벌어진다.

2013년 임실군 임실읍 금성리의 연간 소득금액을 보면 26억 2000만 원, 임실군 전체 소득은 2013년 173억 2800만 원으로 나타났다. 임실군 전체의 유가공업 매출액과 금성리 치즈마을 관련 매출액을 비교해 보면 6.6배 차이가 난다. 임실군의 행정구역은 1읍 11면 131개 법정리, 255개 행정리로 구성된다. 금성리는 131개 법정리 중 하나다.

금성리 치즈마을 인근에 조성된 임실치즈테마파크의 경우 수백억 원의 정책자금 투입에도 불구하고 지원보다 운영 성과가 부실하게 나타나지만, 임실치즈마을은 대규모의 지원 없이 마을사업체만으로도 알차고 내실 있게 운영되며, 지역의 특화된 생산품과 같이 그 지역이 보유한 유무형의 관광자원을

표 2-4 2013년 금성리 사업과 소득 및 일자리 현황

소득사업	치즈 체험	경운기 체험	치즈마을식당	개별사업장	목장형유가공방
소득금액	8584만 5000원	5753만 5000원	4150만 8000원	7095만 원	23억 6500만 원
일자리	19명	15명	9명	-	-

자료: 권봉관(2015).

표 2-5 2013~2016년 유제품 관련 업체 수와 생산량 및 매출액

구분		2013	2014	2015	2016
업체 수(개소)		9	11	12	12
생산량(톤)	치즈	1,265	1,340	1,485	1,670
	요거트	299	411	741	441
	기타	1,285	1,704	2,084	1,953
	합계	2,849	3,455	4,310	4,064
매출액(백만 원)		17,328	20,413	21,172	21,342
일자리(명)		84	107	131	135

자료: 임실군 축산치즈산림과(통계자료).

표 2-6 2013~2016년 임실 치즈마을과 임실치즈테마파크 체험객 수

구 분	2013	2014	2015	2016
임실 치즈마을	56,262	36,157	31,463	25,046
임실치즈테마파크	89,948	106,044	131,547	142,590
합 계	146,210	142,201	163,010	167,636

자료: 임실군 축산치즈산림과(통계자료).

활용한 관광산업으로써 새로운 일자리 창출을 기대할 수 있다(최락인, 2019).

임실 치즈마을은 2014년 임실읍 인근 일곱 마을과 영농법인, 30여 농민들이 공동 출자해 농업회사법인 임실치즈레인보우[5]를 설립하고, 로컬푸드직매

5) 임실치즈레인보우는 임실치즈테마파크 개장과 함께 체험관광객이 감소하자 만든 농업법인으로 임실 치즈마을이 45.8%, 임실한우협회가 22.79%의 주식을 보유해 만든 농업회사법인이다.

장과 치즈마을체험식당, 한우&치즈농가레스토랑을 운영하고 있다. 로컬푸드 직매장과 식당에서 2016년 10억여 원의 매출을 올려 생태공동체로 유지·발전하는 데도 큰 역할을 한다(≪농민신문≫, 2017.1.23).

임실 치즈마을은 정부와 임실군의 임실치즈테마파크 추진에 불만을 표했다. 임실치즈마을운영위원회는 돈보다 가치를 우선하는 경영으로 임실치즈레인보우(주)회사를 만들었다. 농업의 6차 산업화를 토대로 배당은 없지만 마을 내 일자리 창출로 소득을 분배하면서 공동체를 만들어가고 있다. 발생하는 수익금은 적립해 미래세대를 위한 장학금과 어르신들의 급식 지원을 하는 등 주민소득 증대와 공동체 발전에 기여했다. 공동체 중심의 마을 운영과 어려움을 상생공동체로 극복하는 아름다운 치즈마을이다.

7. 임실군 순환경제의 교훈

임실 치즈마을은 지역순환형 경제의 우수 지역으로, 자료를 찾고 글을 쓰면서 참 많이 놀라기도 했다. 이렇게 척박한 땅에서 기적을 일구었다는 것에 경이롭다는 생각도 들었다.

과거에 임실군은 변변찮은 특산품 하나 없었기에 고추가 지역 명물로 소개될 정도로 낙후된 지역이었다. 이에 이러한 임실군을 완전히 바꾸어놓은 임실치즈마을에 어떤 성과와 교훈이 있는지 정리해 보고자 한다.

첫째, 임실 치즈마을은 산악과 청정 지역의 지리적 강점을 살린 산양과 젖소, 그리고 치즈라는 이색적인 특산품의 차별화가 만들어낸 성과다. 이를 바탕으로 토종 치즈를 브랜드화했고, 이는 지역 활성화와 지역 내 소득을 증대하는 핵심사업으로 부상했다.

필자는 이것을 내발적 자원을 활용한 성과라고 생각한다. 지정환 신부가 풀이 많은 자연적 특성과 산악지대에 맞는 산양을 키워 젖을 짜고 치즈를 만든 것은 정합성이 매우 높다고 본다. 따라서 임실 치즈는 임실군이라는 자연의 특성을 잘 활용한 지역 특산품이며, 임실은 원조 토종 치즈의 고향으로 국내 치즈 산업의 메카다.

둘째, 준비된 젊은 사람들과 결사체 조직이 있었다. 임실군 치즈마을은 농촌문제를 해결하려는 젊은 청년들이 모여서 탄생시킨 곳이다. 여기에는 종교적 성격을 띤 예가원이라는 결사체 조직을 만들고 다양한 실패를 경험하며 치즈마을이 자리 잡기까지의 여정이 있다. 그 과정은 주로 마을을 나갔던 젊은 사람들이 귀향해 '공동생산 공동분배'를 원칙으로 농촌에서 새로운 돌파구를 찾아내려는 실천적인 농민 활동이었으며, 농촌문제를 직접 해결하고자 하는 운동이었다. 농촌문제를 해결하고자 생산자와 소비자단체를 조직해 유통하는 '전북살림'을 만들었고, 유기농 퇴비 제조사업 등 농민들의 문제를 해결하고자 사업을 벌였다. 비록 이런 다양한 실험은 모두 시도로 끝나고 말았지만, 실패로만 끝난 것은 아니었다. 실패의 경험은 축적되어 이후 정부 정책사업에 대응하는 토대가 되어 나타났다. 게다가 이같이 무수한 시행착오는 임실군 농민운동의 힘이 되었으며, 임실 치즈마을이 탄생하는 토대가 되었다.

셋째, 지역순환경제의 내발적 인적자원인 활동가 혹은 지역의 지도자는 지역 현장에 나타나는 자연환경이나 사회문제 등에 대한 세밀한 이해와 이를 변화시키고자 하는 사회운동적 관점이 있어야 한다. 고추 투쟁 등 지역의 변화를 주도했던 사람들은 지역을 발전시키고자 실패를 넘어 지속적인 실험과 실천으로 임실 치즈마을을 바꾸어냈다.

앞선 농민들의 대응 투쟁 사례를 되새겨 보면, 농촌 마을의 지속가능성은 농민이 스스로 개척해 가는 길이 필요하다는 것을 인식하는 사회운동적 관점으로 접근할 필요가 있다. 젖소를 키우는 금성리의 농민들도 지역사회와 연대한 고추 투쟁에서 보인 바와 같이 임실군 농민회와 연대하는 성과도 있었다.

넷째, 국가가 추진하는 사업의 일환으로 새롭게 시작하는 사업은 실패할 확률이 매우 높은 반면, 기존에 농민들이 하고 있던 사업을 공동체 중심으로 잘 추진하는 사업은 오히려 좋은 결과를 맺어 우수 사례로 선정되고 있다. 본문에도 서술했지만, 일본 사카에촌의 사례에서 볼 수 있듯이 외부의 정보에 맞춰 정책을 세우고 국가의 농업정책에 충실히 따른 마을의 농업은 쇠퇴하고 과소화가 진행되었으며, 마을의 인재들은 활력을 잃는 모순이 발생했음을 알 수 있었다.

다섯째, 지역 내 선순환경제와 이를 위한 우수 지역의 사례를 분석해 보면 6차 산업을 만들어내는 과정에 이르러서야 지역 내 선순환경제 구조가 구축된다. 마을만들기 사업은 마을별로 자연 자원 및 축제, 각종 행사 등을 활용해 자신들만의 주제를 선정하고자 노력했다. 마을에서 발생하는 수익금이 투명하고 공평하게 분배될 수 있도록 했으며, 생산되는 농특산물을 활용하는 데 주민 모두가 적극적으로 참여해 소득을 창출했다. 임실 치즈마을은 우유 생산부터 치즈 가공 및 체험 프로그램까지 6차 산업화를 통해 수익 구조를 만들었다.

여섯째, 임실군의 사례만이 아니라 우수한 지역을 분석해 보면 찾아오는 사람, 즉 수요자인 소비자들에게 스토리텔링을 하는 홍보 전략이 있었다. 가평의 남이섬도 '아침 섬 강가에 피어오르는 물안개'를 스토리텔링하고, 강원도 산천어축제도 '추운 강원도와 50cm 얼음 밑에 있는 산천어'를 스토리텔링했으며, 임실군의 '숲골유가공연구소'는 목장형 방식으로 우유를 생산하며 "지리산 자락에서 자연 방목으로 사용하는 숲골 목장의 홀스타인 젖소에서 신선한 최고급 우유를 착유하여"라는 스토리텔링을 만들었다. 이런 홍보 전략은 수요자에게 적절하게 먹혀들었다.

일곱째, 지역 내 사회적경제기업 조직 및 다양한 공동체 조직과 단체가 필요하다. 임실군의 경우 임실 치즈와 관련해 1991년 임실낙농축산업협동조합을 설립, 2001년 임실치즈축산업협동조합으로 명칭을 변경한 조직이 있었다. 그리고 목장형 유가공 방식의 다양한 생산점·판매점, 치즈마을 농산물 판매장 및 치즈판매장·식당·체험장 등 다양한 사회적경제기업과 단체·조직이 서로 연대하고 상생해 탄탄한 지역순환경제 네트워크가 형성되는 성과를 만들었다.

여덟째, 공동체 문화는 지역의 복지정책이며, 민주주의 실현의 장이다. 치즈마을의 공동체를 위해 치즈마을에서 소득을 취하거나 판매를 해서 수익을 올리면 모두가 마을 세금을 냈다. 체험 활성화로 이득을 보는 것도 주민들이다. 마을에서 생산한 농산물 가운데 상품성이 좋은 것은 먼저 동네에서 친인척 등 아는 사람들끼리 1차 거래가 이루어지며, 판매처가 없을 때는 1개월 단위의 판매장을 적극 이용할 수 있다. 그리고 마을에서는 다양한 계층의 다양한 사람들이 골고루 수익을 가져갈 수 있도록 한다. 임실 치즈마을에서 운영하는 치즈 체험과 판매장 관리는 지역 공동의 자산으로서 지속가능한 농촌을 만들기 위한 공생 경제를 구축하고 개인의 이익이 아닌 치즈마을의 공적이익을 위해 운영하는 것이 핵심이다.

공동체 중심의 운영은 누구나 이 사업에 참여해 소득을 얻음으로써 소득분배 효과를 거뒀고, 체험 사업장마다 어르신들도 참여해 수익을 가져갈 수 있도록 설계했으며, 노동을 통해 동네 어르신들의 건강 상태를 확인할 수 있었다.

치즈마을의 사업 운영 규정과 규칙을 살펴보면 치즈 체험과 판매장 운영은 치즈마을의 공동체 자산이며, 지속가능한 방향을 위한 규칙으로 정해져 개인의 이익보다는 공동의 이익을 우선하는 자산공동화를 지양한다는 것을 알 수 있다. 이러한 과정을 통해 치즈마을은 총회·이사회·월례회로 구성되었으며, 월례회를 통해 회원은 단합과 마을 대소사에 관한 정보를 공유한다. 또 도움이 필요한 경우 임시총회로 결정하기도 한다. 치즈마을의 회원들은 각자 일이 바빠서 서로 얼굴을 보며 이야기할 수 있는 시간을 좀처럼 내기 어려워, 월례회가 있는 날에 운영위원회가 식사를 마련하고 밥을 함께 먹으면서 추진사업을 공유하는 등 서로 소통한다.

또한 젖소와 치즈는 임실 치즈마을에 유입된 젊은 토박이 세대와 고향을 묵묵히 지켜온 기존의 어르신들 사이에 조화를 이루어내는 원동력이 되었다. 젖소·치즈 사업은 남녀노소를 가리지 않는 노동력을 필요로 하므로 성별과 세대 사이에 조화로운 결합으로 나타난 것이다. 또 여성들의 지위를 신장하는 매개가 되었다. 목장형 유가공업은 가족 내 수평적 권력관계를 넘어 여성들의 지위가 이전과 비교해 향상되는 효과가 있었다고 하며, 특히 체험 사업과 치즈마을의 각종 사업을 이끌어가는 데 여성들의 적극적 참여로 그 역할과 비중이 높아지면서 치즈마을 운영위원회 임원은 여성들이 결합하는 형태로도 나타났다.

임실군의 임실 치즈마을의 자료를 준비하고 글을 작성하다 보니 두 가지 정확한 구분과 인식이 필요하다. 먼저 임실군에서 치즈를 처음 만들고 임실군의 산업으로 육성시킨 인물은 우리가 알고 있는 지정환 신부가 맞다. 그의 업적은 높이 평가받아 마땅하다. 그러나 임실 치즈마을의 역사는 지정환 신부와 다른 측면에서 조직화된 젊은 사람들의 노력과, 실제 다른 경로를 통해 치즈를 연구하고 배운 결사체·공동체 사람들에 의해 만들어졌다. 임실 치즈는 지정환 신부로부터 시작한 토대를 중심으로 발전해 온 경로가 있고, 새로운 결사체가 만들어온 임실 치즈가 있다. 지금 우리가 알고 있는 임실 치즈마을은 지정환 신부의 치즈에 뿌리를 두고 있지만, 새로운 결사체 사람들에 의해 만들어진 모차렐라 치즈가 바로 임실 치즈인 것이다. 하지만 현재 임실 치즈를 생각하며 많은 사람들이 찾고 있는 곳은 임실군에서 만든 임실N치즈테마파크다. '임실치즈마을'이라는 명칭을 얻게 된 임실 치즈마을은 실제로 존재하지만, 현재는 체험객 수도 줄어들어 유명무실한 상태이며 그 자리를 임실군에서 만든 테마파크가 차지했다.

이 글을 쓰면서 임실 치즈마을 이야기를 꼭 소개하고 싶은 간절함이 생겼는데, 이유는 바로 위 단락과 같다. 안타까운 심정으로 이 글을 마무리하며 임실 치즈마을과 상생하는 임실군의 모범 사례가 다시금 만들어지기를 희망한다.

끝으로 임실군 치즈마을을 연구·조사하면서 지형의 특색을 활용한 산양과 젖소의 낙농업, 그를 통한 임실 치즈라는 차별화된 특산품 개발 과정과 몇 번의 실패에도 포기하지 않고 농촌과 마을의 변화를 일궈온 젊은 청년들의 열정을 주목할 필요가 있다. 그리고 마을의 성과를 임실군 전체 사업으로 확장해

그림 2-3 임실 치즈마을 사례 연구 결과 모형

임실의 공동체 주도 내발적 지역발전 모델

내발적 자원 발굴
- 청정 산악 지형
- 산양과 젖소
- 차별화
- 기존의 사업 발굴

선순환 지역경제
- 6차 산업 기획
- 스토리텔링
- 지역복지
- 민주주의 실현

결사체 공동체
- 예가원 결사체
- 사회운동적 관점
- 사회적 경제조직
- 공동체 조직과 단체

지역경제를 활성화하고, 사업을 통해 지역 내 일자리와 공동체를 창출·확장했으며, 경제적 이익을 공동체가 공유하는 임실 치즈마을의 민주적인 운영도 눈길을 끈다. 또 치즈마을의 여성 권리를 확장하고, 모차렐라 치즈와 체험 공간을 공동자산화하며, 국가 정책에 순응하기보다는 투쟁을 통해 지키고 획득하는 과정으로 활용했다. 공동체 세금이라 일컫는 마을 세금은 효 사상의 일환으로서 어르신들 급식 지원과 아동복지지원금, 인재 장학금 등으로 사용했다. 이런 다양한 사례를 통해 임실 치즈마을은 자립만을 위한 방식보다는 지역적 연대를 통한 확장에 관점을 두었다는 것을 알 수 있다. 결국 마을만들기의 우수 사례가 만들어지는 과정에는 마을의 변화를 열망하는 사회운동적 관점을 가진 사람들의 모임과 그 사업에 걸맞는 지역 자원 가치를 최대한 끌어올리는 스토리텔링 등의 마케팅, 이런 것을 만들어가는 네트워크를 통한 다양한 조직의 연대가 절대적으로 필요하다는 것이다. 이 글이 임실 치즈마을에 조그마한 도움이라도 되기를 바라며, 나아가 지역순환경제를 고민하는 활동가들에게 이론적 방법론을 제공하는 토대가 되었으면 한다.

참고문헌

권봉관. 2015.「국가 주도 '마을만들기' 사업에 따른 농촌의 변화와 농민의 대응」. 안동대학교 박사학위논문.

금종수. 2019.「한국의 치즈산업사」. ≪식품과학과 산업≫, 제52권 3호.

김진억. 2007.「우리나라의 우유와 치즈 역사」. 전북대학교 산학협력단.『치즈종합백과사전』. 전라북도 임실군.

남승균. 2015.「사회적경제와 지역의 내발적 발전에 관한 연구」. ≪인천학연구≫, 제23권.

≪농민신문≫. 2017.1.23. "인근 마을과 상생 다양한 치즈 사업 활기".

_____. 2019.4.22. "치즈산업 연 270억… 고(故) 지정환 신부와 성장한 '전북 임실'".

농촌진흥과. 2003.3.「'농촌관광마을' 연계추진 가능사업」. 농림부.

≪뉴시스≫. 2013.12.8. "충남도 선순환 지역경제에 승부수".

문지환. 2012.「주민참여형 농촌마을만들기에 관한 연구: 해남군 마을만들기 중심으로」. 광주대학교 석사학논문.

신무호. 1991.「임실 고추파동과 행정의 대응」. ≪한국행정학보≫, 제25권 3호.

오카다 도모히로(岡田知弘). 2016.『지역만들기의 정치경제학: 지역 주민이 직접 만드는 순환형 지역경제(地域づくりの経済学入門)』. 양준호·김우영 옮김. 한울엠플러스.

이승호. 2007.「국내 치즈시장 형성을 위한 방안」. 한국낙농육우협회.『국내외 치즈 시장의 현황과 전망』.

이영걸. 2017.「마을만들기 사례분석을 통한 활성화 방안 연구: 진안 원연장마을, 완주 안덕마을, 임실 치즈마을을 중심으로」. 전북대학교 석사학위논문.

이해진. 2009.「농촌정책 패러다임의 변화와 농촌지역개발사업: 농촌마을종합개발사업을 사례로」. ≪농촌사회≫, 제19권 1호.

임실군 축산치즈산림과. "통계자료". 내부 자료.

임실군. 2019.「농업·농촌 및 식품산업 발전계획」. 내부 자료.

임실치즈테마파크. "설립배경/연혁". http://www.cheesepark.kr/page/702000.php.

정승진. 2008.「20세기 한국이 열린 촌락, 닫힌 공동체의 이미지: 농민의 행위패턴을 둘러싼 진화적 게임이론의 모색」. ≪한국경제연구≫, 제22권.

정찬성·윤우식·김지한. 2016.「농촌관광 체험프로그램 유형에 따른 선택속성과 농촌관광 만족 및 행동의도에 미치는 영향」. ≪관광경영학회≫, 제20권 5호.

≪조선일보≫. 2007.1.14. "지방 특화사업이 경쟁력 1: 전북 임실치즈".

조승헌. 2014.「인천선순환경제 연구」. 인천발전연구원.

최락인. 2019.「지역관광 특화산업을 통한 일자리 창출 증대 효과에 관한 연구: 임실치즈마을을 사례로」. ≪예술인문사회 융합 멀티미디어 논문지(AJMAHS)≫, 제9권 6호.
친환경고품질쌀작목반 준비소위. 2003. 친환경고품질쌀작목반 창립총회 자료집. 치즈마을 내부 자료.
한국산업관계연구원. 2015.「제2기 임실치즈식품클러스터 타당성조사 및 마스터플랜 수립」. 임실군.
황영모. 2012.10.3「협동조합을 통한 지역경제활성화 방안」. 전라북도 협동조합 국제 컨퍼런스 자료집. 전라발전연구원.

3장

지역순환경제와 사회적경제

미국 클리블랜드와 영국 프레스턴의 사례를 중심으로

박창규(인천대학교 후기산업사회연구소 책임연구원)

1. 머리말

코로나19의 창궐은 경제정책에 대한 기존의 통념을 깨야 한다고 다시 한번 웅변한다. 미국의 경제학자 존 갤브레이스(John Galbraith)는 "통념의 적은 사상이 아니라 세상이 계속 변해간다는 사실이며, 통념에게 가장 치명적인 일격은 틀에 박힌 개념으로는 어떤 사건을 처리할 수 없게 되는 것"이라고 말했다(갤브레이스, 2006). 그의 말처럼 지난 40년간 지속된 신자유주의 세계화라는 통념은 그동안 세계적·지역적 차원에서 벌어진 경제 불평등 확대와 심각한 환경파괴의 현실로부터 도전받아 왔으며 코로나19에 의해 치명적인 일격을 당했다.

한편, 신자유주의 세계화를 이끌었던 미국과 영국을 비롯한 많은 선진국들은 코로나19의 초기 공습 상황에서부터 자국민들의 건강과 생명을 지키는 일에 무기력했다. 「11개 선진국 및 개발도상국의 실태조사에 근거한 IMF 보고서」(Balasundharam and Dabla-Norris, 2021.2.26)에 따르면 초기에 감염 확산을 겪은 나라들에서 경제 불안이 증폭되었으며 특히 여성들, 대학교육을 받지 못한 사람들, 실업자들, 온라인 작업을 할 수 없는 사람들이 정부의 코로나19 대응조치에 대해 호감이 덜했다. K-방역의 성과를 자랑하는 한국 정부도 노동자, 자영업자 등 사회적 약자들의 경제생활을 지지하는 쓸 만한 대책을 내놓지 못한 채 허둥대었다.

통념이 깨진 상황에서도 그 공백을 메울 대안을 찾는 일이 간단치는 않다. 통념을 지키고자 하는 집단의 기득권 수호 의지와 저항은 경제적 이해관계 영역에서 특히 강력하다. 그리고 대안들이 가져올 경제적 성과의 불확실성에 대한 대중의 걱정도 대안적 경제정책에 대한 사회적 합의를 이끌어내는 과정에서 넘어야 할 산이다. "합리적 이기심의 소유자로 가정된 호모 이코노미쿠스[1)]가 시장에서 저마다의 이기심을 추구하면 나에게도 모두에게도 좋을 것"이라는, 이른바 '이기심의 원리'와 '시장만능주의 경제관념'도 허물어야 한다. 자본의 이윤추구 목적에 의해 부추겨지는 소비주의 욕망도 더 잘 통제되어야 한다.

지난 20년 동안 우리는 "다른 세상은 가능하다(Another World is Possible)!"라는 소극적인 구호를 외치며 신자유주의 세계화에 맞서 왔다. 이제는 오히려 신자유주의자들이 단정했던 것처럼 신자유주의 세계화를 폐기하는 것 이외에 "다른 대안은 없다(There is No Alternative)!"라고 적극적으로 외쳐야 한다. 신자유주의 세계화의 전도사였던 전 IMF의 총재 크리스틴 라가르드(Christine Lagarde)가 말한 대로 "지나친 불평등을 줄이는 것은 도덕적·정치적으로 올바를 뿐만 아니라 경제학적으로도 바람직한" 시대가 된 지 오래되었고, 신자유주의 세계화가 증폭시킨 지구 생태계의 파괴와 기후위기는 인류 사회의 운명을 걱정할 정도로 심각하기 때문이다.[2)]

---

1) 새뮤얼 볼스(Samuel Bowles)는 "호모 이코노미쿠스를 동거인이나 배우자, 친구, (선택할 수 있다면) 부모나 자식으로 삼고 싶은 사람은 아무도 없다. …… 정신과 의사나 인간의 심리를 다루는 전문가들은, 어떤 사람이 이기적으로 이해득실을 따져 그 결과에 따라 행동한다면 이런 사람들을 반사회적 이상성격자(sociopath)라고 진단한다. 반사회적 이상성격자들은 옳고 그름에 대한 판단력이 없고 타인의 안녕이나 고통을 고려하지 않는다"라고 주장한 바 있다(볼스 외, 2009).

또한 우리는 '누구를 위한 경제성장이냐'고 금융자본과 대기업 자본을 위한 성장을 비판하는 것에 그치지 말아야 한다. 노동자·농민·자영업자·실직자·여성·어린이와 노인·청년·청소년·장애인에게 필요한, 그들의 삶을 안정시키는 경제발전을 해야 한다고 주장해야 한다. 무엇보다 사회적 관계 속에서 사람들의 삶을 안정적으로 지속시키는 방법을 통해 경제가 작동되게 해야 한다. 사람들의 필요를 충족하기 위해 생산과 서비스 제공이 이루어지고 일자리가 만들어지며 자금이 순환되게 해야 한다. 그러한 경제는 지구 생태계가 보존될 수 있는 한계 안에서 작동해야 한다.

3절에서 소개할 외국의 지역순환경제 실천 사례들은 신자유주의 세계화에 맞서 "대안은 지역에서 찾을 수 있고", "지역 주민들의 경제생활을 구체적으로 개선하는 것이 목표"라고 주장하는 "지역공동체 부 구축(Community Wealth Building, CWB)" 사례들이다. 왜 지역에서 이러한 대안을 찾게 되었을까? 신자유주의 세계화가 이동이 자유로운 금융자본과 대자본을 위한 전략이라면, 지역순환경제는 자본처럼 이동할 수 없으며 신자유주의 세계화로 인해 궁핍해진 노동자, 농민, 자영업자 등 지역 주민들의 전략이다. 즉, 지역의 경제적 약자들이 맺어온 기존의 경제적·사회적·정치적 관계를 새롭게 바꾸는 전략이다. 이러한 '지역순환경제' 전략은 구체적인 실천 방안을 가지는데, 그중 하나가 지역에 뿌리내린 공공기관의 재정력과 지역 주민들이 창출한 부(wealth)를 지역 외부로 유출하지 않고 지역 내에 재투자하거나 지역 주민들에게 분배해 '지역공동체의 부'로 축적되도록 하자는 방안이다. 그렇게 함으로써 주민들은 더 많이 좋은 일자리에서 일할 수 있고, 생활임금도 보장받을 수 있고,

---

2) 유엔 산하 재해위험감소사무국(UNDRR)의 「2000~2019 세계재해보고서(Human Cost of Disasters: An Overview of the Last 20 Years 2020~2019)」에 따르면, 2019년 세계 평균기온이 산업화 이전 대비 1.1도 상승해 폭염·가뭄·홍수·혹한·태풍·산불 등 극한 기상현상이 더욱 자주 발생했으며, 2000~2019년 발생한 자연재해는 7348건, 피해자는 40억 명, 재산피해 2.97조 달러로, 1980~1999년의 4212건 32억 명, 1.63조 달러보다 크게 증가했다(UNDRR, 2020).

지속가능한 지역개발도 할 수 있다. 이러한 실천을 통해서 지역은 신자유주의 세계화를 넘어서는 대안을 모색할 수 있는 '저항 공간'이자 '대안 공간'이 될 것이다.

또한 앞으로 소개할 외국의 '지역공동체 부 구축'을 통한 지역순환경제의 실천사례들은 사회적경제와 상호 친화적인 관계를 보인다. 그것은 노동자 협동조합 등 사회적경제 조직들이 착취와 이윤추구를 본질적 속성으로 가진 자본주의적 생산방식과 달리 사회적 가치 창출을 우선시하는 대안적 생산방식을 지향하기 때문이다. 그리고 그들이 이타심과 생태적 인식을 토대로 지역사회 내에서 신뢰를 쌓고, 네트워크를 형성하며, 사회적이고 경제적인 활동을 하는 특성을 가졌기 때문이다.

따라서 3장에서는 지역순환경제의 경제적·사회적·정치적 의미를 간단하게 살펴보고, 외국의 '지역공동체 부 구축' 사례들을 통해 저항 공간이자 대안 공간인 지역에서 순환경제의 가능성을 검토한 뒤, 그러한 가능성을 현실로 만들기 위한 사회적경제의 역할이 무엇인지 생각해 보고자 한다. 또 그러한 외국의 실천 사례들을 한국 사회에 적용하기 위한 과제들에 대해서도 검토해 보고자 한다.

2. 지역순환경제란 무엇인가?

1) 지역의 개념

지역순환경제의 의미를 논의하기 전에 '지역'에 대한 정의가 필요하다. 우리는 일반적으로 지역의 개념을 세계나 국가 전체와 같이 상대적으로 넓은 공간과 대비된 좁은 공간으로 인식한다. 그러나 지역의 개념은 그렇게 단순하지 않다. 아시아는 세계의 일부 지역이지만 한국보다는 넓은 지역이며, 한국에서 수도권 지역은 서울시보다 넓은 지역이다.

또한 지역은 변하지 않는 자연적·물리적 공간이 아니라 그 규모나 특성이 변화하는 역사적·사회적 공간이다. 역사적 과정에서 특정 지역은 농촌지역에서 도시지역으로 변모했으며 작은 지역에서 큰 지역으로 변화하기도 하고, 정치권력에 의해 한 나라의 수도(首都)가 되어 인구가 늘고 경제 중심지가 되기도 했다. 서울의 역사를 떠올려 보면 잘 알 수 있다.

특히 자본주의 사회에서는 자본과 노동과 지역적 특성이 공간적으로 어느 정도 고착되고 결합되었는지에 따라 생산의 중심 지역에서 주변 지역으로 또는 주변 지역에서 중심 지역으로 성격이 바뀐다. 그 결과 지역은 자본주의적 번성과 쇠락을 맞이하는데, 이 과정에서 자본주의적 생산의 특정 산업 중심지로서 그 성격과 지위를 유지하기 위한 기획을 하는 지역도 많이 생겨난다.

예를 들어 경상남도에 위치한 창원은 기계, 전자, 자동차, 기차, 군수물자, 조선 등을 생산해 온 우리나라의 대표적인 공업도시다. 그러나 지난 50년간 한국 경제의 수출과 성장을 선도했던 창원의 제조업 생산은 지난 수년 사이 중국 수출 시장 여건의 변화와 제조업 경쟁력의 상대적 저하로 인해 주춤하고 있으며, 그 결과 고용은 감소하고 지역경제는 침체기를 겪었다. 한편, 창원시와 경상남도, 정부는 이러한 상황에 대응해 창원국가산업단지 구조고도화 사업, 소재 및 재료 개발 연구 역량 강화 기반 확보(재료연구소의 재료연구원 승격), 생산적 서비스산업 육성 등의 정책을 통해 차별화된 중장기적 산업입지 전략을 전개하거나 모색했다. 이렇게 의식적인 정책적·제도적 변화의 모색들 또한 지역 개념을 형성하는 요인들이다.[3)]

3) 지역의 개념에 대한 보다 심화된 탐구는 데이비드 하비(David Harvey)와 도린 메시(Doreen Massey)의 연구를 추적해야 한다. "1970, 80년대의 비판적 공간연구의 발전은 규모에 대한 정치경제적 인식을 더욱 확산시켰다. 특히, 매시와 하비의 기여가 중요한데, 매시(1984)는 공간적 분업이라는 개념을 통해 어떻게 초지역적(supra-local) 규모에서 조직되는 사회적 관계들이 로컬한 규모의 사회관계의 조직화에 영향을 미치는가에 대한 논의를 발전시켰고, 하비(1982)는 자본주의의 지리는 자본이 지니는 모순

그렇다면 자본주의 사회에서 지역을 어떻게 규정할 것인가? 이 질문은 단순히 지역의 물리적 범위를 정해야 한다는 질문이 아니다.

프랑스의 사회학자인 앙리 르페브르(Henri Lefebvre)는 "공간을 사회적 생산물로 간주"했으며, "공간의 생산은, 사회가 '일차적 자연'이라고 할 때 자재나 에너지같이 감각적인 자료에 가하는 행동의 결과로서 나타나는 '이차적 자연'의 주요 양상으로 간주"했다. 그리고 르페브르는 "생산물로서, 상호작용 또는 반작용에 의해서 공간은 생산적 노동의 조직, 이동, 원자재와 에너지의 흐름, 생산물의 유통망 등에 개입한다. 공간은 나름대로의 생산적 방식, 생산자로서의 방식으로 생산의 관계 속으로, 생산력 속으로 개입한다"라고 설명하며 사회적 생산물인 공간을 생산자로도 규정한다(르페브르, 2011).

한편, 일본의 경제학자 오카다 도모히로(岡田知弘)는 지역의 개념에 대해 "'지역'이란 마을이나 취락 단위에서부터 지구 규모의 수준까지 이르는, 몇 개의 계층이 겹쳐져 쌓인 것과 같은 중층적 구조를 가진 인간 사회의 공간적 범위"이며, "인간이 사회적으로 활동하는 장(場)인 '지역'의 가장 기초적인 단위는, 우리가 일상을 살고 있는 마을이나 취락과 같은 지역이라는 것을 알게 된다. 그러므로 '지역'의 가장 본원적인 규정은 '인간 생활의 장', 즉 생활영역이다"라고 정의한다(오카다, 2016).

이러한 개념화와 정의에 따라 지역은 인간이 자연과의 관계 속에서 활동하며 형성된 '사회적 공간'이자, 인간의 사회적·경제적 필요에 의해서 '창조되고 생산된 공간'으로 인식할 수 있다. 즉, 지역은 사람이 사회적이고 안정적인 삶을 살고자 하는 현실적 공간이다. 지역에서 사람들은 먹고, 자고, 배우고, 일하고, 즐기고, 자녀를 양육하는 노동력의 사회적 재생산이 안정적인 방식으로

적 속성(끊임없이 지역을 넘어 이동하면서 그 교환가치를 창출하려는 속성과 한 지역에 고착되어 자신의 사용가치를 실현하려는 속성 사이에서 발생하는 모순)에 의해서 구조지어짐을 밝힘으로써 글로벌과 로컬 사이의 관계에 대한 중요한 이론적 단초를 제공하였다"(박배균, 2001).

이루어지길 바라며 경제활동을 한다. 따라서 그러한 경제활동이 이루어지는 공간인 지역의 경제 시스템은 지역 주민 모두의 입장에서 안정적으로 작동해야 한다. 이러한 현실을 반영해 "많은 사회 사상가들은 민주주의, 공동체, 지역 그리고 노동을 상호의존적인 개념으로 이해한다. …… 지역경제의 해체 혹은 쇠퇴 상황을 개선하지 않고 지역사회와 공동체를 재생, 활성화하려는 시도는 성공할 수 없으며 시민참여와 자율(self-governance)에 기초한 민주주의도 기대할 수 없기 때문이다"(정건화, 2012). 이렇게 지역을 '사회적 공간', '창조되고 생산된 공간'으로서 규정하고 민주주의·공동체·노동과 상호 의존하는 공간으로 개념화함으로써, 지역은 현실적으로 신자유주의 세계화에 맞선 '저항의 공간'이자 '대안의 공간'으로 발전할 가능성을 갖게 될 것이다.

2) 지역의 불균등발전과 실천의 장으로서의 지역

우리나라에서도 오래 전부터 '지역소멸'에 관한 언론보도가 자주 등장한다. 정치권에서 지역균형발전론이 제기된 지도 20년이 되었지만, 지역의 불균등발전이 해소될 것이라는 전망은 찾아보기 어렵다.

"불균등발전은 자본주의적 발전의 산물이자 지리적 전제"라고 주장한 영국의 경제학자 닐 스미스(Neil Smith)는 "다양한 규모에서, 발전된 세계와 저(低)발전된 세계, 발전된 지역과 쇠락해 가는 지역, 교외와 도심지역 간의 차이가 불균등발전의 패턴"이라고 설명했다(스미스, 2017). 이러한 관점으로 볼 때 신자유주의 세계화는, 세계적 차원에서 미국에 의해 주도된 선진국과 개도국의 불균등발전뿐만 아니라 선진국과 개도국 각각의 내부에서 산업·지역·계층 간 불균등발전을 심화시켰으며, 그 결과 선진국이건 개도국이건 간에 저발전된 지역과 산업의 경제적 약자 계층들이 가장 큰 피해와 차별을 당했다. 그렇다면 자본주의 발전 과정에서 지역의 불균등발전은 숙명으로 받아들여야 하는 것일까?

지리학자 최병두는 "공간은 인간 삶의 보편적 조건일 뿐만 아니라 인간 역사의 발달, 특히 자본주의 발달이 가능하도록 구체적이고 실천적인 장소를 제공할 뿐만 아니라 그 발달과정을 추동하는 수단이며, 발달의 결과가 구조화되는 퇴적층이라고 할 수 있다. …… 나아가 공간은 기존의 사회적 과정이 전개·추동되는 장소이지만, 또한 인간 실천을 통해 새로운 대안적 세계를 꿈꾸고 이를 실현할 수 있는 장(또는 유토피아)을 제공한다"라고 말한다(최병두, 2011). 또한 아마르티야 센(Amartya Sen)은 사회 불평등과 편중된 위험 배분 구조가 지역이라는 구체적이고 사회적인 공간에 집약되어 부국과 빈국, 도시와 농촌, 도시 내 중심과 주변 등으로 나타나는 현실에서, 문제 해결의 핵심 원리는 '서로 다른 역량과 자원을 지닌 개인·집단·사회 간 합리적인 합의가 가능하도록 하는 민주적 숙고(democratic deliberation)'와 '공적 추론(public reason)'이라고 말한다(정건화, 2012).

즉, 우리는 적극적으로 지역을 '저항적·대안적 실천의 공간'으로 인식함으로써, 신자유주의 세계화를 대신할 대안 체제로서 주민참여 민주주의와 지역순환경제에 의미를 부여하고 실천을 조직할 수 있다.

3) 지역순환경제의 의미와 실천

앞에서 말한 지역의 개념과 역사적으로 나타난 자본주의적 발전 과정에서의 지역의 불균등발전은, 지역을 우리의 생활 공간이자 자본주의적 생산관계를 중심으로 이루어지는 사회적 관계망의 형성 공간, 대안적 세계를 꿈꾸는 인간 실천의 공간으로 인식하게 한다.

이러한 인식을 통해, 지역순환경제는 단순히 추상적 공간에서 경제적 자원이 순환하는 것을 가정하는 경제이론이 아니라 자본주의적 생산방식에 의한 경제성장의 문제점을 극복하는 구체적이고 실천적인 경제 전략으로 이해되어야 한다. 특히 지난 40년간 지속된 신자유주의 세계화 결과로 심각해진 경제 불평등을 해소하고 지역 주민들의 경제적 삶을 회복시키려는 목적을 가지고, 지역 내 새로운 사회적·경제적·생태적 관계를 형성해 지역의 경제적 자원을 집중시키고 창출된 부를 지역 내에 선순환하는 대안적 경제 전략으로서 지역순환경제를 이해해야 한다.

따라서 이러한 지역순환경제는 신자유주의 세계화에 대한 저항적·대안적 경제정책으로서 자본의 이윤추구보다 모두의 인간적 삶과 사회적 가치를 우선 지향한다. 또한 그러한 지향에 의해 지역순환경제는 경제적 측면에서 생산과 유통의 탈상품화, 이윤의 지역 재투자 및 사회적 투자를 통해 지역 주민들의 경제적 안정과 경제 불평등 해소에 기여할 것으로 기대된다. 그리고 나아가 사회적·환경적 측면에서 지역 주민들의 지속가능한 삶을 보장하기 위한 사회적 연대와 지구 생태계 보전을 촉진시킬 것으로 기대된다.

이러한 지역순환경제의 실천은 여러 차원과 영역에서 추진될 수 있다.

첫째, 지역의 역사적·사회적 맥락에서 그 지역이 경제적 안정과 풍요를 추구할 수 있게 하는 지역의 자원을 탐구하는 것이다. 이때 지역의 자원이라 함은 물질적 자원뿐만 아니라 인적자원과 사회적·지리적·환경적 자원 모두를 포함한다. 이러한 지역 자원 탐구는 현재 지역 내에 어떤 자원이 있는가에 대한 질문이자 어떻게 지역 자원을 네트워크화하고 동원할 수 있는가라는 질문을 던지는 과정이다. 따라서 이러한 과정 자체가 실천적으로 지역순환경제를 지역 내에서 공론화하는 것이다. 또한 지역 자원에 대한 이러한 탐색은 지역순환경제를 실천하려는 주체들에게 지역 자원의 또 다른 관계를 구상하고 기획하게 함으로써 지역순환경제 실현 가능성을 높일 수 있다.

둘째, 경제주체 형성과 지원 등 지역순환경제를 뒷받침하는 제도를 만들고 정비하는 것이다. 제도는 사회적이고 인위적인 것이며 인간은 제도화된 정신으로서 존재한다. 미국의 경제학자 존 커먼스(John Commons)는 "인간은 제도적인 존재다. 제도화된 정신만이 우리가 장래성(futurity)이라고 부르는 활동의 탁월한 차원을 발전시킨다. 인간 유기체는 제도를 예측함으로써 추측해 볼 수 있는 현재 행동이 갖는 장래성의 여러 차원에서 장래에 일어날 것을 현재의 행동으로 변환한다"라고 했다(샤방스, 2009). 즉, 지역순환경제 제도에 의해 제도화된 정신을 갖춘 지역경제 주체들이 지역순환경제의 장래성을 실천할 수 있다.

예를 들어, 지역 주민들의 참여 및 자치 제도는 지역경제의 이해당사자인 주민들의 경제적 능동성과 사회적 책임을 촉진하고 지역사회의 민주주의를 실질적으로 완성한다는 점에서 지역순환경제의 정치적 기반이다. 또한 "경제적 측면과 사회적·문화적 측면을 동시에 갖는 '통합형 커뮤니케이션 미디어'인 지역화폐"(양준호, 2021)의 제도화는 지역 주민들 사이에 신뢰와 연대를 확대·강화해 지역의 부와 소득이 지역 내의 생산과 소비로 순환되게 하는 지역순환경제의 경제 혈관이 된다. 그 밖에 지역순환경제를 뒷받침할 '지역 공공금융기관 설립', '민간기업의 지역 재투자 의무화', '공공기관의 사회적 책임 조달 확대' 등이 제도화됨으로써 지역의 경제주체들은 지역순환경제의 장래성을 기대하는 현재의 행동을 요구받고 실천할 것이다.

셋째, 지역순환경제 제도를 기반으로 경제주체로서 지방정부와 공공기관들의 역할을 조직하는 것이다. 이를 위해서는 경제주체로서 지방자치단체와 지역 공공기관들의 역할에 대해 새롭게 인식할 필요가 있다. 새뮤얼 볼스는 "정부는 공공재의 생산과 고용 활동을 하는 '재화나 서비스의 생산자', 재화와 서비스의 사적 생산에 영향을 미치는 '미시경제적 규제자', 가격·이윤·고용의 불안정성을 제한하는 '거시경제적 규제자', 그리고 부자와 빈자 등 사이의 소득과 자원 분배에 영향을 미치는 '분배자'로서의 역할을 수행 한다"(볼스 외, 2009)라고 설명한다.

특히, 이러한 정부의 경제활동은 작은정부를 지향하고 정부의 경제 개입을 금기시해 온 신자유주의 세계화에도 불구하고 역사적으로 확대되어 왔다. OECD에 따르면, 미국의 GDP 대비 총정부지출은 1980년 35.4%에서 세계금융위기 직후인 2009년 43.3%까지 증가한 뒤 하락했다가 2018년 37.8%로 다시 증가했으며, 한국은 1980년 22.1%에서 2009년 32.3%까지 증가한 뒤 하락했다가 2018년 31.1%로 다시 증가했다(OECD Data, "General government spending"). 정부의 이러한 경제주체로서의 규정과 현실은 지역순환경제의 경제주체로서 정부와 지자체, 공공기관의 긍정적인 역할에 대해 상당한 기대를 갖게 한다.

넷째, 지역순환경제의 또 다른 경제주체로 중소기업과 소상공인, 사회적 가치를 우선시하는 사회적경제 조직, 비영리단체 등 민간 조직체들의 자생적 태동과 성장, 그들의 네트워크를 지원하고 조직하는 것이다.

지역순환경제에서 이들의 역할은 생산과 고용 등 경제적 측면뿐만 아니라 사회적·환경적 측면에서도 특별하다. 지역순환경제에서 사회적경제 조직들의 생산과 소비는 이윤 추구 목적의 상품화 및 탐욕적 소비를 지양하고, 재화와 서비스 생산의 탈상품화 및 사회적 소비를 추구한다.

사회적경제 조직들은 생산과 소비 활동을 할 때 시장에만 의존하지 않는다. 이들의 생산과 소비 활동에서는 "생산의 효율성에 관한 정보뿐만 아니라 생산 활동이 가지는 사회적 측면에 대한 평가를 가능하게 하는 질적 정보도 교환되는 '사회적 조정' 메커니즘이 작동한다"(양준호, 2013)라고 한다. 즉, 이러한 '사회적 조정'은 사회적경제 조직들과 매우 정합적이다.

예를 들어 "학생들이 먹는 학교급식이나 돌봄 서비스는 이윤추구의 대상이 아니라 사회적 가치 실현을 위해 생산되고 소비되는 사회적 서비스"라거나 "주택은 사는(buy) 것이 아니라 사는(live) 곳"이라는 말에는 지역순환경제에서 사회적경제 조직들이 추구하는 생산과 소비 개념 및 지향이 담겨 있다고 할 수 있다.

따라서 지역순환경제가 추구하는 이러한 생산 및 소비는 이윤 창출이 목적인 독점 대기업이 담당하기 어렵다. 오히려 독점 대기업의 생산과 소비활동은 지역 밖으로 나가 더 많은 이윤 추구 활동을 하고자 하기 때문이다. 반면에 다원적인 공공적 소유 형태를 띠는 노동자 협동조합 등 사회적경제 조직들은 자신들의 지향대로 지역 내에서 사회적 가치 실현을 위한 재화와 서비스 생산·소비에 능동적이기 때문에 더욱 효과적으로 지역순환경제가 추구하는 생산과 소비를 실현할 수 있다.

3. '지역공동체 부 구축'을 통한 지역순환경제의 사례

여기서는 지역순환경제 실현의 주요 수단인 '지역공동체 부 구축(Community Wealth Building)' 개념에 대해 살펴보고, 해외 사례로서 '지역공동체 부 구축'을 핵심 수단으로 지역순환경제를 실천한 미국 오하이오주 클리블랜드(Cleveland)와 영국 랭커셔주 프레스턴(Preston)의 사례를 소개한다.

1) 지역공동체 부 구축

(1) 경제적 약자들의 디딤돌 자산

토마 피케티(Thomas Piketty)는 "자본은 모든 사람에게 잠재적으로 유용하며, 모든 것이 적절하게 조직된다면 모두가 그 혜택을 얻을 수 있다"라고 했지만, 역사적으로는 "1970년에서 2010년 사이에 모든 부유한 국가들에서 민간자본이 강력하게 회복되고 있는데, 구조적 요인 이외에 한 요인은 1970년대와 1980년대에 공공부문 자산이 민영화된 것이고, 다른 한 요인은 부동산과 주식 시세의 장기적인 반등이었다"라고 주장한다. 또한 피케티는 "1870년~2010년 세계의 자본/소득 비율은 U자 곡선을 따르며, 세계의 자본/소득 비율은 계속 상승해 21세기가 끝나기 전에 700%에 도달할 것"[4]이라고 예측했다.

4) 토마 피케티는 『21세기 자본』에서 "부의 불평등 완화와 거기서 비롯된 소득의 불평등이 완화된 것이 20세기 전반기에 총소득의 불평등을 완화시킨 유일한 원인이었다"라고 주장했다(피케티, 2014).

결국 피케티의 예측으로부터 유추해 보면, 자산 소유자들은 앞으로 더욱더 부유해지며 그 결과 경제 불평등도 더 심해질 것이다.

우리나라의 자산 불평등도 경제 불평등 심화의 핵심 요인이다. 특히 부동산 가격 상승이 경제 불평등 심화를 초래한다. "자산 가격 상승으로 자산 소유자는 자본가치 증가의 이익을 얻는 반면, 자산을 보유하지 않은 사람들이 장래 자산 구입에 대비해 축적한 자본의 가치는 저하되고 있다. 특히 거주주택자산과 부동산자산에서 그 격차가 증가되고 있다"(오민준, 2020.10.22).[5)]

결국 개인적으로 자산을 가지고 있지 않거나 적게 가지고 있는 경제적 약자들의 입장에서 접근할 수 있는 방안은 자신들이 공유하거나 활용할 수 있는 부를 늘리는 것이다. 그런 맥락에서 "우리는 임금인상을 통해서 경제적 불평등을 해결할 수 없다. 부의 격차가 너무 크다. 자산을 구축하는 다른 방법과 함께, 우리 경제에서 부를 재조정하는 명확한 방법은 노동자들이 자신이 일하는 사업체에서 부의 일부를 갖는 것"(Palladino, 2019.5.15)이라는 주장은 타당하다. 즉, '지역공동체 부 구축'은 경제적 약자들의 디딤돌 자산이 될 수 있다.

(2) '포용적 소유와 성장'에 초점을 맞춘 경제활동

지역의 발전이나 지역 시민들의 경제생활 향상에 관심 없는 외부 자본이 주도한 경제성장과 지역개발은 그 지역 주민들과 지역사회에 아무런 경제적 혜택을 가져다주지 않는다. 따라서 '지역공동체 부 구축'은 이러한 현실에 대

---

5) 오민준의 보고서 「자산불평등에서 주택의 역할」에 따르면 자산 상위그룹과 자산 하위그룹 간 격차는 증가했으며, 특히 거주주택자산과 부동산자산에서 그 격차가 증가했다(오민준, 2020.10.22). 순자산 하위 1오분위(순자산을 5오분위로 구분)의 2019년 총자산 중위값은 3252만 원으로 전체 그룹 중위값 4억 3191만 원의 7.5%에 해당하고, 순자산 상위 5오분위의 총자산 중위값은 12억 7111만 원으로 전체 그룹 중위값의 294.3%에 해당한다. 순자산 하위 1오분위의 각 자산을 전체 그룹 중위값과 비교하면 실물자산은 중위값의 4.0%, 부동산자산은 3.1%, 거주주택자산은 3.4%, 순자산은 2.4%에 해당하며, 이처럼 자산하위그룹은 거주주택 등 부동산자산을 다른 자산(금융자산, 기타자산 등)보다 더 낮은 비중으로 보유하고 있음을 시사한다.

한 비판적 문제의식을 전제로 지역순환경제라는 대안적 지역경제 발전 전략을 실현하기 위한 경제정책 수단이기도 하다.

협동조합, 사회적기업, 노동자소유기업 등 제도적 형태의 '지역공동체 부 구축'은 지역공동체가 자체 자산을 구축하도록 한다. 그것들은 자산 축적과 지역공동체 공유 소유권이 지역경제 개발에 집중되도록 만든다. 그렇게 해서 '지역공동체 부 구축'은, 중저소득 계층 주민에게 자신의 자산을 구축할 수단을 제공함으로써 자산 구축의 원천을 가진 사람과 갖지 못한 사람 사이의 경제적 기회 격차를 치유하는 새로운 방법을 제공한다(Howard, 2012a).

다시 말해 '지역공동체 부 구축'은 "지역공동체의 이해관계자들이 소유권을 가진 지역의 사업체에 부(wealth)가 돌아가게 하는 발전의 한 형태다. 또한 사업체가 얻은 이익을 광범위하게 퍼뜨리고, 그런 까닭에 지역사회의 역량을 향상시키고, 지역 주민들이 자산과 일자리와 확장된 공공서비스를 갖게 하고, 지역경제 안정을 보장"한다(Howard, 2012a). 그렇기 때문에 '지역공동체 부 구축' 전략은 지역사회 내부의 민주적 의사결정과 지역 주민들의 참여 및 협력에 의해 주도되는 협치(Governance)의 과정이기도 하다.

(3) 이상적이라기보다는 정치적인 도전 과제

2011년부터 영국 랭커셔주 프레스턴에서 '지역공동체 부 구축'을 주도하는 프레스턴 시의회(Preston Council) 의장 매슈 브라운(Matthew Brown)은 "나의 비전은 지역적으로, 또 지역 안에서 생산되고 구축된 부(wealth)가 멀리 떨어져 있는 주주가 아니라 그것을 생산하고 구축했던 지역 주민들에 의해 통제되도록 하는 것이었다. 우리 지역경제의 전환을 시작하는 것이다"(CLES/PCC, 2019.5)라고 말한다.

이렇게 지역 주민들에 의해 생산되고 통제되는 지역경제는 이상적이라기보다는 정치적인 도전 과제다. 다른 말로 그러한 지역경제는 실현 불가능한 일이 아니라 지역 주민들과 지방자치단체와 지역공공기관, 지역 시민사회와 지역 정치 지도자들의 '지역공동체 부 구축'에 대한 합의와 실천으로 충분히 실현 가능한 일이다.

(4) '지역공동체 부 구축' 실현의 기본 방향

좀 더 구체적으로 '지역공동체 부 구축' 실현의 기본 방향을 소개한다. 첫 번째 기본 방향은 외국의 사례에서 보이듯이 지방자치단체, 지방공기업, 공공기관, 병원과 학교와 같이 공공서비스를 제공하는 비영리기관 등의 지역 앵커기관[6]이 지역순환경제 강화를 목적으로 중·하위 소득계층을 위한 질 좋은 일자리를 창출하고 공공투자를 확대하는 것이다. 특히 기후변화 위기에 대응하는 녹색일자리 창출과 녹색투자에 대한 사회적 합의가 높은 점을 고려하는 접근이 필요하다. 그렇게 함으로써 경제적 측면에서 지역 주민들의 경제적 안정과 경제 불평등 해소에 기여하고, 지구 생태계 보전이라는 경제적·환경적 가치 창출을 기대할 수 있다.

두 번째 기본 방향은 그러한 '지역공동체 부 구축'을 실천할 주체들의 네트워크를 만들고 지역의 경제정책 수립에 그들을 참여시키는 것이다. 미국이나 영국의 '지역공동체 부 구축'은 질 좋은 일자리 창출, 그리고 사회적 책임 공공조달을 실천할 '공공기관들의 네트워크'를 만들며, 이러한 공공기관 정책에

---

6) "앵커기관(anchor institutions)은 일단 설립되면 위치를 옮기지 않는 비영리기관이다. 제조업의 쇠퇴, 서비스 부문의 부상, 정부 재정 위기 증가와 같은 세계화 관련 추세는 지역 경제에 대한 앵커기관의 중요성이 커지고 있음을 시사한다. 적절한 인센티브와 동기를 가진 앵커기관은 다음과 같은 수단(① 구매력의 더 많은 부분을 지역사회에 기반을 둔 지역 공급업체로 유도, ② 현지 인력의 더 많은 비율을 고용, ③ 지역사회에서 도움이 필요한 사람들을 위한 인력 교육 제공, ④ 비영리단체 중 사회적기업을 포함한 새로운 사업 개발을 창출, ⑤ 자문 또는 네트워크 구축자로서의 역할, ⑥ 부동산 개발을 활용해 지역 소매, 고용주 지원 주택 및 커뮤니티 토지 신탁을 촉진, ⑦ 연금 및 기부 기금을 사용해 지역 일자리 창출 전략에 투자하고 비영리단체·기업가 및 직원소유기업에 커뮤니티 벤처 자본을 제공)을 통해 지역 민간 부문 개발을 촉진하기 위해 그들의 자산과 수익을 활용할 경제적 잠재력을 가지고 있다"(COMMUNITY-WEALTH, "Anchor Institutions").

호응해 지역 공공기관으로 재화와 서비스를 공급할 '지역 기반 사업체 조직' 조성에 초점을 맞춘다. 이 사업체들은 질 좋은 공공조달을 책임지면서 지역 내 질 좋은 일자리 창출 역할도 담당한다. 특히 협동조합, 사회적기업, 노동자소유기업 등 사회적경제 조직들은 환경친화적 생산 활동의 질적 우위와 지역경제의 사회적 통제를 동시에 실현하고자 하는 사회적 책임감을 가지고 있다.

세 번째 기본 방향은 '지역공동체 부 구축'을 실천하는 과정에서 다양한 공공적·공유적 소유 형태의 사업체들을 창출하는 것이다. 이러한 사업체는 지방공기업·공공기관·사회적기업·협동조합·비영리단체·재단법인 등이 있는데, 이 같은 사업체들이 많으면 많을수록 이윤추구보다 우선해서 지역 주민 중심, 지구생태계 보전 중심의 사회적·환경적 가치를 실현하는 경제활동을 촉진할 수 있을 것이다.

네 번째 기본 방향은 '지역공동체 부 구축'에 기여하는 지역 공공 금융기관을 설립하는 것이다. 지역 공공 금융기관 설립은 지역 기반의 중소기업과 협동조합 및 사회적기업 등 사회적경제 조직들이 질 좋은 일자리를 만들고 사회적 가치를 창출하는 공공투자를 촉진할 '인내 자본(patient capital)' 형성을 목표로 한다.

이러한 '지역공동체 부 구축'의 기본 방향들은 각각 구체적인 사업계획을 통해 추진되어야 한다.

지역 주민들의 경제적 곤경은 실제 상황이다. 이러한 곤경은 하나의 완성된 종합 청사진보다 부분적이고 이후 수정 가능한 실천 계획을 시급하게 필요로 한다. 따라서 '지역공동체 부 구축'을 위한 사업계획들은 종합계획서를 작성한 뒤 단계적으로 추진되기보다는 여러 분야와 부문에서 동시다발적으로 추진되도록 하는 것이 현실적이다. 단, 그러한 실천 계획들은 '지역공동체 부 구축'의 컨트롤타워에 의해 점검·종합되고 수정·보완되도록 해야 한다.

2) 클리블랜드 모델과 지역공동체 부 구축: 노동자가 결정하는 지역 회생 전략

클리블랜드는 2019년 기준으로 약 38만 명이 거주하는 미국 북동부 오하이오주의 도시이며, 미국의 쇠락한 공업지대를 뜻하는 '러스트 벨트(Rust Belt)'의 주요 도시 중 하나다. 제2차 세계대전 후 미국이 세계 산업의 원동력이었던 때가 클리블랜드의 황금기였다. 오래된 공장 건물이 가득 차 있고 고층 빌딩이 솟아 있는 도시의 모습이 그 시절의 흔적이다. 하지만 1970년대에 이 지역기업들이 저임금 국가로 생산 공장을 옮기기 시작한 뒤 클리블랜드의 경제도 무너지기 시작했다. 과거의 산업 대도시는 빈곤 지역을 대표하는 도시가 되었다.

> 올해 초 발표한 통계 자료에 따르면 미국 내 살인 사건 발생률이 가장 높은 대도시 다섯 개 가운데 네 개가 러스트 벨트에 속해 있었다. 인구 10만 명당 64.6명이 살해당한 세인트루이스가 1위였고, 볼티모어·디트로이트·클리블랜드 등이 뒤를 이었다(≪조선일보≫, 2018.10.4).

2018년 10월 4일 한국 언론에 소개된 기사의 일부다. 그렇게 제조업 공동화로 인해 쇠락한 클리블랜드 등 미국 북동부 '러스트 벨트' 지역 주민들이 겪고 있는 고단한 삶의 한 단면을 말해준다. 이 지역의 주민들은 이미 오래전부터 경제적 빈곤을 겪어왔다. 미국 인구조사국에 따르면 세계금융위기 전 해인 2007년 클리블랜드의 빈곤율은 29.5%였다(Howard, 2012b).

(1) 앵커기관 등의 협력으로부터 시작된 '지역공동체 부 구축'

저소득층 지역 주민들의 경제적 어려움을 극복하고자 클리블랜드의 지역사회가 선택한 방법은 '지역공동체 부 구축'이었다. 클리블랜드는 경제적으로 큰 타격을 입었지만, 이 도시에는 여전히 성공적인 사업이 있었다. 클리블랜드에는 미국 최고의 병원과 우수한 대학이 있다. 이전한 공장과 달리 병원과 대학은 도시에 확고하게 자리 잡았기 때문에 이 도시를 떠날 가능성이 매우 낮다. 이렇게 지역에 닻을 내린 앵커기관들이 클리블랜드 모델의 전제 조건이다.

미국에서 다양한 형태의 '지역공동체 부 구축' 활동에 관한 정보를 제공하는 커뮤니티웰스에 따르면 "민주주의 협력(The Democracy Collaborative)은 클리블랜드재단(Cleveland Foundation)[7], 오하이오노동자소유권센터(Ohio Employee Ownership Center), 클리블랜드 시정부, 시의 주요 병원 및 대학과 파트너십을 구축해서 대규모 노동자소유기업 및 공동체 이익 기업의 새로운 모델을 구현하는 데 크게 기여했다"라고 소개한다(COMMUNITY-WEALTH, "The Cleveland Mode: How the Evergreen Cooperatives are Building Community Wealth").

클리블랜드의 '지역공동체 부 구축'은 전통산업의 붕괴와 경제의 '낙수효과' 실패라는 혼돈 속에서, 자본 투자자가 주도하는 것이 아니고 지역에 뿌리내린 다양한 소유 형태의 기업이 주도하는 가운데 나타났다. "'지역공동체 부 구축'은 지역에 뿌리를 둔 기업에 부가 돌아가게 하는 발전의 한 형태다. 그들은 지역경제 안정과 지역사회 밖으로 달러가 유출되는 것을 막는 데 기여하고 환경적 지속가능성과 공평한 개발을 강화한다"(Howard, 2012b).

(2) 클리블랜드 모델의 세 가지 동력

클리블랜드 모델은 크게 세 가지 동력[8]을 통해 '지역공동체 부 구축'을 시도했다. 그중 하나는 2005년 클리블랜드 대학병원의 '비전 2010(Vision 2010)' 발표다. 이 계획에는 대학병원 자체의 지출로 인한 혜택이 클리블랜드 주민들

7) 클리블랜드재단(Cleveland Foundation)은 1914년 설립된 미국 최초의 지역재단으로, 보통 부유한 자선가의 기부금 형태로 운영되는 장학재단이나 복지재단과는 달리 지역에 기반을 둔 지역 주민 주체의 풀뿌리 조직이다. 클리블랜드 모델을 도입하는 데 중요한 역할을 했다(홍의석 외, 2015).

8) 별도의 주석이 없는 세 가지 동력에 대한 주요한 내용은 Howard(2012b)를 인용한 것이다.

과 오하이오 북동부의 경제에 직접적으로 돌아가도록 하겠다는 목표가 담겼다. 예를 들어 ① 다양성 목표(소수자 및 여성 사업체 목표), ② 지역기업에 의해 제공되는 제품 및 서비스 조달, ③ 지역 주민 고용 등이 포함된다. 이러한 목표는 새로운 시설의 건설 과정에, 그리고 개장 후의 시설 운영과 연계되었다. 그 결과 이 프로젝트 진행 기간 동안 100개 이상의 소수자 또는 여성 소유 기업이 참여하는 등, 대학병원 '비전 2010' 참가 기업 가운데 90% 이상이 지역 기반 사업체였다.

(3) '그레이터대학교 서클 이니셔티브'

클리블랜드 모델의 또 다른, 핵심적인 동력은 클리블랜드의 '그레이터대학교 서클 이니셔티브(the Greater University Circle Initiative)'다. 이 이니셔티브는 클리블랜드재단, 앵커기관, 지방자치단체와 지역사회 기반 조직, 여러 시민 지도자가 참여한다. 시간이 지남에 따라 이니셔티브는 포괄적인 '커뮤니티 구축 및 개발 전략'이 되었으며, 이것의 목표는 '그레이터대학교 서클'과 인근 클리블랜드 지역 주민을 안정화하고 재생시키는 것이었다.

그레이터대학교 서클 이니셔티브는 ① 새로운 교통수단 프로젝트와 대중교통 지향 상업 개발, ② 지역 비영리단체의 직원들이 도시 주민으로 돌아오도록 장려하기 위한 고용주 지원 주택 프로그램, ③ 시정부와의 파트너십을 통한 교육 혁신 계획 디자인, ④ 주민 참여를 촉진하는 지역사회 참여·홍보에 대한 노력 등, 에버그린 협동조합 이니셔티브(Evergreen Co-operative Initiative)로 알려진 2007년 경제 포용 프로그램에서 알 수 있듯이 여러 분야에서 작동했다.

(4) 녹색 도시 그로워스

마지막 동력은 도시농업이다. '녹색 도시 그로워스(Green City Growers, GCG)'는 1년 내내 대규모로 약 40명을 고용하는 수경 온실 사업이다. 건설 당시 이

온실은 클리블랜드 중심부의 10에이커에 자리 잡았고, 미국에서 가장 큰 도시 식량 생산 시설인 3.25에이커의 유리온실을 갖췄다. 녹색 도시 그로워스는 초기에 약 300만 두의 양상추와 함께 수천 파운드의 바질과 여러 허브를 생산할 계획을 했다. 당시 오하이오 북동부에서 소비되는 양상추는 캘리포니아와 애리조나에서 수송되었는데, 클리블랜드 지역에서 그것들을 키움으로써 2000마일 이상의 운송 비용을 절감하고 결과적으로 탄소 배출량도 절감할 수 있었다. 지역의 농산물 도매상들은 제품 유통기한을 일주일 더 얻을 수 있었기 때문에 지지를 보냈다.

(5) 클리블랜드 모델과 협동조합[9)]

에버그린 협동조합 이니셔티브는 클리블랜드 모델의 핵심 주체다. 에버그린 이니셔티브는 '4만 3000명의 주민과 함께 여섯 개의 저소득 지역에서 생활임금 일자리와 자산 구축 기회를 창출해 클리블랜드의 경제적 돌파구에 박차를 가한다'는 대담한 목표를 가졌다. 에버그린 이니셔티브는 낙수효과 전략보다는 경제적 포용과 현장 기반 지역경제 구축에 중점을 둔다. 또, 도시에 저임금 일자리를 가져다주는 기업을 유입하고자 공적 보조금을 제공하는 대신 노동자들이 소유한 새로운 기업을 촉진한다.

에버그린 협동조합의 노동자들은 스스로 생산을 어떻게 할지, 이윤으로 무엇을 할지 결정하는데, 이러한 방식은 또 다른 이점을 가져다준다. "이곳의 노동자들은 절대로 자신의 회사를 미국에서 저임금 국가로 옮기기로 결정하지 않는다. 이것은 큰 공장의 이주로 인한 경제 붕괴가 반복될 수 없다는 것을 의미한다"(*SCOOP.ME*, 2020.4.27).

또한 에버그린 이니셔티브는 저소득 지역에서 광범위하게 공유되고 소유되는 자산과 자본을 창출하는 앵커기관의 경제적 힘을 함께 모으는 강력한 메

---

9) 별도의 주석이 없는 에버그린 협동조합에 대한 내용은 Howard(2012b)를 인용한 것이다.

커니즘을 대표한다. 클리블랜드재단은 협동조합의 초기 투자와 자금을 지원하고, 클리블랜드 시정부는 재단·협동조합과 지역 주민 사이에서 협력자 및 중재자 역할을 맡아 관련 제도를 개선하는 데 초점을 맞추었다(홍의석 외, 2015).

에버그린 협동조합은 다섯 가지 전략적 기둥을 기반으로 한다. 첫째, 연간 수십억 달러의 앵커기관 사업 지출액 일부를 주변 지역에 투입해 활용한다. 둘째, 지역공동체 부 구축과 이것의 제도적 요구를 충족하도록 설계된 소유권 모델에 기반한, 에버그린 협동조합 기업의 탄탄한 네트워크를 형성한다. 셋째, 환경적으로 지속가능한 에너지 및 녹색 일자리 창출 성장 모멘텀을 구축한다. 넷째, 대규모 공공지출의 경제적 수혜 부문(건강 및 지속가능한 에너지 등)에 전체적인 노력을 연결한다. 다섯째, 활동을 규모화하기 위해, 즉 소규모 프로젝트를 넘어 지자체에 중대한 영향을 미치는 프로젝트 혹은 모델로 나아가기 위해서 자금조달과 관리 능력을 개발한다.

이러한 전략에 맞춰 초기에 클리블랜드 모델의 단기 목표(3~5년)는 '그레이터대학교 서클' 지역에 기반을 둔 새로운 노동자소유협동조합을 최대 10개까지 설립하는 것이었다. 이 10개의 협동조합은 도합 약 500명의 저소득 주민을 고용할 수 있었다. 각 사업체들은 오하이오 북동부의 해당 부문 내에서 가장 친환경적으로 설계되었다. 재무 계획에 따르면 전형적인 에버그린 노동자-소유자(worker-owner)는 일을 시작한 지 7년 후면 6만 5000여 달러의 회사 지분을 소유할 수 있다.[10] 에버그린 이니셔티브의 장기 목표는 그레이터대학교 서클 지역을 안정화하고 재생하는 것이다.

에버그린 협동조합의 두 사업체인 '에버그린 협동조합 세탁소(Evergreen Cooperative Laundry, ECL)'와 '에버그린 에너지 솔루션(Evergreen Energy Solutions, E2S)'은 2012년 당시에 약 50명의 노동자-소유자를 고용했다. 더욱이 대규모 실업, 빈곤과 높은 범죄율이 특징이던 그렌빌(Glenville)에 설립된 '에버그린 협

10) 노동자가 에버그린 협동조합에서 일하기 시작하면 임금에서 시간당 50센트가 공제된다(≪SCOOP.ME≫, 2020.4.27).

동조합 세탁소'는 친환경적인 상업용·의료용 침대 시트 세탁소다. 최대 용량으로 작업할 때 연간 1000~1200만 파운드의 의료용 침대 시트를 세탁한다. 이 세탁소는 경쟁 업체가 침대 시트 1파운드를 세탁하는 데 사용되는 물 양의 1/4 미만을 사용하고, 에너지 소비 감소를 통해 상당한 탄소 배출량을 절감한다.

또한 '에버그린 에너지 솔루션'은 지역사회 기반의 청정에너지 사업체며, 도시에서 가장 큰 비영리 보건·교육 기관의 건물 지붕에 대규모 태양광 발전기(패널)를 설치해 소유·유지하고 있다. 그리고 비영리 보건교육 기관은 에버그린 솔루션에 의해 발전된 전기를 15년 이상 구매한다.

한편, 에버그린 협동조합은 도전적인 새 펀드를 시작하고 있는데, 그것은 지역기업들이 일자리와 경제적 부를 유지하면서 노동자소유기업으로 전환하도록 돕는 것이다(Howard, 2019.7.13).

(6) 에버그린 협동조합의 새로운 사업체 창출과 재원 조달

에버그린 협동조합은 지역 앵커기관의 특정 요구에 연결된 새로운 사업체 창출을 위한 연구 개발 기구로서도 역할을 한다. 이 과정을 통해 에버그린 협동조합은 차세대 사업체와의 연결고리를 찾는 중이다. 에버그린 협동조합 내에 설립된 독립형 영리기업인 '에버그린 비즈니스 서비스(Evergreen Business Services)'는 새로운 비즈니스 모델을 개발하는 데 중점을 둔다. 새로운 비즈니스 모델 개발은 에버그린 협동조합 산하에서 운영 중인 에버그린 솔루션, 녹색도시 그로워스와 에버그린 협동조합 세탁소의 성공 요인, 즉 노동자 소유를 기본으로 하는 사업 방식을 중심축으로 인식하고 활용한다(EBS, "Helping Others Benefit from Our Experience").

사실상 모든 에버그린 협동조합의 재원 조달은 저소득 지역을 대상으로 일자리 창출에 초점을 맞춘 연방정부(HUD108 등)의 장기 저금리 대출, 세금 공제(특히, 새로운 시장 세금 공제 및 연방 태양광 세금 공제), 에버그린 협동조합 개발 기금으로 활용되는 클리블랜드재단을 비롯한 여러 기관의 기부 기금이다.

이 기금은 1% 이자의 후순위 부채로서 개별 에버그린 협동조합 자회사에 투자된다. 또한 에버그린 협동조합은 자신들의 돈이 클리블랜드 지역사회 개선에 쓰이도록 저수익을 기꺼이 받아들이는 '임팩트 투자자'로부터 5년의 시장 이율 미만 자금을 확보했다. 에버그린 협동조합은 특히 태양광 회사에 대한 일부 지방은행의 참여를 이끌어내는 데 성공하기도 했다.

3) 프레스턴 모델과 지역공동체 부 구축: 시민을 위한, 시의회의 지역 회생 전략

프레스턴은 영국 잉글랜드 북서부에 위치한 랭커셔주의 주도(州都)다. 역사 속에서 프레스턴은 대부분 시기 동안 작은 도시였지만, 항상 경제적인 중요성이 컸다. 18세기 중엽에 리처드 아크라이트(Richard Arkwright)의 '수력방적기'가 이곳에서 발명되었으며, 19세기 면화 산업 발전과 함께 작은 시장도시에서 아주 큰 산업도시로 변모했다.[11] 20세기 초 면화 산업이 급격히 쇠퇴했을 때는 전기제품 제조와 엔지니어링 산업, 건설 산업과 같은 지역산업으로 그 여파를 완화했다.

1979년 거의 3000명의 일자리 손실을 가져온 코톨즈(Courtaulds) 공장 폐쇄 및 1981년 리블강 부두 폐쇄 등으로 프레스턴 경제가 쇠퇴했다. 1970년대에 벌어진 이러한 산업 쇠퇴는 빈곤율 상승의 원인이 되었으며, 2010년대 초

---

11) 잉글랜드 역사상 가장 오래 지속된 산업 분규였던 1853~1854년의 프레스턴(Preston) 파업을 목격한 독일의 철학자이자 혁명가 카를 마르크스(Karl Marx)와 영국의 유명한 소설가 찰스 디킨스(Charles Dickens)는 자신들의 저서와 작품에서 프레스턴을 기록했다. 마르크스는 1854년 8월 1일 ≪뉴욕 트리뷴(New York Daily Tribune)≫에 기고한 글에서 이 도시를 "차기 상트페테르부르크!"(Our St. Petersburg is at Preston!)라고 묘사했으며, 찰스 디킨스는 그 당시 프레스턴 방문에서 영감을 얻어 자신의 소설 『어려운 시절(Hard Times)』의 무대인 코크타운(Coketown)을 묘사한 것으로 알려졌다. 또한 마르크스는 『자본론 1(Das Kapital 1)』에서 『추밀원의 의무관(The Medical Officer of the Privy Council)』의 「공중보건에 관한 6차 보고서(Sixth Report on Public Health)」를 인용해 잉글랜드의 1세 미만 유아 10만 명당 평균 사망자 수를 언급했는데, 프레스턴은 다른 163개 구역보다 많은 2만 4000명 이상이라고 기록했다.

까지도 이 문제는 복합적으로 나타났다(CLES/PCC, 2019.5).

프레스턴 지역경제를 어려움에 빠뜨린 직접적 요인 가운데 첫째는 공공부문 긴축과 포스트 금융위기 사태에 따른 경제 침체이며, 둘째는 7억 파운드에 달하는 티더반(Tithebarn) 재생 프로젝트의 포기로 인한 것이었다.

> 2012년 당시 도시는 긴축의 수렁에 빠져 있었고 다른 지역의 기대수명이 82세인 것과 달리 (프레스턴의 기대수명은) 66세인 것에서 알 수 있듯이 단단하게 굳어진 불평등으로 고통받고 있었다. 초등학생 세 명 중 한 명이 빈곤층이었다. 게다가 의회는 심각한 예산 삭감으로 손이 묶였고, 의회의 커뮤니티 관리 팀은 30명에서 10명으로 감축되었다(*The Guardian*, 2017.4.11).

영국의 이러한 경제 불평등 상황은 프레스턴만의 일이 아니었다. "영국은 세계에서 다섯 번째로 큰 경제대국이지만, 많은 지역이 경제적 침체, 임금 하락, 빈곤율 상승, 공공부문 긴축을 겪고 있다. 경제는 모두를 위해 작동하지 않는다. 불평등은 지금 국부의 45%를 소유한 상위 10%의 가구와 함께 고착되었다"(CLES/PCC, 2019.5). 프레스턴 모델은 이러한 현실에서 시작되었다. 프레스턴의 '지역공동체 부 구축'은 지역 주민들이 지역경제의 통제권을 되찾고 지역경제 성장의 혜택이 지역에 투자되도록, 생산적인 경제활동을 지원하는 데 사용되도록 한다.

(1) 프레스턴 모델의 시작: 시민들이 체감할 수 있는 경제발전 목표

프레스턴 모델은 미국 클리블랜드 모델을 롤 모델로 삼아 추진되었다. 그러나 클리블랜드 모델을 그대로 받아들인 것은 아니다. 프레스턴 시의회 의장 피터 랭킨(Peter Rankin)은 "클리블랜드 모델로부터 프레스턴시가 혜택을 얻을 수 있다고 생각했다"라고 말했다. 하지만 "프레스턴시는 사전 준비 없이 클리블랜드 모델을 이식하는 협동조합을 창출하기보다 경찰지구대 입찰에 응해 60만 파운드 상당의 인쇄, 160만 파운드의 의회 식품 예산 집행 같은 계약을 수행할 수 있는 기존의 업체를 찾았다"(*The Guardian*, 2017.4.11).

프레스턴 모델은 지역의 다양한 경제적 자산을 활용해 클리블랜드 모델을 자신의 지역에 적용하고자 했다. 프레스턴 모델을 주도한 지역경제전략센터(The Centre for Local Economic Strategies, 이하 CLES)와 프레스턴 시의회는 "프레스턴에서 '지역공동체 부 구축'의 근본적 목적은 시민들, 공동체들, 조직들, 기업들이 구체적으로 체감할 수 있는 방식으로 경제를 발전시키는 데 지역경제 자산을 사용하는 것이다"라고 밝혔다(CLES/PCC, 2019.5).

2011년 프레스턴 시의회는 지역경제의 더 큰 이익을 위해 그들의 지출과 공급 체인을 연결하는 건으로 CLES와 대화를 시작했고, 2013년 CLES에 지역에 적용할 '지역공동체 부 구축' 아이디어를 찾도록 의뢰했다. 그 당시 CLES가 상위 300개 앵커기관의 조달 지출과 금융 가치를 분석한 결과, "전체 7억 5000만 파운드가 이 기관들의 재화와 서비스 조달을 위해 지출되었는데, 이 중 5%만이 프레스턴 지역에 기반을 둔 사업체에 지출되었고, 39%만이 랭커셔 지역(프레스턴 포함)에 기반을 둔 사업체에 지출"되었다(CLES/PCC, 2019.5).

(2) 영국에서 '지역공동체 부 구축'을 위한 5가지 전략

'지역공동체 부 구축'을 위한 5가지 전략을 간단히 소개하면 다음과 같다(CLES/PCC, 2019.5). 첫째, '지역공동체 부 구축'은 더 많은 경제력을 지역 주민과 기관에 되돌려주기 위해 다양한 소유 모델을 개발하고 혼합하고자 한다. 둘째, '지역공동체 부 구축'은 지역에 존재하는 부를 활용해 지역경제 안에서 투자의 흐름을 증가시키고자 한다. 셋째, '지역공동체 부 구축'은 지역에 닻을 내린 앵커기관이 고용주 역할을 하도록 함으로써 지역 주민들의 미래와 소득에 결정적인 영향을 미치도록 한다. 넷째, '지역공동체 부 구축'은 앵커기관들의 진보적 조달을 통해 지역 공급망인 중소기업, 노동자소유기업, 사회적기업과 협동조합, 여러 형태의 공동체 기업을 발전시킨다. 이런 기업들은 지역 고용을 지원할 것이고 지역 내에 부와 잉여를 더 많이 보유하게 한다. 다섯째, '지역공동체 부 구축'은 앵커기관 소유 자산의 일정한 금융 이익이 지역 주민들과 연결되도록 보장한다.

(3) 프레스턴 시의회가 주도하는 '지역공동체 부 구축'

프레스턴 모델은 영국 의회제도의 특성을 반영해 프레스턴 의회가 사실상 주도한다는 특징이 있다. 영국에서 의회주권(parliamentary sovereignty)은 영국 헌법상 원칙으로서 의회가 어떤 법이든 제정하거나 폐지할 수 있다는 것을 의미한다. 또한 법률에 규정된 지방정부의 권한 및 기능에 대해서는 '월권행위 금지의 원칙(The Doctrine of Ultra Vires)'이 적용되는데, 이에 따르면 지방정부는 오로지 의회가 수권하거나 위임한 권한만을 가지며, 그 범위 내에서만 활동할 수 있고, 범위를 벗어나는 권한 행사는 월권행위가 되어 일반적으로 무효화된다(장은혜, 2018.9.30). 즉, 시의회가 시정부의 역할을 강제하는 제도다.

프레스턴 시의회는 디스트릭트 의회(district councils)[12]이며, 프레스턴의 미래와 계획, 주택, 레저와 문화, 쓰레기 처리 및 재활용 등 주요 공공서비스에 관한 의사결정에 책임이 있는 시의원 48명으로 구성된다. 2022년 3월 말 기준 노동당 소속 29석, 보수당 소속 11석, 자유민주당 소속 7석, 노동독립당 소속 1석(PCC, "How the Council works")이기 때문에 다수당인 노동당이 의회의 활동을 주도하는 정치적 구조다. 결국 프레스턴 모델은 영국 노동당이 추진하는 지역재생 프로그램이라고 할 수 있다.

---

12) 영국 지방자치단체는 크게 단층제(single tier)와 다계층제(multi tier)의 혼성체제로 구성되어 있다. 광역런던시의 경우는 '광역런던시(greater london authority)-버러즈(boroughs)'의 2계층 구조로, 잉글랜드 비도시지역은 '카운티(county)-디스트릭트(district)'의 2계층 구조로 된다. 이때, 잉글랜드 비도시지역의 패리시·타운·커뮤니티 등을 포함할 경우 3계층 구조로 보는 것도 가능하다. 일반적으로 다계층제를 채택하는 경우는 카운티 의회(county councils, 상위기관)와 디스트릭트 의회(district councils, 하위기관)로 구분한다(장은혜, 2018.9.30).

(4) 프레스턴 시의회의 '지역공동체 부 구축'을 위한 활동

'지역공동체 부 구축'이라는 새로운 접근을 실천하는 프레스턴 시의회의 첫 역할은 생활임금 고용주로서의 역할이었다. 또한 시의회는 모든 노동자들을 위해 보다 더 좋은 노동조건을 창출하도록 지역 앵커기관들(anchor institutions)에게 공동의 역할을 강조하면서, 그들이 생활임금을 지급하도록 북돋는 실질적 역할을 했다. 또한 시의회는 시의회 노동자들이 급여를 저축할 수 있는 신협(credit union)인 'CLEVR 머니(CLEVR Money)'를 설립하도록 도왔으며, 이들의 저축 자금은 시내 빈곤 지역에 대한 금융 접근을 지원하고, 신협 조합원들이 이용할 수 있는 리볼빙 대출 펀드를 조성하는 데 활용되었다.

또한 프레스턴 의회는 2012/2013년 14%에서 2016/2017년 30%까지 조달 지출 비율을 증가시켜 왔다. 2016/2017년에는 연당 약 1500만 파운드를 지출했는데, 건설업 등의 일자리에 300만 파운드 이상, 정보 분야에 150만 파운드 이상, 금융 서비스에 150만 파운드, 예술·여가 서비스에 100만 파운드 등을 지출했다(PCC, "How to do business with the council: A guide").

시의회는 재정지출을 하면서 물품과 서비스 제공자들에게 추가로 사회적 가치의 실천을 요구한다. "시의회와의 모든 계약자·공급자들은 사회적가치, 환경과 지속가능성, 건강과 안전, 평등과 다양성을 고려할 것을 요구받는다"(Preston City Council, "How to do business with the council: A guide"). 그리고 프레스턴에서 30가구 이상, 또는 1000m^2 이상의 상업 용지 개발을 하고자 하는 개발업자들은 지역 주민들에 대해 기술 훈련과 고용기회를 어떻게 제공할 것인지 증명하는 계획을 첨부해야 한다.

(5) 프레스턴 지역 앵커기관들의 실천[13]

프레스턴 모델의 실현은 랭커셔주 의회, 센트럴랭커셔대학교(University of

13) 5항 "프레스턴 지역 앵커기관들의 실천들"은 CLES/PCC(2019.5)을 참고.

Central Lancashire), 프레스턴 칼리지(Preston's College), 추기경 뉴먼 칼리지(Cardinal Newman College), 커뮤니티 게이트웨이 주택협회(Community Gateway), 랭커셔 경찰지구대(Lancashire Constabulary) 등 다양한 지역 기반 앵커기관에서 공유된다.

랭커셔주 의회는 지역 훈련과 고용, 자원봉사와 공동체 분야의 지원을 증진하도록 공급자를 독려하기 위해서, 그리고 환경적 지속가능성을 증진하기 위해서 '사회적 가치 조달 프레임워크(a social value procurement framework)'를 개발했다. 또한 '랭커셔 지방정부 연금기금(the Lancashire Local Government Pension Fund)'의 사회적 환원을 극대화하고자 프레스턴 시의회와 파트너십을 맺었으며, 연금 기금은 2013년 이래로 프레스턴과 사우스리블에 대한 투자를 위해 1억 파운드를 할당했다. 그리고 랭커셔 지역에 1억 파운드를 더 할당했는데, 이것은 프레스턴 시의 학생 기숙사 건립에 직접 투자되었다.

랭커셔 경찰청 및 범죄집행관(Office of Police and Crime Commissioner for Lancashire, 이하 OPCC)은 랭커셔 경찰대가 공인된 생활임금을 지급하도록 장려했다. 또한 OPCC는 조달 절차를 통해서 사회적 가치 요건을 입찰 및 계약 문서에 포함시켰으며, 지역 지출을 2012/2013년 52%에서 2017/2018년 71%로 증가시켰다.

커뮤니티 게이트웨이[14]는 일찍이 직원들에게 생활임금을 지급 중이다. 지역 학생들을 위해 직업훈련과 고용기회도 제공한다. 또한 빈집을 사서 개량해 사회주택을 필요로 하는 사람들에게 빌려주는 빈집 프로그램을 시의회와 함께 운영했으며, 2013년에는 수리 서비스를 직접 제공하기로 결정했다. 이 결정으로 많은 일자리를 여러 임차인에게 보장하면서 지역경제에 대략 연간

14) 2005년에 프레스턴 시의회의 주택 공급(housing stock) 전환으로 설립된 주택협회이자 지역 프라이드, 임차인 민주주의, 공동체 운영을 활성화시킨 거버넌스 모델을 선도한 임차인 주도 협동조합 기업이다. 6500채 이상을 소유하고 관리하며 대략 250명의 직원을 고용하고 있다(PCC, "How to do business with the council: A guide").

500만 파운드의 혜택을 제공했다.

프레스턴 칼리지는 랭커셔 전역에 걸쳐서 학교 졸업생과 성인들을 위한 다양한 심화 과정 교육 프로그램을 제공했다. 이 칼리지는 16~18세가 넘는 전일제 학생을 대상으로, 90% 이상이 지역 기술과 취업 기반을 개발할 수 있게끔 결정적 역할을 했다. 또한 프레스턴 칼리지는 오랫동안 자신의 조달 활동에 사회적 가치 원칙을 적용해 왔으며, 특히 칼리지 부지 재개발 참가하는 지역 공급자를 위한 고용 기회 제공에 초점을 맞춰왔다.

프레스턴 지역 앵커기관들의 협력 과정에 센트럴랭커셔대학교가 결합한 것은 시의 경제적·사회적·문화적 기본 구조로 역할을 해왔던 대학의 강력한 전통 때문이다. 센트럴랭커셔대학교는 2억 파운드의 캠퍼스 마스터 플랜을 개발하기 위해 비(非)지역계약자에게 지역기업과 하도급 계약을 체결하도록 요구하는 등 자체의 조달 절차를 통해 사회적 가치를 추동했다.

(6) 프레스턴 모델과 협동조합

CLES는 앵커기관들이 지역경제와 주민들을 위한 혜택을 최대화하기 위해서 할 수 있는 활동들이 많이 있다고 설명한다. 그 가운데 하나가 재화와 서비스 제공에서 앵커기관과 공급자 사이의 거리를 메우기 위한 협동조합 개발이다(CLES, 2016.3.23).

프레스턴 모델의 실천 과정에서 지역 공급자들이 한계를 보이는 앵커기관 지출 분야가 드러났다. 케이터링(Catering)이 그 예였다. 프레스턴 시의회는 이 상황이 새로운 비즈니스의 성장을 촉진시킬 뿐만 아니라 더 민주적인 기업 소유권 형태를 가능하게 하는 기회로 인식했다. 시의회는 길드 협동조합 네트워크와 프레스턴 협동조합 개발 네트워크를 설립하며, 프레스턴 안에서 협동조합 부문을 발전시키기 위해 센트럴랭커셔대학교의 연구자들과 긴밀하게 작업했다. 그 결과 식품 협동조합 '라더(Larder)', 디지털 전환에 특화된 '프레스턴디지털재단(Preston Digital Foundation)' 등 캐이터링·기술·디지털 분야의 노동자소유협동조합이 발전하는 데 도움을 주었다(CLES/PCC, 2019.5).

(7) 프레스턴 모델의 성과

지역 앵커기관의 조달력에 의한 지역 지출은 성과가 있었다. "2016/2017년에 프레스턴 내에 보유된 조달 지출이 1억 1230만 파운드로 2012/2013년에 비해 7400만 파운드 증가했다. 또한 2012/2013년과 2016/2017년 사이에는 지역 내에 보유된 지출이 프레스턴 내에서 5%에서 18.2%로, 랭커셔 내에서 39%에서 79.2%로 증가했다"(CLES/PCC, 2019.5).

지역의 앵커기관들이 만들어낸 이러한 성과는 대단한 것이었다. 2018년에 프레스턴은 '영국에서 가장 개혁된 도시'라는 평가를 받았다. 또, 프레스턴은 '사회적 이동성 위원회 지수'에서 자신의 지위를 143위에서 130위로 개선했다. 그리고 2014~2017년 프레스턴의 16~24세 인구가 10% 증가했으며, 실업률은 2014년 6.5%에서 2017년 3.1%로 하락(2017년 영국 평균 실업률은 4.6%)했다. 프레스턴은 영국에서 가장 빈곤한 지역 상위 20%에서 탈피하기도 했다(Local Government Association, 2020.6.23).

4. 지역순환경제 실현을 위한 방법으로서의 사회적경제

앞서 서술한 지역순환경제 실현의 핵심 목표를 다시 한번 상기해 보자. 그것은 지역의 경제적 자원에 의해 창출된 지역의 부가 지역 밖으로 유출되지 않고, 지역 내에서 순환하도록 하여 지역 주민들에게 공동의 자산과 좋은 일자리를 제공하고, 그들의 경제적 삶을 안정시키는 것이다. 그리고 그 결과로써 생태적으로 지속가능한 지역개발을 이루는 것이다.

그런데 이렇게 지역순환경제가 실현되는 과정에는 정치적 측면에서 주민자치제도와 실질적인 주민 참여를 필수적으로 필요로 하며, 경제적 측면에서 생산 및 유통의 탈상품화와 이윤의 지역 재투자, 그리고 사회적 투자를 담보할 초기 재원을 필요로 한다. 왜냐하면 지역순환경제가 신자유주의 세계화에 대한 대안적 경제 전략이라는 관점에서 지역순환경제는, 시장이나 국가의 실패를 대신할 사회적 결정 원리로서 주민 참여와 자치 시스템에 기반을 두어야 하고, 사회적 가치 창출과 주민들의 필요 충족을 목적으로 하는 재원을 통해 이윤 추구가 목적인 자본을 대체해야 하기 때문이다.

미국 클리블랜드 모델에서는 클리블랜드재단과 클리블랜드의 시정부, 대학병원 등이 참여하는 네트워크와 파트너십이 그러한 정치적·경제적 필요를 뒷받침했으며, '에버그린 노동자 협동조합'이 주체로서 그러한 정치적·경제적 활동을 이끌었다. 영국 프레스턴 모델에서는 프레스턴 지역 주민의 경제적 이해를 대변하고자 하는 노동당 주도 시의회가 '지역공동체 부 구축'을 주도하며 정치적 필요를 충족했고, 프레스턴에 뿌리내린 공공기관의 조달 재원이 '지역공동체 부 구축'을 위한 경제적 필요에 조응하면서 다원적이고 민주적인 소유 형태의 사회적경제 조직들을 양성하는 역할을 했다. 즉, 클리블랜드 모델과 프레스턴 모델에서 사회적경제 조직들은 지역순환경제 실현 과정에서 요구되는 정치적·경제적 측면의 필요를 충족하거나 충족시켜 줄 것으로 주목받으며 역할을 했다.

그렇다면 이렇게 협동조합을 비롯한 사회적경제 조직들이 지역순환경제의 실현 과정에서 주민의 참여와 자치를 담보하며 재화·서비스의 탈상품화를 확대할 것으로 주목받는 이유는 무엇일까? 그 이유는 "사회적경제는 시장경제에서 파생된 문제, 시장 시스템이 무시하거나 불충분하게 다뤄왔거나 시장원리로는 해결할 수 없는 문제를 사회구성원들의 참여와 협력을 통해 사람(people)과 노동(work)을 중심으로 해결하는 경제 조직들의 네트워크이자 경제순환 시스템이고, 수익성과 함께 사회적 연대를 추구하는 협동조합이나 사회적기업이 핵심적인 구성 주체"라는 데 있었다(정건화, 2012).

사회적경제의 이러한 특성은 그 태동과 성장과정에서 확인할 수 있다. 대표적인 사회적경제 조직인 협동조합은 "근대산업사회의 모순을 극복하려는 대안 중 하나"로 태동했다(야마구치, 2000). 그리고 "사회적경제는 자본주의 체제에서 나타나는 매우 다양한 사회적 문제 또는 사회적 필요에 대해 …… 매우 다양한 구성원을 포괄하는 민간 영역의 활동을 통해 해결하고자 하며 협동조합 또는 비영리 협동섹터 등의 활동에 의해 추동"되며, "(이러한 사회적경제 조직의 활동은) 이윤추구의 결과로써 사용가치를 실현하고자 하는 시장의 작동방식과 달리, 사용가치 그 자체를 목적으로 설정하여 실현 과정에 임하고 있는 점으로부터 그 중요한 특징을 추출할 수 있다"(양준호, 2013.7.12). 또 사회적경제의 역사가 깊은 유럽에서 기업조직의 구분선은 "자본주의 조직과 사회적경제 조직 사이에" 그어지며, 이때 사회적경제 조직들은 "개인투자의 회수보다는 공동의 부를 창출하는 데" 초점을 맞춘다(에베르스·라빌, 2007).

현재 '지역공동체 부 구축'을 위한 연구와 정책 실험을 지속적으로 하는 CLES는 사회적경제 조직 등 지역에 뿌리내리고 지역 주민들에 의해 공동으로 소유되며, 사회적 가치를 우선하는 기업이 고용·구매·투자 측면에서 지역경제에 더 많은 기여를 한다는 점에 주목한다. 그렇기 때문에 CLES는 "지역 주민들, 노동자들에 의해 창출된 부를 그들이 소유할 수 있도록 다양한 기업 소유 모델을 촉진함으로써 지역적으로 소유되고 사회적 가치를 우선하는 기업들을 육성하고자 한다"라고 주장한다(CLES, "What is community wealth building?").

한편 "강한 사회적경제 이니셔티브는 이윤 극대화보다는 형평성·재분배·연대성·신뢰성 및 사회적 요구 충족의 원칙을 부각하는 지역사회 기반 행동에 초점을 맞춘다"라는 연구 결과도 있다(Connelly et al., 2011). 같은 연구에서는 "'강한 지속가능성'15)과 사회적·환경적·경제적 문제에 대한 '강한 사회적경제'16)의 접근 방식 간 주요 유사점은 지역 및 글로벌 문제에 대한 장소 기반

15) '강한 지속가능 공동체개발(SCD)'의 "세계관은 생태중심적·생물권 및 협력적 행동이며, 경제에서의 역할은 질적인 개발 및 공동체 기반이며, 문제의 원천은 수요 문제이고 그 해법은 사회적 관계, 소규모 분산, 자급자족"이다(Connelly et al., 2011).

및 커뮤니티 기반 대응에 중점을 둔 '지역으로의 전환'이다"라는 결론이 도출되었다(Connelly et al., 2011).

따라서 지역순환경제 실현을 위한 방법으로서 사회적경제는 자기 본연의 특성을 발휘함으로써 다음의 세 가지 영역에서 지역순환경제 실현에 적극 기여해야 한다.

첫째, 사회적경제는 지역순환경제 실현을 위한 주민 참여 및 자치 역량 강화에 기여해야 한다. 사회적경제 조직 중 하나인 협동조합은 "조직 구성원의 참여에 의해서 운영되는 조직이기 때문에 주식회사 기업에 비해 경제민주주의 측면에서 현저한 비교우위를 지니고 있다"(양준호, 2013.7.12). 또한 사회적경제 조직은 참여와 협동·연대를 통해 사회적 가치를 스스로 공감하고 조직 외부로 발산함으로써 주민들의 더 많은 참여와 협동·연대를 키워내는 조직 원리를 지녔다.

따라서 사회적경제는 그러한 비교우위와 조직 원리를 적극적으로 발휘해 시장이나 국가에 의한 결정 시스템의 실패를 대체하고 지역순환경제의 목표를 실현할 사회적 결정 시스템으로서 주민 참여와 자치 시스템을 정착시키는 데 제 역할을 해야 한다. 이를 위해 구체적으로 민주주의 원리와 수평적 소통에 기초해서 지역순환경제에 대한 지역 주민들의 공감과 참여·자치를 확산하고, 그 과정에서 요구되는 주민자치 제도의 개혁을 적극적으로 촉발해야 한다.

둘째, 사회적경제는 생산·유통·소비 영역에서 '지역 내 재투자력'을 강화하는 데 기여해야 한다. '지역 내 재투자력'은 "매년 특정한 형태로 모인 자금을 지역 내에 투자함으로써, 거기에서 고용이나 원재료·부품·서비스의 조달을 반복하고, 지역 내의 노동자와 농가·상공업자의 생산과 생활을 유지·확대할 수 있는 힘이며, …… 이러한 재투자력 안에는 물건을 만드는 기술과 기능이라

16) '강한 사회적경제'의 "세계관은 신자유주의 반대이며, 경제에서의 역할은 핵심 기업 실행 및 자산 유발과 평등, 사회적 경제적 전환이며, 문제의 원천은 구조적인 것이고 그 해법은 경쟁"이다(Connelly et al., 2011).

는 질적 역량이나, 상품과 서비스를 판매하는 마케팅력도 포함되어 있다"(오카다, 2016).

"협동조합은 이윤추구를 목적으로 하지 않는 조직(not-for-profit organization)"이다(양준호, 2013.7.12). 또한 "사회적경제 조직은 영리가 아닌 사회문제 해결 그 자체를 목적으로 한다. 지역경제가 불황에 빠졌을 때 오히려 고용과 투자를 늘리며, 그렇기 때문에 지역 주민들로부터 탄탄한 '사회적지지'를 받는다"(양준호, 2017.5.24). 이러한 사회적경제 조직의 특성은, 지역에 뿌리내리고 좋은 일자리를 창출함으로써 질 좋은 재화와 서비스를 탈상품화된 형태로 생산해야 하는 지역순환경제의 고용·생산에 적합하다. 또한 사회적경제 조직은 지역 주민들의 신뢰를 바탕으로 그러한 재화와 서비스를 지역 내에서 유통시키고 소비하는 것에도 강점을 가질 수 있다. 따라서 사회적경제 조직은 '지역 내 재투자력'을 높이고자 하는 목표를 세우고 실천함으로써 지역순환경제 실현에 기여해야 한다.

셋째, 사회적경제는 지역순환경제 실현의 또 다른 목표인 '지구의 생태적 지속가능성'을 담보해야 한다. 신자유주의 세계화가 가져온 또 하나의 심각한 문제점은 지구생태계의 파괴다. 현재 우리가 일상에서 체감하는 기후 위기와 코로나19 대확산은 신자유주의 세계화의 결과다. 영국 지속가능개발위원회(Sustainable Development Commission, SDC) 위원인 팀 잭슨(Tim Jackson)은 사회 차원의 구조변화를 강조하며 "인간 활동에 대한 생태 한계를 설정해야 하고, 성장 지상주의 경제학을 바로 잡아야 하고, 파괴적인 소비주의 사회 논리를 변화시켜야 한다"라고 주장했다(잭슨, 2013). 2020년 1월 각국 중앙은행의 국제협력기구인 국제결제은행(Bank for International Settlements, BIS)은 "기후변화는 금융시장의 불확실성을 키우고 금융시스템 위기의 원인이 될 수 있다"라고 경고했다(BIS, 2020.1).

이렇게 '지구의 생태적 지속가능성'을 담보하기 위해 인간의 경제활동과 지역개발은 지구 생태계가 수용할 수 있는 한계 내에서 이루어져야 한다. 즉,

'지구의 생태적 지속가능성'을 담보하는 경제활동은 '근거리 지역에서의 생산과 소비', '필요에 의한 적정한 생산과 소비', 지역의 자원을 지역 주민들이 협력해서 활용하는 '내발적 발전'을 통해 담보될 수 있는데, 이러한 실천 과제는 지역에 뿌리내리고 지역 주민이 일상생활에서 맞닥뜨린 문제를 해결하고자 하는 사회적경제 조직들의 실천과 궤를 같이한다. 단적으로 소비자생협의 로컬푸드운동은 지역 소상공인의 경제적 이해와 부합할 뿐만 아니라 식품의 장거리 유통 감소에 따른 탄소발자국 축소에도 기여하며, '사전적(事前的) 조정'에 의한 생산자와 소비자 간의 상호 신뢰 축적, 지나친 소비주의를 억제하고 과잉생산에서 비롯되는 폐기물을 줄인다. 이러한 점에서 사회적경제는 생태적으로 지속가능한 지역개발과 지역순환경제 목표를 동시에 달성할 가능성이 있다.

미국 클리블랜드 모델 사례에서 소개한 바와 같이 동종업체에 비해 물을 1/4 미만으로 사용하고 탄소 배출을 줄이는 '에버그린 협동조합 세탁소'는 사회적경제 조직이 생태적으로 지속가능한 경제활동을 하는 하나의 사례다. 국내에서도 소비자생협은 친환경농산물의 소비를 통해 농업 농촌의 다원적 기능 유지를 지원하며, 시민들이 주도하는 '햇빛발전협동조합'도 재생가능에너지를 통한 에너지 전환을 촉구하는 왕성한 활동을 전개 중이다. 사회적경제 조직은 이러한 생태친화적 지향과 실천을 통해 생태적으로 지속가능한 지역개발과 지역순환경제 실현을 실천적으로 통합해야 한다.

5. 맺음말

> 한 농가에 평균 40여 명의 남녀 도시인들과 두 명의 노예가 거주하게 되어 있습니다. 농토 주민은 매년 반씩 교체되는데 도시에서 와서 2년 동안 농사 지은 20명은 도시로 돌아가고, 그 대신 도시인 20명이 농토로 내려오지요.

1년 동안 농사지어 농업기술을 습득한 20명이 새로 온 20명 도시인들에게 농작법을 가르쳐주지요.

16세기 초 잉글랜드 왕국의 사상가이자 정치가로 활동했던 토머스 모어(Thomas More)의 소설 『유토피아(Utopia)』에 나오는 한 구절이다. 1516년, 제1차 인클로저(enclosure)로 양이 사람을 농촌에서 내쫓았던 현실에서 이런 상상력은 가히 혁명적이었다.

현재 많은 지역이 지역공동체 부 구축을 통한 지역순환경제 실현의 실험 공간이 되었으며, 그 가운데서 사회적경제 조직들이 함께하고 있다. 경제적 불평등이 갈수록 심각해지는 상황, 코로나19 대확산, 기후위기가 가져온 불확실성이 지배하는 시대 상황에서 '협력하는 종(種)'[17]인 우리는 자발성, 함께 살자는 연대 의식, 축적된 물질적·윤리적 역량 등을 발휘해 생태적으로 지속 가능한 '지역순환경제'를 만들어야 하는 도전 과제와 마주했다. 사회적경제를 수단으로 하는 지역순환경제의 실현을 통해 지역을 대안 공간으로 만들기 위한 창조적 상상력이 지금 우리에게 필요하다.

참고문헌

르페브르, 앙리(Henri Lefebvre). 2011. 『공간의 생산(La Production De L'espace)』. 양영란 옮김. 에코리브르.

마르크스, 카를(Karl Marx). 2019. 『자본론 1(Das Kapital: Kritik der politischen O conomie)』. 황선길 옮김. 라움.

17) "인간이 협력적인 종이 된 이유는 인간의 특유한 생활 방식이 집단 내 협력을 통해 그 구성원들이 매우 큰 이익을 누릴 수 있게 해줬기 때문이다"(볼스·긴티스, 2016).

박배균. 2001. 「규모의 생산과 정치, 그리고 지구화」, ≪공간과 사회≫, 제16호.

볼스, 새뮤얼·리처드 에드워즈·프랭크 루스벨트(Samuel Bowles and Richard Edwards, Frank Roosevelt). 2009. 『자본주의 이해하기(Understanding Capitalism)』. 최정규 외 옮김. 후마니타스.

볼스, 새뮤얼·허버트 긴티스(Samuel Bowles and Herbert Gintis). 2016. 『협력하는 종(A Cooperative Species)』. 최정규 외 옮김. 한국경제신문.

샤방스, 베르나르(Bernard Chavance). 2007. 『제도경제학의 시간과 공간(L'économie Institutionnelle)』. 양준호 옮김. 한울엠플러스.

스미스, 닐(Neil Smith). 2017. 『불균등 발전: 자연, 자본, 공간의 생산(Uneven Development: Nature, capital, and the production of space)』. 최병두 외 옮김. 한울엠플러스.

야마구치 이와오(山口巖). 2000. 『신협동조합이란 무엇인가?: 그 역사와 구조(新協同組合とは: そのあゆみとしくみ)』. 이건우 옮김. 생협중앙회출판부.

양준호. 2013.7.12. 「'사회적경제(social economy)'의 의의와 과제: 협동조합 및 비영리 협동섹터를 중심으로」. 한국사회경제학회 2013년 여름학술대회 자료집.

______. 2017.5.24. "인천 사회적 기업 어디까지 왔나 ④: 이제는 '시장논리' 극복할 때". ≪인천일보≫.

______. 2021.3.5. 「지금, 왜 지역화폐인가?: '언어'로서의 화폐, 글로벌과 로컬 간의 '느슨한 엮임'을 모색하며」. 제23회 콜로키움 자료집. 서울대학교 아시아도시사회센터.

에베르스, 아달베르트(Adalbert Evers)·장루이 라빌(Jean-Louis Laville). 2007. 『세계화 시대의 새로운 복지: 사회적경제와 제3섹터(The Third Sector in Europe)』(자활정보센터 옮김. 나눔의집.

오민준. 2020.10.22. 「자산불평등에서 주택의 역할」. 국토연구원.

오카다 도모히로(岡田知弘). 2016. 『지역만들기의 정치경제학: 지역 주민이 직접 만드는 순환형 지역경제(地域づくりの経済学入門)』. 양준호·김우영 옮김.

장은혜. 2018.9.30. 「주요 외국의 지방자치제도 연구: 영국」. 한국법제연구원.

잭슨, 팀(Tim Jackson). 2013. 『성장 없는 번영(Prosperity Without Growth)』. 전광철 옮김. 착한책가게.

정건화. 2012. 「민주주의, 지역 그리고 사회적 경제」. ≪동향과 전망≫, 86호.

≪조선일보≫. 2018.10.4. "제조업 무너지니… 살인벨트 된 '러스트 벨트'".

갤브레이스, 존 케네스(John Kenneth Galbraith). 2006. 『풍요한 사회(The Affluent Society)』. 노택선 옮김. 한국경제신문.

최병두. 2011. 「데이비드 하비의 지리학과 신자유주의 세계화의 공간들」. ≪한국학논집≫, 42집.

피케티, 토마(Thomas Piketty). 2014. 『21세기 자본(Capital in the Twenty-First Century)』. 장경덕 외 옮김. 글항아리.

홍의석·전봉경·최성진·김재호·이수진. 2015. 「미국: 쇠퇴산업도시의 새로운 가능성-클리블랜드 모델 외」. ≪국토≫, 402호.

Balasundharam, Vybhavi and Era Dabla-Norris. 2021.2.26. "Pandemics and Inequality: Perceptions and preferences for redistribution." *IMF Working Papers*. IMF Asia and Pacific Department.

BIS(국제결제은행). 2020.1. "The green swan: Central banking and financial stability in the age of climate change."

CLES. "What is community wealth building?" https://cles.org.uk/the-community-wealth-building-centre-of-excellence/.

______. 2016.3.23. "Community wealth building: Harbessubg the potential of anchor institutions."

CLES/PCC(Centre for Local Economic Strategies/Preston City Council). 2019.5. *How we built community wealth in Preston*.

COMMUNITY-WEALTH. "Anchor Institutions." https://community-wealth.org/strategies/panel/anchors/index.html(검색일 2021.2.4).

______. "The Cleveland Model: How the Evergreen Cooperatives are Building Community Wealth." https://community-wealth.org/content/cleveland-model-how-evergreen-cooperatives-are-building-community-wealth.

Connelly, Sean and Sean Markey, Mark Roseland. 2011. "Bridging sustainability and the social economy: Achieving community transformation through local food initiatives." *Critical Social Policy*, Vol 31, Issue 2.

EBS(Evergreen Business Services). "Helping others benefit from our experience." http://www.evgoh.com/business-services/.

EverGreen. http://www.evgoh.com.

Howard, Ted. 2012. "Owning Your Own Job is a Beautiful Thing: Community Wealth Building in Cleveland, Ohio." Investing in What Works for America's Communities. San Francisco Federal Reserve.

______. 2019.7.13. "Trickle-up economics." *PROSPECT*. www.prospectmagazine.co.uk.

Local Government Association. 2020.6.23. "Inclusive economies: Preston City Council's approach to community wealth building."

OECD Data, "General government spending." https://data.oecd.org/gga/general-government-spending.htm.

Palladino, Lenore. 2019.5.15. "Inclusive Ownership Funds for the United States." The Roosevelt Institute.

PCC(Preston City Council). "How to do business with the council: A guide." https://www.preston.

gov.uk/procurement.

_____. "How the Council works." https://www.preston.gov.uk/article/1156/How-the-Council-works-?ccp=true.

SCOOP.ME. 2020.4.27. "The Cleveland Model: The city's flourishing economy has worker participation to thank." https://scoop.me/the-cleveland-model/.

The Guardian. 2017.4.11. "The Preston model:UK takes lessons in recovery from rust-belt Cleveland."

UNDRR(United Nations Office for Disaster Risk Reduction). 2020. "Human cost of disasters: An overview of the last 20 Years 2020~2019." Geneva: UN.

4장

지역순환경제와 지역화폐

브리스틀파운드와 인천e음이 주는 부산 동백전의 교훈

곽동혁(전 부산시의회 의원)

1. 머리말

지역화폐 전성시대라 불릴 정도로 대한민국 각 자치단체는 지역화폐를 도입했다. 부산시는 타 광역자치단체보다 조금 늦은 2019년 12월 30일에 부산 지역화폐 '동백전'을 발행했고, 동백전이 본격적으로 발행되었던 2020년은 코로나19라는 전대미문의 경제적 위기를 맞아 소비 활성화를 위해 10%의 '캐시백'으로 100만 원까지 한도를 높여 가입자 수 87만 명, 연간 총결제액 1.3조로 경기도와 인천에 이어 세 번째 발행 규모의 실적을 냈다. 이는 부산시 최고의 히트 상품으로 선정될 정도로 사용을 확대하는 데 성공했고, 코로나 위기에 고통받는 지역 상권에 긍정적 영향을 주었다고 평가된다. 그러나 '부산 동백전'은 1년 내내 부산시의회와 시민사회단체의 동백전 운영에 대한 정책 방향성 그리고 신뢰성에 대한 문제가 제기되며 갈등 상황이 언론에 오르내렸고, 급기야 운영대행사가 바뀌는 진통을 겪었다.

'지역사랑 상품권'[1]이라는 공식적 명칭으로 지자체마다 유사한 유형의 정

1) 부산 동백전, 인천e음 등 우리나라 지방자치단체가 도입한 대부분의 지역화폐는 '지역상품권'이다. 2020년 7월부터 시행된 '지역사랑상품권 이용 활성화에 관한 법률'은 지역

부주도형 지역화폐[2)]가 존재하지만, 유난히 부산시가 도입과 운영 과정에 논쟁이 많았던 이유는 무엇일까? 도입 과정을 회고해 보면, 인구 340만 명이 거주하는 우리나라 제2의 도시 부산시에서 지역화폐가 '지역경제 회생 시스템'으로 적합한지에 관해 부산시 경제정책 입안자는 회의적이었다. 동백전을 책임지는 부산 고위 공직자가 토론회[3)]에서 "동백전에 들어가는 예산이 신용보증재단 1년 예산과 맞먹는다. 지역화폐가 지역공동체라는 추구하는 가치와 혼동되다 보니 병립하기 힘든 문제가 있다. …… 부산의 역외 유출의 문제를 지적하는데 부산은 역외 유출이 발생하지 않는다"라고 발언한 것으로 보아, 지역화폐를 경제정책이 아니라 복지 또는 부분적 소상공인 자영업자 대책으로 이해하고 있음을 알 수 있다. 또, "동백전을 발행하는 것보다 차라리 시민에게 돈을 나누어 주는 것이 나을 수 있다"라고 말하며 지역화폐의 다양한 시스템적 장치에 대해 거추장스럽고 비효율적이라고 판단하는 인식을 보여 주었다. 이러한 부산시의 인식은 민관이 함께 6개월간 논의 끝에 만든 「부산지역화폐 발행 기본계획안」[4)]과 확연히 차이가 있었고, 따라서 지역화폐를 함께 추진했던 시의회 및 시민사회단체와의 마찰은 예견된 것이었다. 이러한 인

사랑상품권이라고 정의하며, 지방자치단체의 장이 발행한 물품 또는 용역을 제공받을 수 있는 유가증권, 선불전자지급수단 및 선불카드라고 명시한다.

2) 부산 동백전 등 선불전자지급수단의 지역사랑상품권은 발행 후 5년이라는 비교적 긴 시간 동안 명목 가치가 유지된다. 하지만 5년이라는 기한과 이자가 없다는 특성으로 인해 저축 혹은 투자의 수단으로 사용하기는 어려워, 지역화폐의 고유 속성을 가지지만(황영순, 2021) 재유통되지 않고 1회 사용 시 법정화폐로 환전되므로 화폐로 보기 어렵다.

3) 부산광역시의회 경제문화위원회와 부산경실련은 2020년 5월 13일 〈동백전, 현재 그리고 미래〉 정책토론회를 공동 주최해 동백전에 대해 논의했다.

4) 부산지역화폐 발행 기본계획안의 기본 방향.
① 지역경제선순환 체계 구축: 재정지출 및 지역관광 연계, 네거티브 사용처 규제, 재유통 모델 도입 등 선순환구조 확립.
② 지역공동체 강화: 지역상품 구매 유도, 지역사회 기부 및 봉사활동 연계, 구군 단위 발행 지원 등 지역공동체 강화.
③ 지속가능한 지역화폐 모델 구현: 직가맹점 확보로 수수료 절감, 공익에 배치되지 않는 수익사업 발굴, 빅데이터 확보로 시책 수립에 활용 등 자립형 모델 추진.

식의 차이는 기본계획안의 추진, 캐시백[5] 지급률의 결정과 지급한도, 사용자 편익을 위한 부가서비스와 구군 연계 시스템(중층구조와 다양한 플랫폼 구현), 예산의 배분, 캐시백 지급 중단에 대한 대처 등 여러 곳에서의 갈등으로 드러났다.

부산시 지역화폐 제도를 도입하면서 가졌던 고민, 발행 과정에서 치열하게 논의된 문제, 그리고 인구 1/3가량이 사용하는 동백전의 향후 과제는 무엇인지를, 지역화폐 정책을 제안하고 제도를 정착시키려 노력했던 시의원의 눈으로 되짚어 보고자 한다. 동백전 도입 당시에는 인구 340만의 광역 단위에서 지역화폐를 어떻게 적용해야 되며, 화폐처럼 유통되지 못하는 '(전자)상품권'의 한 종류로서 지역화폐의 고유한 목적을 달성할 수 있도록 어떻게 설계할 것인가, 정부 주도로 도입되었던 지역화폐가 권력 및 정책의 변화와 관계없이 지속성을 가질 수 있는가가 핵심적인 고민이었다. 그때 벤치마킹한 사례가 영국 브리스틀(Bristol)의 지역화폐 '브리스틀파운드(Bristol Pound)'와 인천의 지역화폐 '인천e음'이었다. 브리스틀파운드는 2012년부터 시작해 지금까지도 유통되고 있지만, 발행한 지 4~5년이 지난 시점부터 정체기를 맞았다. 이 과정에서 지역화폐가 맞닥뜨린 위기를 극복하기 위해 다양한 노력을 했다. 브리스틀파운드의 사례는 동백전의 사용 확대와 지속적 발전에 시사하는 바가 클 것이라고 생각했다. 인천은 2018년부터 지역화폐를 도입했으며, 본격적으로 활성화된 것이 2019년 5월로 역사는 짧다. 하지만 광역지자체로서 인천과 부산은 여러모로 유사하고 서울로의 부의 유출이 지속적이라는 점에서 부산과 비슷한 고민을 안고 있다고 생각했다. 브리스틀과 인천, 두 곳 모두 지역경제 활성화와 지역순환 시스템 구축을 목적으로 하고 광범위한 사용 공간을 지닌

5) 부산 동백전은 한도 내에서 사용분에 대해 리워드를 추가로 제공하는 방식인데, 이를 공공예산으로 지원한다. 판매 증진을 위해 적립 쿠폰을 공동으로 발행하는 것과 기능적으로 같아 공동마케팅의 속성을 가지기도 하며(황영순, 2021), 지역경제 활성화를 꾀하고자 지역 내 소비에 대해 보상하는 재정 지원으로 볼 수 있다.

것이 공통점이다. 하지만 브리스틀파운드는 민간이 중심되어 민과 관이 유기적 체계를 갖추고 있는 점에서 관주도의 인천e음과 다른 점이다. 또 인천e음은 사용과 동시에 법정화폐와 교환되는 상품권으로 유통된다는 점에서 재유통 가능한 브리스틀파운드와 차이가 있다. 부산 동백전의 설계 방향은 일반적인 지역화폐 통용 범위보다 넓은 광역 단위에서의 상용화와 재유통되지 않는 '상품권'의 한계를 극복하는 것, 지역화폐의 고유한 목적 달성(지역순환경제구축과 지역공동체 형성), 그리고 부산의 특성을 담아내는 것이었다. 이에 4장에서는 브리스틀을 직접 방문해 운영기관 담당자와 나눈 면담과 문헌 연구를 통하여 브리스틀파운드의 사례 및 인천의 사례를 설명하고 동백전 1년의 교훈을 기술하고자 한다.

2. 영국 브리스틀파운드의 도입과 운영 현황

1) 획기적으로 광범위한 통화 사용 공간의 시도

영국의 브리스틀은 인구 45만에 부산시 면적의 1/7 정도[6]이지만, 브리스틀파운드는 전통적인 유럽의 지역화폐운동과 달리 넓은 통화 공간을 가진 것이 가장 큰 특징이다. 유럽의 지역화폐는 100명 단위의 작은 조직에서 시작되었다. 대표적 지역화폐인 '타임뱅크(Timebank)'는 '화폐'라기보다 한국의 '품앗이'와 유사한데, 개인이 1시간을 다른 사람을 위해 일한다면 다른 사람도 나를 위해 1시간을 일하는 일종의 '노동교환증서'였다. 타임뱅크가 개인과 개인의 노동 교환이었다면, 런던의 '에코(Echo)'는 기업과 기업 간의 노동 교환으로 이루어졌다. 개인과 개인의 교환에서 기업과 기업으로 확대되었다 하더라

---

6) 브리스틀 면적은 110km^2, 부산시 면적은 769.89km^{2}이다.

도 호혜적 관계망 속에서 작동되기 때문에 좁은 통화 공간 내에 제한될 수밖에 없었다. 이러한 지역화폐를 '상호신용형 지역화폐'로 분류하는데, 법정화폐로 태환되지 않고 교환경제 전용으로 사용되며, 확장 가능성이 낮은 것이 특징이다.

브리스틀파운드는 작은 조직 단위에서 이루어지던 지역화폐운동을 브리스틀과 인근 지역을 통화 사용 공간(인구 100만명)으로 설정하고, 발행액만큼의 법정화폐를 담보로 금융기관에 예치해 지역화폐의 신뢰도와 안정성을 높였다. 또 실물화폐(지류 네 종류)와 온라인결제, 모바일기기를 활용한 전자결제 등 세 가지 결제 방식을 통해 사용의 편의성을 높였고, 사업소득세 일부를 브리스틀파운드로 납부할 수 있도록 하여 순환성을 고려한 장치를 마련함으로써 통화 사용 공간을 넓혀 더 많은 사람이 이용할 수 있도록 확장성을 획기적으로 제고할 수 있었다.

법정화폐와 교환할 수 있으며, 비즈니스 맴버(가맹점) 간의 거래뿐 아니라 지역화폐를 구매한 불특정 다수의 소비자와 가맹점 간의 거래까지 가능한 CLC(Convertible Local Currency)는 기존의 상호교환형 지역화폐[7]와 달리 중앙집권적 '바우처형 보조화폐'로 분류한다. CLC의 대표적인 예시는 런던의 자치구 중 하나인 브릭스턴(Brixton)의 지역화폐로서 2009년 9월 지역소상공인들의 소득 증대를 목적으로 발행·유통했다. 그러나 브릭스턴 지역화폐는 브리

---

7) 상호교환형지역화폐와 바우처형지역화폐, 하이브리드형의 비교는 다음과 같다.

형태	바우처형 보조화폐	상호교환형 지역화폐	하이브리드형
구조	중앙집권형	분산형	중앙집권형
화폐 취득 방법	구매	노동/물품 교환	교환 및 구매
태환 원칙	100% 태환	불가	혼용
용도	법정화폐와 동일	교환경제 전용 화폐	법정화폐와 동일
목적	지역 상권 활성화	P2P 상호교환 기반 공유경제	지역순환경제
확장 가능성	높음	낮음	중간

스틀파운드와 달리 종이 화폐만 발행되었고, 브리스틀신용협동조합(Bristol Credit Union)과 같은 금융기관이 지급결제 시스템에 결합되지 못했으며, 세금정책 등 행정수단이 지원되지 않아 브리스틀파운드에 비해 활성화되지 못했다. 하지만 CLC는 확장성을 기반으로 지역 상권 활성화를 목적으로 하는 지역경제 시스템으로서 작동이 가능하다는 것을 보여주었다.

신경제재단(NEF)[8]의 던컨 매캔(Duncan Mccann)[9]은 중앙집중적 바우처형 지역화폐를 도입한 어떤 지역도 정부의 재정 지원 없이 독자적으로 운영되는 곳은 없다고 말한다. 민간 중심으로 운영되는 브리스틀파운드도 시정부가 지방세를 지역화폐로 납부받고 브리스틀사무국 운영비용을 지원해 준다고 했다. 브리스틀파운드 유형의 지역화폐는 정부 지원에 크게 의존할 수밖에 없다고 하며 대안 화폐로서 지역화폐는 많은 한계가 있을 것이라고 진단했다. 그는 가장 안정적이고, 독립적으로 운영할 수 있고, 지역기업 간의 상호연관성을 높일 수 있는 지역화폐는 상호신용과 바우처형이 혼합된 새로운 '하이브리드 유형(hybrid model)'이라고 주장했다. 또 '하이브리드 유형'이 타임뱅크와 같은 상호신용형 지역화폐의 규모와 유통 범위에서 혁신적 변화를 이루었고, 이를 통해 지역화폐가 지역순환경제를 목적으로 하는 수단으로 작동될 수 있을 것이라고 말했다. 이탈리아의 '사덱스(Sardex)'의 경우, 3000여 개의 비즈니스 멤버가 참여 중이고, 1000만 유로(131억 4000만 원)의 거래가 발생한다. 하이브리드형 지역화폐는 기업과 기업 간 교환(Business-to-Business, 이하 B2B)

---

8) NEF(New Economics Foundation)는 '사회·경제 및 환경 정의'를 장려하는 영국의 싱크탱크다. NEF는 '균등·다양성 및 경제 안정성에 기반한 새로운 부 생성 모델'을 위해 제임스 로버트슨(James Robertson) 등의 TOES(The Other Economic Summit) 설립자가 1986년 설립했다. 런던에 50명의 직원이 있으며 다양한 수준에서 활동한다. NEF의 프로그램에는 복지, 자체 측정 및 평가, 지속가능한 지역 재생, 자체 형태의 재무 및 비즈니스 모델, 지속가능한 공공서비스 및 기후변화의 경제에 대한 것이 있다. 우리나라에 널리 알려진 것으로는 각국별 행복지수 발표로 유명하다.

9) 부산시의회 국외연수단이 신경제재단을 방문해 만난 지역화폐 연구자다.

을 기반으로 하고 교환에 참여하는 기업들의 고용인에게 지역화폐를 지급하면서 사용이 확장되는 구조다. 던컨은 브리스틀파운드 CLC는 B2C(Business To Consumer)에 의존하고 B2B로 전환되는 데 한계가 있다고 지적하며, 거래량이 늘어날수록 거래비용이 비례로 증가하고 기부금으로 운영비 60%가량을 충당하는 상황에서 정부의 재정 지원 없이는 지속적 발전이 어려울 것이라는 어두운 전망을 내놓았다. 그러나 던컨은 브리스틀파운드를 도입할 때 경제적 효과를 중심으로 홍보한 것이 아니라 지역화폐가 가지는 사회적 가치에 대한 의식 변화에 집중했음을 강조했다. 브리스틀과 인근 지역까지 100만 명 인구 중 2000여 명밖에 이 화폐를 사용하지 않지만 이들은 지역에 대한 자부심이 매우 높고, 지역화폐 사용으로 인해 지역에 대한 사랑과 행복감 등 만족도가 높아졌으며, 지역의 여러 가지 일에 매우 적극적으로 행동한다면서 경제적 가치 이상의 공동체적 가치를 높이 평가했다.

2) 브리스틀파운드의 발행 배경

브리스틀의 지역화폐 논의는 2003년도부터 시작되었다고 한다. 자동차 유류 비용이 지불 방식에 따라 더 많이 발생할 수 있다는 연구 결과에, 유류비 지불 방법을 개선하고자 지역 내에서 공급 체인을 조직화한 것이 지역화폐 발행의 단초였다고 한다. 2008년 리먼브라더즈(Lehman Brothers)발 금융위기가 발생했을 때 브리스틀을 비롯한 많은 영국의 지역은 어려움을 겪었고, 지역경제 활성화에 대한 필요성이 제기되었다. 브리스틀이 지역화폐를 도입하려 했던 목적은 크게 두 가지인데, '지역경제 활성화'와 '환경에 좋은 영향'을 줄 수 있다는 것이다.

지역경제 활성화를 위해 공급 사슬(supply chain)을 지역화하고, 순환경제를 활성화해 더 많은 부(富)가 브리스틀 시내에 머무르게 하자는 것이 목표였다. 지역 내에서의 일자리 창출 또한 목적으로 한다. 또 지역화폐 사용은 큰 기업과 작은 기업 간의 경쟁에서 작은 기업의 네트워크를 활용해 공정한 경쟁을 이룰 수 있다. 이민자와 같은 지역 내 취약계층 사람들에게도 공정한 기회를 제공하고, 탄소 배출을 줄일 수 있다는 것이다. 브리스틀 시민활동가들이 지역화폐를 통해 달성하고자 한 목표를 세 가지로 정리하면 첫째, 지역경제를 활성화하는 것, 둘째, 환경친화적 경제를 활성화하는 것, 셋째, 지역사회 내 열린 경제(공정한 경제)를 표방하는 것이었다. 브리스틀파운드가 유통되면 주로 사용할 기업은 지역에 기반을 두고 있기 때문에, 그들에 의해 지역경제가 움직이고 부의 역외 유출을 막으며, 지역 안에서 돈이 환류됨으로써 지역경제 순환성이 더욱 높아진다는 것이다. 브리스틀파운드의 또 다른 이점은 지역화폐 사용에 대한 데이터를 수집할 수 있어 그 데이터를 활용해 지역경제의 여러 상황을 파악할 수 있다는 것이다. 가령 브리스틀파운드의 재정적 자립과 자생력 발휘를 위해 핵심 역할을 하는 비즈니스 멤버십(business membership)에게 어떤 서비스 패키지를 제공하면 지역화폐의 순기능으로 꼽히는 경제적·사회적·환경적 목표를 충족시켜 줄 것인가에 대해 지역의 브리스틀대학교(University of Bristol)와 공동연구를 진행한 바 있다(University of Bristol, 2019).

브리스틀파운드사무국(Community Interest Company, CIC)의 담당자 다이애나 핀치(Diana Finch)는 브리스틀파운드가 가장 중점을 두는 것은 소상공인들 간의 네트워크, 지역 상인과 시민 간의 네트워크를 만들어내는 것이라고 말했다. 영국 지방 경제의 문제점은 대로 주변의 중심가가 지역 외부의 자본에 잠식되어 소상공인들이 설 자리가 점점 사라지는 것이었다. 이런 환경에서 골목의 정육점이라든지 채소 가게들은 모습을 감추었다. 지역공동체의 중심은 골목의 작은 상점들이며, 대로변에 있는 지역 외부의 자본들은 지역공동체를 대변하지 못한다고 그녀는 말했다. 예전의 브리스틀은 가게를 운영하는 스미스 씨가 3~4개월 가게 문을 닫게 되면 이웃들은 "스미스 씨에게 무슨 일이 일어났나?" 하고 걱정할 정도로 지역관계망이 잘 형성된 도시였다. 지역의 관계망에 의해 지역공동체가 잘 형성되면 지역에서의 소비가 자연스럽게 활성화[10)]

된다고 한다. 브리스틀파운드가 영국의 다른 곳의 지역화폐와 다르게 독특한 실험적 방식으로 시도되었고 유명해진 것도 지역공동체가 잘 형성되어 있었기 때문이다.

3) 브리스틀파운드의 작동방식

브리스틀파운드는 비즈니스 멤버가 가맹점으로 등록하면 폐회로(closed loop)로서 그 사이에서 작동된다. 비즈니스 멤버는 브리스틀 지역에 기반을 둔 사업자(카페, 음식점, 단독 거래자, 다양한 비즈니스 서비스 제공하는 기업들 등)들로서 네트워크가 조직된 후 플랫폼상에서 커뮤니티를 형성해 브리스틀파운드를 거래의 일부로 사용한다. 이 비즈니스 멤버들은 2019년 약 570명 정도이며, 대형 사업자들은 회원으로 가입할 수 없으나 제한적으로 브리스틀사무국의 허락하에 가입할 수 있다.

1500명의 개인 회원(individual members, 구매자)은 지류 화폐나 온라인 거래 또는 SMS를 통해 가맹점(비즈니스 멤버)에서 사용한다. 브리스틀파운드를 사용하려면 먼저 결제 금융기관에 전용 계좌를 개설해야 쓸 수 있다. 종이 화폐든 전자식 결제 방식이든 자금인출은 해당 계좌를 통해 이루어진다. 브리스틀파운드는 지류보다 계좌이체와 같은 온라인 방식으로 사용되는 비율이 90%가량을 차지한다. 이 때문에 가난하거나 집주소가 없는 이민자나 난민 등의 경우는 은행계좌를 개설할 수 없어 지역화폐를 사용하지 못한다. 브리스틀은 한국과 같은 주민등록제도가 없어 전기세고지서, 세금고지서, 여권 등으로 신분을 확인할 수 있어야만 은행계좌를 개설할 수 있기에 누구나 사용할 수 있는 화폐가 되기에는 많은 장애가 있다.

비즈니스 챔피언스(business champions: 조력자·전문가 그룹)는 지역화폐가

---

10) CIC 담당자 다이애나는 '활성화'라는 말보다 "창조된다"라는 표현을 사용했다.

그림 4-1 브리스틀파운드 작동방식

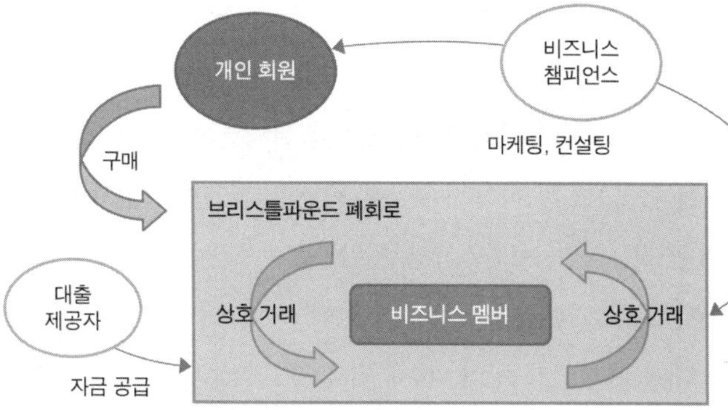

자료: 브리스틀파운드사무국(CIC) 자료 참고해 작성.

원활하게 작동되도록 가맹점에 정보를 제공하고, 브리스틀파운드를 이용한 마케팅, 고객 응대 교육, 거래 활성화를 위한 네트워킹 등의 일을 하며, 개인 회원에게 다양한 정보를 제공하기도 한다. 그러나 담당자의 말에 의하면 최근 활동은 도입 시처럼 왕성하게 이루어지지 않는 것으로 보인다.

4) 브리스틀파운드의 운영 주체

브리스틀파운드사무국은 지역화폐 사업을 총괄 운영하는 기관이다. 이들이 수행하는 주요 업무는 종이 화폐 발행·관리, 브리스틀신용협동조합과의 협조를 통한 결제 시스템 관리, 가맹점과 환전소[11] 개설과 홈페이지 운영, 브리스틀파운드 홍보마케팅 등이다. 브리스틀파운드사무국은 우리나라의 사회적기업과 같은 형태인 민간단체로서, 대표를 비롯해 임원들 모두 파트타임으로 근무한다. 대부분이 무보수로 일하며 사무실은 창업 기업의 인큐베이터 역할을 하는 브리스틀역 앞의 공유 오피스 '엔진 셰드(Engine Shed)'에 위치해 있

11) 캐시 포인트(Cash Point)라고 하며, 지정된 가맹점에 환전 업무를 수행한다.

다. 브리스틀파운드사무국은 사업 수행을 위해 시청에서 지원받는 보조금과 수수료, 기부금으로 운영된다. 시청에서 지원하는 보조금은 연간 5만 파운드 정도이며, 수수료는 비즈니스 회원의 경우 온라인 거래는 1%, SMS거래는 2%인데, 최대 1파운드의 수수료를 받는다. 그러나 전자결제 시스템을 운영하는 브리스틀신용협동조합에 그 이상을 지불한다. 신입 회원이 가입하면 약 13파운드의 수수료를 지불한다. 브리스틀사무국은 필자가 방문했던 2019년 기준, 현재의 거래량 가운데 거래비용으로만 한 달에 약 300파운드의 손실이 발생한다고 한다. 다이애나는 기부금에 대해 답을 회피했는데, 운영비의 60%가 기부금이라는 던컨의 말로 추정해 볼 때 자체적으로 사업을 운영할 수 없는 구조이므로, 거래량을 늘리는 것과 더불어 그 비용을 낮추는 것이 핵심 과제일 수밖에 없다.

브리스틀파운드의 또 다른 운영 주체는 브리스틀신용협동조합(Bristol Credit Union, BCU)이다. 브리스틀신용협동조합(이하 브리스틀신협)은 오랫동안 가난한 이웃들의 금융 소외 문제를 해결하기 위해 헌신해 온 대표적인 지역밀착형 금융기관이다. 지역사회 발전에 기여해야 한다는 협동조합의 사명과 지역화폐 발행을 통해 예금액도 증대하면서 수익성 개선에 도움을 줄 수 있다는 기대로 브리스틀파운드 사업의 중요한 파트너가 되었다. 브리스틀신협은 브리스틀파운드가 도입되기 2년 전에 설립되었다. 브리스틀신협은 지역화폐 사업에서 전초기지 같은 역할을 담당하며 계좌 개설 업무와 지급결제서비스인 전산시스템 운영으로 브리스틀파운드를 시작·확대했다. 브리스틀파운드와 영국의 법정화폐를 1대1로 교환하고 예금을 보호함으로써 그 신뢰성과 안정성을 보장하는 역할, 그리고 사용자에 대한 친절한 상담자로서의 역할도 수행한다. 또한 브리스틀신협에 계좌를 개설한다는 것은 곧 신협의 조합원이 된다는 것을 의미한다. 브리스틀파운드 사용자들이 경영에 적극적으로 참여할 수 있도록 투표권을 부여하고, 예치금을 활용한 저금리 융자 사업도 하고 있다.

지역화폐 사업에서 시중은행과 신용협동조합의 운영자로서 어떤 차이가

그림 4-2 브리스틀파운드 통화 흐름도

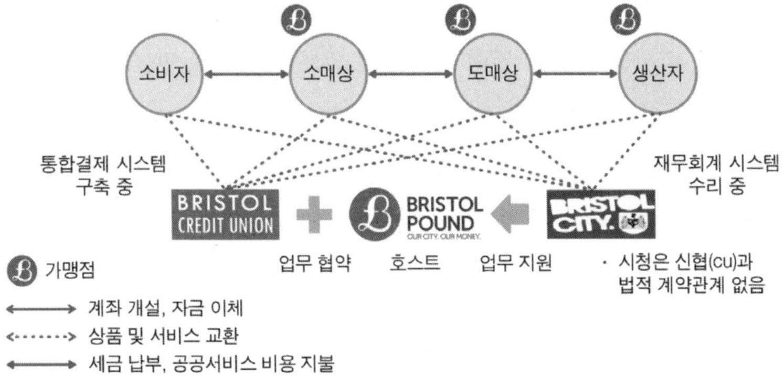

자료: 새로운사회를여는연구원(2014).

있는지 물어보았다. BCU중앙지점 대표는 브리스틀신협이 금융 업무의 숨겨진 비용이나 이자 등에 대해 공정하게 알려주고 있으며, 대출 등의 업무에서 시중은행은 이윤극대화 논리로 작동되지만, 신협은 관계뱅킹적 성격이 강해 지역 상권을 살리기 위해 낮은 이자율(0.25%)로 대출하는 등 투명하고 윤리적이며 지역경제를 위하는 기관이라고 말했다. BCU 지점 대표는 "대출받은 사람이 고의로 돈을 갚지 않는 경우는 없다고 생각한다. 대출을 갚지 못한다고 해서 그를 공동체에서 제외시킬 수는 없고, 이는 신협의 정신에 어긋나는 것이다"라고 말했다. 지역 자선기관이나 지역정부를 거쳐 저신용자를 대상으로 하는 지원책을 알려주는 등 상환할 수 있도록 도와주려고 노력하는 것이 최상의 위험관리라는 것이다.

브리스틀 시청과 시의회는 브리스틀파운드의 중요한 조력자로서 역할을 한다. 시장이 솔선수범해서 지역화폐로 임금을 받고, 지역화폐로 지방세를 납부하도록 허용했으며, 택시와 버스와 같은 대중교통수단과 연계한 점 등 브리스틀은 다양한 방식으로 지역화폐를 지원했다. 또한 브리스틀과 시의회는 브리스틀파운드사무국이 원활히 운영될 수 있도록 사무 공간과 연간 5만 파운드(원화 약 7500만 원)를 지원하는데 시장이 바뀐 후 2년간 지원이 끊겼지만

2019년에 다시 연간 5만 파운드 지원을 하기로 협의되었다. 하지만 향후 계속적인 지원이 약속된 것은 아니다. 최초의 민선 시장인 조지 퍼거슨(George Ferguson) 전 시장의 경우, 급여 전액을 브리스틀파운드로 받는 등 지역화폐를 전폭적 지원한 것으로 유명하다. 그는 또한 지역화폐와 세금을 연계하는 정책, 즉 사업소득세(business rate)의 일부[12)]와 대표적 지방세인 주민세(council tax)를 브리스틀파운드로 받기 위해 시스템을 정비했고, 세수로 거둬들인 브리스틀파운드를 간호·요양 및 복지 지원금 등 다양한 공공서비스 영역에 활용하는 방안도 함께 추진했다. 그러나 현재의 시장은 브리스틀파운드로 월급을 지급받지 않으며, 구체적인 추진 계획은 없다.

브리스틀파운드의 마지막 운영 주체로 가맹점을 들 수 있다. 가맹점은 불특정 다수로부터 브리스틀파운드를 받고, 그들 간에 거래하는 사용자로서 브리스틀파운드를 활성화하고 그 목표를 달성할 수 있게 하는 가장 중요한 역할을 한다. 가맹점은 네트워크로 조직되어 플랫폼상에서 받는 다양한 서비스 혜택을 통해 비즈니스 멤버로서 남는다. 가맹점으로 가입해 얻을 수 있는 서비스는 사용자 지원(personal support)으로 브리스틀파운드의 가치와 기능을 이해시키고, 비즈니스에서 어떻게 구현할 것인지 그 방법을 알려주며, 고객 응대 교육과 브리스틀파운드로 협력할 수 있는 기업에 대한 정보를 제공해 준다. 네트워킹 이벤트와 소셜미디어를 통한 홍보, 스마트폰 앱 결제와 온라인 결제 등의 다양한 결제 시스템 제공과 함께 브리스틀파운드를 받는 곳이라는 안내 표지판, 브리스틀파운드 소식, 전화번호부와 온라인 디렉토리 등을 제공한다. 그런데 연구 결과를 보면 이 같은 다양한 편익에 대한 만족감은 높지 않다(University of Bristol, 2019). 그 이유는 다양한 편익들이 원활하게 실행되고 작동하기에는 사용자가 이해할 시간이 부족했으며, 사용의 용이성이나 편의성이 부족했기 때문이다. 다양한 지원책이 있기는 했으나 바쁜 일정과 많은

12) 예컨대 직접소유 여부와 상관없이, 사업용 부동산을 통해 소득을 올리는 사업주에게 징구하는 세금이 있다.

의사소통 속에서 그다지 관심을 끌지 못했고, 따라서 지역화폐를 받고 사용하는 불편함을 충분히 극복할 유인으로 작동하지 못한 것으로 보인다.

3. 브리스틀파운드 평가와 전망[13)]

1) 전문가(Pro)적이고 반대적(Anti)인 이미지

브리스틀파운드사무국의 다이애나는 변화를 위해 마케팅에 더 많은 노력을 기울이는 것이 가장 중요하다고 강조한다. 그녀는 이것을 빵에 바르는 새까만 스프레드 마마이트[14)]에 비유했다. 마마이트는 특유의 강한 향으로 영국인들 사이에 호불호가 극명하게 갈리기에 흑백논리를 설명할 때 자주 등장하고는 한다. 브리스틀파운드가 소상공인 중심이니 '대기업들은 나빠'라는 사고를 하게 되었고, 이러한 사고와 그로 인한 정책이 지금의 정체기를 맞게 된 중요한 이유가 아닌가 진단했다. 그녀는 개인 멤버 1500명 중 18%가 경제학자(박사) 등의 전문가(지역화폐 이념적 애호가)인 점을 지적했다. 전문가 그룹의 비중이 높다는 것은 지역화폐에 대한 파급력이 오히려 적을 수 있다는 것이다. 영국의 지방에는 슈퍼마켓이 네 개의 등급[15)]으로 나눠지는데, 가장 낮은

---

13) 평가는 브리스틀사무국의 담당자 다이애나와의 면담 내용을 정리했다.

14) 마마이트는 양조 과정에서 얻은 이스트 추출물을 분해·농축해 만든 스프레드(spread)이다. 1902년 영국에서 처음 생산된 마마이트는 본래 특정 상품명이었으나 오늘날에는 이스트 추출물로 만든 스프레드의 대명사처럼 쓰인다. 끈적끈적하고 검은색에 가까운 갈색이 돌며 짠맛과 발효식품 특유의 강한 향이 특징이다. 이로 인해 마마이트는 영국인들 사이에서도 호불호가 극명히 갈리는 음식이다.

15) 영국의 슈퍼마켓은 가격과 품질로 볼 때 웨이트로즈(Waitrose) > 마크스&스펜서(Marks&Spencer) > 세인즈버리(Sainsbury) > 테스코(Tesco)로 볼 수 있다. 테스코는 식품부터 시작해 간단한 생활용품을 저렴하게 판매하는 영국 최고의 유통업체라고 할 수 있다. 영국 어디에서나 쉽게 볼 수 있는 매장이다. 우리나라와 달리 대형 할인 마트뿐

그림 4-3 브리스틀파운드 지폐의 디자인과 반대기업적 내용의 벽화

* 최초로 발행된 지류형 브리스틀파운드(위, 행정안전부 자료), 변경된 지류형 브리스틀파운드(아래 왼쪽)와 "93% of local people say no to Tesco" 및 "THINK LOCAL"이 쓰여 있는 벽화(아래 오른쪽, 필자 촬영).

만 아니라 작은 규모의 매장도 찾아볼 수 있다. 세인즈버리는 가격 대비 품질이 좋은 상품을 판매하는 슈퍼마켓이다. 값은 테스코보다 조금 높은 편이며, 대형 또는 작은 로컬 매장도 있다. 마크스&스펜서는 높은 품질의 제품을 판매한다. 웨이트로즈는 영국 왕실에 식품을 납품하고 있을 정도의 고급 슈퍼마켓이다. 식품의 질이 좋고 신선하며, 유기농 식품을 판매하고 있어 다른 슈퍼마켓보다 판매 가격이 높은 편에 속한다.

등급(Tesco)을 사용하는 대다수 사람들은 지역화폐를 사용해 '지역경제에 어떠한 도움을 줄 수 있는가'를 생각하며 의식적으로 소비를 하지 않는다는 것이다. 보통 사람들은 지역화폐 가맹점에서 구매하는 소비활동에 대해 지역경제에 기여했다는 점보다는, 낮은 가격으로 편하게 물건을 샀다는 데 더 중요한 의미를 둔다. 가치를 부각하는 전문가(PRO) 중심의 홍보는 대중적으로 성공하기 어렵다. 또 실제로 지역경제에 가장 영향을 미치는 것이 대기업인데, 대기업은 다 나쁘다는 생각과 반(反)대기업적 홍보로 인해 브리스틀파운드가 활성화되는 데 많은 한계가 있는 것으로 보인다. 이러한 평가하에 지류 화폐를 다시 디자인해 로고, 색상, 문양 등을 바꾸었다. 이전 지류 화폐가 전문적인 느낌에 반하는 느낌을 주어 반(反)대기업 정서를 보여준 데 비해 새로운 지류 화폐의 이미지는 부드러워졌다. 홍보의 핵심 내용도 대기업을 반대한다는 내용보다 지역화폐가 이웃인 "소상공인을 지원"하는 것으로 변화되었다.

2) 결함 있는 결제 시스템과 높은 거래비용

획기적인 아이디어로 시작한 브리스틀파운드는 참신함과 공정한 이미지로 발행 초기에는 빠른 성장을 이루었나 확장하는 데 점점 한계를 드러내기 시작했다. 주요 사업파트너인 브리스틀신협은 자금력이 풍부하지 않았고, 결제기반 시스템은 낡고 오래된 것이라서 쓰면 쓸수록 오히려 적자가 발생했으며, 다른 지불수단(예를 들면 중국의 경우 알리페이, 우리의 경우 카카오페이)은 편리하고 규모가 커지면 거래수수료를 줄일 수 있는데, 브리스틀파운드는 거래액이 적어 규모효과를 누릴 수 없었고 거래수수료를 더 이상 낮출 수 없는 한계에 직면했다.

브리스틀파운드는 지류 화폐와 온라인결제, 모바일뱅킹 세 가지로 이루어진다. 지류 화폐는 네 종류로 화폐순환을 높이기 위해 사용 기간을 발행일로부터 3년 내로 정했다. 지류 화폐는 다양한 위변조 방지 장치가 있어 발행비용이 높을 수밖에 없었다. 지류 화폐 사용량은 10%밖에 되지 않으나 사용량이 늘어나면 늘어날수록 비용도 함께 증가하는 문제점이 있다. 온라인 결제는 금융기관의 계좌이체와 동일하고 모바일결제 방식은 문자메시지를 활용했는데, 가맹점에서 물건을 구매했을 때 휴대폰을 통해 가맹점 이름과 결제금액을 문자로 작성해 발송하면 자동결제가 이루어지는 방식이다. 이러한 전자결제는 브리스틀신협의 결제 시스템으로 이루어지는데 그 자체로 낡은 방식이고 건별 비율로 계약해 거래액이 커져도 수수료 비용 부담을 낮출 수 없는 것이 문제였다.

(1) 가맹점과 네트워크의 확대

브리스틀파운드는 사용된지 4년이 지난 2015년 후부터 순환율이 떨어졌고 비즈니스 멤버는 더 이상 증가하지 않았다. 지역화폐 생애주기상 정체기에 들어섰다. 비즈니스 멤버가 증가하지 않는 이유는 첫째, 전자결제 시스템적 문제다. 전자화폐를 사용할 때 브리스틀파운드 시스템 자체의 한계가 있어 원활한 통화 유통에 장애가 생겼다. 둘째, 더 근원적인 문제로, 기본적으로 비즈니스 멤버들은 각기 거래처가 있기 때문에 해당 거래처가 브리스틀파운드를 사용하지 않으면 그 비즈니스 회원은 더 이상 브리스틀파운드를 사용할 수 없게 된다. 가령 프린트를 사용하는 업체가 잉크가 떨어졌는데 브리스틀파운드를 보유하고 있어도 잉크 회사가 브리스틀파운드 가맹점으로 등록되지 않으면 사용할 수 없다는 것이다. 네트워크 확대는 회원 수를 늘리는 것만을 의미하지 않는다. 지역화폐를 통해 기존 회원과 회원에 가입되지 않은 업체 간이라도 상호 도움을 받을 수 있도록 연결망을 어떻게 확대해 나가느냐가 핵심이다. 브리스틀파운드사무국은 처음에는 거래수수료를 얼마나 낮춰 주느냐에 집중을 했다면 이제는 네트워킹에 더 집중을 하게 되었고, 현재 주된 역할도 비즈니스 멤버에게 네트워킹과 마케팅에 대한 컨설팅을 제공하는 것으로 변화했다. 개인 회원과 비즈니스 회원은 2000명이지만, 브리스틀파운드와 연계된 사회적 관계망은 12.5배에 달하는 2만 5000명에 이른다. 회원 확장은 정체되었지만, 지역화폐와 관련된 사람은 여전히 증가하고 있다는 것이다. 브리스틀파운드가 현재의 정체를 극복할 핵심 전략은 화폐발행액 규모를 증가시키고 그 비용(수수료)을 낮추는 데 있다. 따라서 블록체인 기술을 활용한 플랫폼의 결제 시스템을 도입하는 것, 실물화폐가 아닌 전자지갑을 도입하는 것, 환경친화적 사업에 인센티브를 더 강화하는 등 창의적인 사업을 발굴하는 것을 계획하고 있다. 브리스틀파운드사무국은 브리스틀대학, 그리고 시 및 시의회와 지속적으로 협력하는 중이다.

지역화폐를 잘 아는 사람이면 누구나 브리스틀파운드를 알 정도로 세계적으로 유명한 지역화폐이지만, 브리스틀시에서 브리스틀파운드를 아느냐고 물으면 이름만 들어봤다고 하는 사람이 많을 정도로 보편적으로 거래되고 있지는 않다. 그러나 브리스틀은 10년 가까이 자생적으로 시스템을 유지해 왔다. 지역화폐 사용이 더 많은 편익을 줄 수 있도록 관계망을 넓혀가면서 기술 환경 변화에 따라 시스템을 개선하고 있다.

4. 인천지역화폐 '인천e음' 사례

1) 우리나라 지역화폐 도입 현황

우리나라의 지역화폐도 소규모 지역공동체에서 회원들 간에 재화와 서비스를 교환하는 상호교환형 지역화폐에서 시작되었다. 1999년 대전시의 품앗이 한밭레츠에서 노동력 교환 수단인 '두루'를 사용한 것이 최초의 지역화폐라 볼 수 있다(최준규 외, 2016). 이를 시작으로 여러 지방자치단체가 조례를 제정해 지역화폐를 발행하기 시작했고, 2020년 9월 전국 243개 지방자치단체 중 총 228개 지방자치단체(93.8%)가[16] 지역화폐를 발행한다. 그 발행 규모도 2015년 892억 원에서 2019년 3조 2000억 원, 2020년 9월 시점에 9조 원으로 증가했다. 증가세를 볼 때 가히 '지역화폐 전성시대'이다. 각 지역마다 지역화폐의 유형은 차이가 있지만 카드 유형이 가장 많고(228개 지자체 중 광역 6곳, 기초자치단체 78곳) 지류형도 기초자치단체 64곳이 발행 중이며 모바일과 카드, 지류가 모두 복합적으로 발행되는 곳도 있다. 정부주도형인 우리나라 지역화폐는 지방자치단체가 지역화폐 발행 규모를 결정하고 발행위탁기관과 협약을 체결해 발행한다. 발행기관이 판매 대행점에 공급하고 이를 구매한 주민이 지역 내 개별 가맹점에서 구매해 개별 가맹점에서 사용한다. 지방자치단체는 지역화폐를 환전하는 역할을 한다.

2) 인천시 지역화폐 '인천e음'

인천은 2018년도 인천 지역경제 활성화를 위해 모바일앱 선불카드가 결합된 전자상품권을 만들었고, 2019년 5월 서구, 6월 연수구를 비롯해 10개 구군이 발행한다. 2020년 한 해 인천 시민이 지역화폐를 구입한 총충전액은 2.49조 원이며, 인센티브로 지급받은 캐시백과 재난지원금 등의 정책발행액은 총 3조 원에 달한다. 그중 2.94조 원이 지역에서 소비되었다. 특히 인천시 서구는 최단시간에 발행액 1조 원 발행이라는 대기록을 달성했고, 지역화폐 발행 가능한 인구[17] 46만 명 중 39만 명이 넘는, 90%에 해당되는 구민들이 지역화폐를 사용한다. 인천지역화폐 도입 목적은 인천이 역외소비율 전국 최고라는 문제를 해결하기 위한 방안이다. 지역에서 서울로 자본이 유출되는 것을 막기

---

16) 현재 지역화폐 발행 지방자치단체의 수는 과대평가된 것으로 보인다. 가령 부산의 경우, 부산시 기초자치단체 중 동백전을 발행하는 곳은 동구와 남구 두 곳뿐이며, 그 이외 16개 구군은 동백전 사용 범위에 불과하다. 그러나 이 16개 구군 또한 지역화폐를 발행하는 곳으로 계산되었다(이경아, 2020: 24). 지자체별 지역화폐 발행 종류(지류, 모바일, 카드) 중 유형이 중복되는 경우와 서울을 제외하면, 실제로 지역화폐를 발행하는 곳은 158개 지자체(광역과 기초)다.

17) 인천시 지역화폐 발급대상은 14세 이상의 인천 시민이다.

위해 역내 소비율을 높이는 것과 사업자 카드를 발행해 지역 내 B2B 거래(기업 간 거래)를 활성화해 원자재 조달-제조-판매-소비의 선순환구조를 이루기 위함이다. 인천의 인천e음은 국내외적으로 성공한 지역화폐로 평가받는다. 인천지역화폐가 성공한 이유는 무엇일까? 인천지역화폐의 특징은 세 가지로 정리할 수 있다. 첫째, 중층구조라는 광역단체와 기초지자체 간 협업 가능한 시스템이 구현된다는 것, 둘째, 단순 결제 시스템을 넘어 쇼핑몰, 배달 앱, 공유 경제몰, 쿠폰 발행 등의 사용자를 위한 다양한 편익 시스템을 갖추었다는 것, 셋째, 중층구조를 넘어 업종별·동네별·전통시장 등 상점가별로 다층구조화가 가능한 운영 구조를 갖추었다는 것이다. 아울러 지방정부와 시민사회단체의 노력, 민관협치가 성공의 열쇠로 꼽힌다.

3) 중층구조의 구현

'중층구조'를 이해하기 위해서는 지역 계층성에 대한 이해가 선행되어야 한다. '지역'은 우리가 생활하는 마을이나 취락과 같은 좁은 공간적 범위부터 지방자치 단위의 범위를 넘어 권역 그리고 국가, 더 나아가 지구 규모 수준에 이르는 몇 개의 층위가 겹쳐진, 중층적 구조를 가진 인간 사회의 공간적 범위다. 이들은 각각의 계층별로 독자적인 법칙성이 작동한다(오카다, 2016). 가령 한 국가의 실업률이 5%라고 해도 지역별로 보면 전국 평균을 크게 상회하거나 낮게 나타나기도 한다. 각 지역마다 독자적인 성격을 가지고 움직이기 때문이다. 지역은 퍼즐을 맞추는 것과 같이 평면적 조합이 아니라 상호 영향을 주고받으며 일반성을 갖는 동시에 특수성과 개별성이 드러나기도 한다. 즉, 광역 단위의 지자체도 구군 단위 또는 작게는 동 단위로 계층을 이루며 서로 다른 특성을 가진다.

지역화폐의 발행과 운영에서 사용 단위를 광역 단위로 정하고 일률적으로 적용한다면 구군 단위 또는 작은 지역 단위의 개별성과 특수성을 반영하기 어려워진다. 따라서 지역화폐에서 중층구조란 광역지자체와 기초지자체 간의 협업을 통한 상생 시스템으로서 광역과 기초단체의 역할 구분을 의미한다. 광역시는 기본 인프라를 제공하고 시스템 구축 운영비를 부담하면서, 기본 인센티브를 제공하고, 기초자치단체는 광역의 인프라를 활용해 자체 실정에 맞는 인센티브를 제공하거나 지역화폐를 이용한 다양한 정책을 집행할 수 있다.

인천시가 지역화폐의 중층구조를 실현한 사례를 살펴보면 다음과 같다. 인천시 지역화폐는 그 사용 공간이 인천시 전역이다. 기초자치단체에서 지역화폐를 별도로 발행하더라도 해당 구에서만이 아니라 타구에서도 사용할 수 있다. 다만 기초자치단체에서는 추가로 인센티브를 지급하거나, 지역의 몰을 제작·운영하면서 지역의 특색 있는 사업을 진행할 수 있다. 연수구는 최초로 지역화폐를 발행한 2019년 7월 연수구 내에서 사용하는 경우 5%의 추가 인센티브와 11%의 캐시백을 제공했고, 자영업자와 소상공인을 위해 카드수수료를 전액 지급했으며,[18] 온오프라인 마케팅을 지원했다. 연수구는 이어서 2020년에 혜택플러스가맹점을 모집해[19] 특화카드를 도입했으며[20] 지역화폐 플랫폼을 활용한 배달 앱을 준비 중이다.

인천시 서구의 경우도 다양한 기획을 선보였다. 지역화폐를 서구 내에서 사용할 경우 초기 4%의 캐시백을 추가로 지원했고, 시즌 1에서 지역화폐 사용자 확대와 시스템 정착에 주력했다면 시즌 2에는 서구만의 독자적인 플랫폼을 강화했다. 가령 혜택플러스가맹점 확보, 서구 특별상품관 구축, 지속적 발전을 위한 기부 기능 추가, 지역축제와의 연계, 소상공인 중심의 가맹점 조

---

18) 소상공인과 자영업자는 지역화폐 사용 이전에 현금으로 주로 거래했다. 지역화폐 사용이 활성화되면서 현금 거래가 줄고 카드 거래가 늘었으며, 이는 소상공인의 매출액 증가로 이어졌다. 그러나 주로 현금 거래가 이루어지던 소상공인과 자영업자에게는 부담으로 작용해 지역화폐 사용에 부정적 반응을 보이기도 했다.

19) 가맹점 스스로 지역화폐 사용 시 가격을 할인하거나 쿠폰을 발행하는 것을 말한다.

20) 특정 지역 또는 업종의 가맹점과 특정 소비자가 협약을 맺어 약정된 소비자가 지역화폐를 사용할 때 추가적인 서비스(추가 캐시백 지급)를 하는 지역화폐 제도다.

직, 정책 수당과의 연계, 빅데이터 분석과 설문조사(앱 활용)를 활용한 지역경제 효과 분석 등 초기 붐 업을 통해 지금은 지역화폐 본연의 목적을 강화하는 방향으로 전환되었다. 그리고 배달 앱은 2020년 1월부터 서비스를 시작해 주문액 100억 달러를 달성했고 가맹점은 2458개, 1일 주문은 2000건을 넘어 점유율 15% 돌파하며 성공적으로 정착했다. 그리고 서구청은 시즌 3으로 친환경[21]과 공동체 강화[22] 프로젝트를 진행 중이다.

중층구조 구현은 지역의 계층성이라는 특성을 잘 반영할 수 있었을 뿐 아니라 광역 단위를 사용 공간으로 할 때 발행하는 '쏠림현상'[23]을 극복할 수 있었다. 서구에서 발행된 지역화폐 71%가 서구에서 사용되었으며, 연수구에서 발행된 지역화폐의 78%가 연수구에서 사용되었다고 한다. 광역시는 사는 곳과 일하는 곳이 불일치하고 생활단위가 기초 단위 구를 넘어서지만, 인센티브 차등과 맞춤형 서비스를 통해 구민이 자기 구에서 소비하도록 만든 것이다. 만약 광역 단위에 일률적으로 적용되었거나 기초 단위마다 별개로 작동되었다면 인천시 지역화폐가 성공적이었을까? 중층구조는 쏠림현상을 해소했을 뿐 아니라 비용의 배분으로 중앙집권적 발행 구조에서 발생할 수 있는 재정문제를 해소할 수 있었다. 광역지자체, 기초자치단체, 민간 가맹점, 소비자(기부)가 각자 운영비용을 분담해 지속가능성을 더욱 높일 수 있었다.

4) 사용자를 위해 다양한 편익을 제공하는 플랫폼

인천 지역화폐의 또 다른 특징은 플랫폼에 다양한 혜택을 추가해 사용자와

21) 생활 속 환경사랑 실천 활동(걷기, 자전거, 다회용 용기, 탄소 포인트)을 마일리지화해서 서로e음의 캐시백으로 지급한다.

22) '기부하는 나눔플랫폼' 구축(2020.12.7), 민원 소통 프로그램으로서 '소통 1번가' 오픈(2020.11.2), 서구의 문화예술정보 플랫폼 '문화나누미'와 연계해 통합 플랫폼으로 변화해 가는 것을 말한다.

23) '쏠림현상'이란 특정 지역에 사용액이 몰리는 것을 말한다.

공급자에 여러 가지 편익을 준다는 점이다. 가장 기본적인 결제 기능으로서 지역화폐 충전, 사용 내역 확인을 앱에서 할 수 있으며 전화번호만으로 수수료 없이 송금을 지원하는 간편 송금 기능, 인천시 소공인 전용 판매몰, 인천 시민들이 보유한 유무형의 자산(물건, 공간, 재능, 지식 등)을 거래할 수 있는 '공유경제 몰'을 플랫폼에 구축해 인천 시민 모두가 자유롭게 교류 가능한 터전을 만들었다. 카드 거래는 오프라인에서 가능하므로 온라인쇼핑몰 기능을 추가했는데, 지역화폐 플랫폼이 공공재로서 활용되도록 입점수수료와 판매수수료를 무료로 하여 소상공인의 비용 절감을 통한 수익 창출이 가능하도록 했다. 또 쿠폰 발행 기능을 추가함으로써 소상공인의 다양한 마케팅 활동이 가능하도록 마케팅 서비스를 지원했다. 이렇듯 다양한 편익 제공은 많은 사용자를 확보하게 했을 뿐 아니라 가맹점 스스로 다양한 혜택을 주는 서비스를 제공할 수 있게 도왔으며, 사용자와 가맹점(판매자)을 엮어 커뮤니티를 형성하도록 하여 골목 경제 활성화와 지역공동체 형성을 가능하게 했다. 다양한 편익을 제공하는 플랫폼은 중층구조 구현과 어우러져 더 큰 시너지효과를 낼 수 있었다. 〈그림 4-4〉는 사용자에게 다양한 편익을 제공하는 플랫폼과, 그것이 중층구조로서 계층적으로 도입될 때를 직관적으로 나타낸다.

광역시와 기초지자체를 연계하는 중층구조 도입은 연수구의 특화카드를 통해 공간적 계층과 다층적 구조로 확산될 수 있었다. 특화카드란 광역시와 구청의 중층구조를 기반으로 특정 지역(아파트) 또는 특정 그룹(대학, 단체 등)에만 통용하는 카드로, 특정 그룹과 관련된 지역 상권 또는 지역 가맹점을 모집해 추가 할인이나 추가 캐시백을 집중 지원한다는 것이다. 2020년 11월 연수구청과 인천시, 송도 글로벌캠퍼스푸르지오, 코나아이(운영대행사)는 MOU를 체결하고 입주자 카드를 특화카드로 발급했다. 그 배경은 대단지 아파트 주변의 상가에 복합 쇼핑센터가 들어서고 코로나19로 매출액이 급감해 폐업이 속출하는 데 있었다. 이 아파트 주민이 협약을 맺은 상가를 이용할 경우 특화카드로 2%(가맹점 자체로 1% + 1% 추가)와 '혜택플러스'를 통한 가맹점 자체

그림 4-4 다양한 서비스의 플랫폼과 중층구조

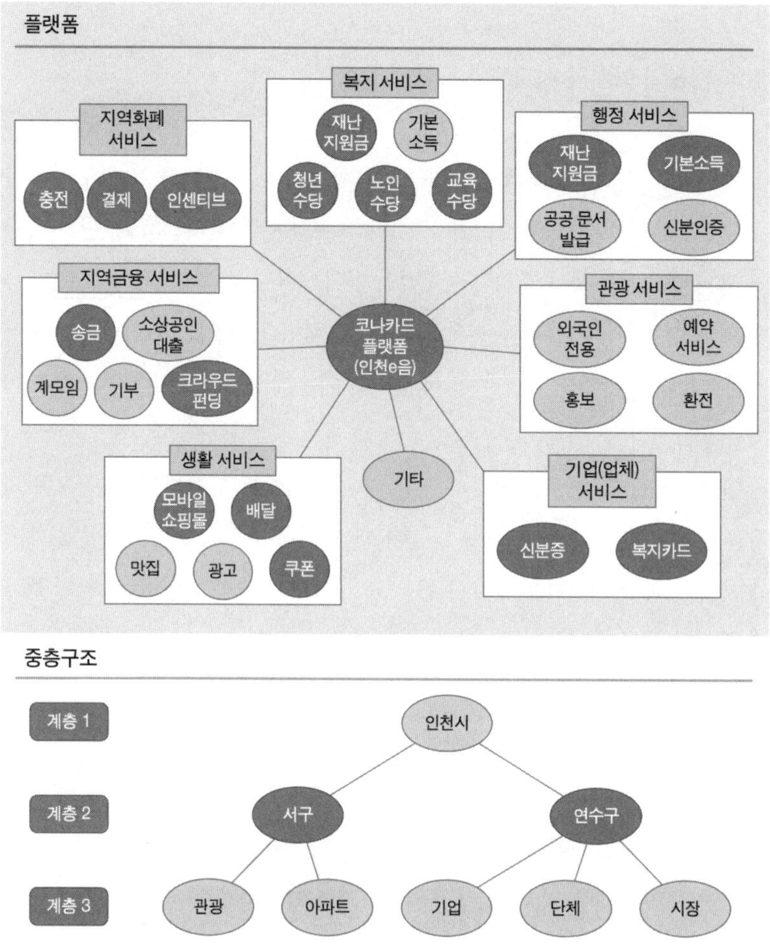

자료: 박정재(2020.10.27) 자료를 참고해 작성. 다양한 편익을 제공하는 플랫폼(위)과, 인천시의 중층 구조 구현(아래)을 나타낸 도표다.

할인 3~7% 및 추가 캐시백 7%(코로나19 재난지원 5%)를 지원받아 최종 22%(시 기본 지원 10% + 혜택플러스 최소 10% + 특화 추가 2%)의 할인 혜택을 적용받게 되는 것이다. 그런데 연수구가 특화카드 사업을 위해서 책정한 예산은 5000만 원에 불과하다. 다층적 구조는 참여자에 부담을 분배해 예산상으로도 도움을 준다.

5) 민관의 협치와 지자체의 노력

인천시 서구의 지역화폐 성공에는 민관협력을 통한 강력한 추진이 큰 역할을 했다. 인천시 서구는 2019년 4월 명예홍보대사[24]를 위촉했고, 민관이 함께 선거 캠페인을 하듯 구의 구석구석을 찾아가며 홍보캠페인을 벌였으며, 관내 단체 217개와 홍보 협약을 체결하고자 노력했다. 그리고 다양한 토론회를 거쳐 2019년 5월 2일, 1000여 명이 참석한 가운데 '서로e음' 발행선포식을 개최하기도 했다.

인천 연수구의 경우는 서구와 조금 다른 방법으로 진행되었다. 연수동 먹자골목 일대에 '차 없는 거리'를 만들어 '런칭 기념 코스프레 페스티벌'을 개최해 축제와 함께 지역화폐 홍보와 등록 및 사용하는 행사를 열었다. 당일 행사에 참여해 가입한 사용자만 2만 명 정도였다고 한다.

6) 캐시백과 네거티브 사용 범위 제한

전통시장에 사용되는 온누리상품권과 경기도 지역화폐 사용에 대한 인센티브는 선(先)할인 제도다. 인천시의 지역화폐는 사용자가 지역화폐를 충전하고 사용할 때 캐시백을 지급한다. 후(後)지급된 캐시백은 다시 'e음카드' 사용을 유도한다. 사용자에게 단발성이 아닌 반복적으로 지역화폐를 사용할 수 있도록 동기를 부여했다. 선할인보다 캐시백이 소비를 유도하는 데 더 큰 역할을 했다. 또 인천지역화폐(인천e음)는 사용을 제한한 곳을 제외하면 카드 사용이 가능한 모든 곳에서 사용할 수 있도록 하는 네거티브방식[25]을 도입했다. 사용할

24) 서구는 21명의 명예홍보대사를 위촉해 지역화폐를 설명했으며, 사용에 어려움을 겪는 고령자에게는 플랫폼 등록 및 카드 사용 등에 대한 내용을 알려주었다.

수 없는 곳은 일반 백화점, 자사 카드 발행 백화점, 대형할인점, 국산 신차 판매점, 중고 자동차 판매점, 수입 자동차 판매점, 중고 자동차 위탁판매점이며 서구의 경우 추가적으로 카지노, 유흥주점, 단람주점 등에서 사용할 수 없도록 한다. 경기도의 지역화폐가 연매출 10억 원 이하의 업소만을 가맹점으로 정한 것에 비하면 사용 범위가 넓다. 경기도 지역화폐가 소상공인 보호와 매출 증대에 방점을 찍은 것에 반해, 인천의 지역화폐는 지역 내 소비 활성화에 중점을 맞춘 것으로 보인다.

5. 브리스틀과 인천의 지역화폐가 부산 동백전에 주는 교훈

1) 부산 동백전, 무엇을 어떻게 평가할 것인가?

영국의 브리스틀과 인천을 돌아 이제 부산의 동백전을 살펴보고자 한다. 지난해 부산연구원은 가덕도신공항을 제치고 동백전을 최고의 히트 상품으로서 선정할 정도였지만, 부산시의회와 시민사회단체는 계속적으로 동백전에 문제점을 지적하며 부산시와 논쟁을 벌여왔다. 일부 언론은 1년 만에 1조 3000억 원을 발행하고 가입자를 87만 명이나 확보하는 성과를 보였는데 무엇이 문제냐며 "억지 흠집내기" 또는 "몽니 부린다"고 주장했다(≪헤럴드경제≫, 2020.11.17; ≪한스경제≫, 2020.11.20). 부산시 동백전은 과연 성공적이었는가? 동백전에 대해 무엇을 어떻게 평가해야 온당한 평가라 할 수 있을까? 언론의 보도처럼 발행액과 가입자 수로만 평가한다면 부산시가 목표로 했던 발행액(1조 원)을 달성했기 때문에 성공적이라 할 수 있다. 그러나 이것만으론 부족

25) 2020년 7월 2일 시행된 '지역사랑상품권 이용 활성화에 관한 법률' 제7조는 가맹점 등록을 지방자치단체의 조례로 정하는 바에 따라 등록하도록 하여 '네거티브방식'은 적용될 수 없게 되었다.

하다. 성공 여부는 지역화폐 도입 취지에 맞게 효과가 나타났는지와 그 효과를 얻기 위한 과정, 예산의 효율성, 변화(outcome) 등으로 평가되어야 한다. 그리고 브리스틀과 인천과 같은 사례에 비교해 볼 때 평가 대상과 기준이 더 명확해지고 먼 길을 돌아온 보람이 있다. 브리스틀은 바우처형 보조화폐 유형을 취하므로 광범위한 지역에서 사용할 수 있었고 폐회로로 작동되어 지역기업의 상호연관성을 높여 지역경제를 활성화하려 했지만, 사용처 부족과 낮은 사용 편익, 높은 거래비용으로 초기의 확대를 이어가지 못하고 정체기를 맞았다. 결국 가치부여만으로 지역화폐의 사용 확대를 가져올 수 없었던 것이다. 부산 동백전의 단기간 확산은 높은 인센티브만으로는 설명할 수 없고,[26] 보편화된 카드를 주된 결제 수단으로 사용해 편의성과 범용성이 높았던 점,[27] 네거티브방식의 사용처와 광역 단위로 유통되어 사용(유통)범위가 넓었던 점도 확산 성공의 주요한 요인이었다. 부산 동백전 사용 확대의 최소 성공 요건인 편의성과 범용성은 민과 관이 함께 꾸린 '부산시 지역화폐 추진본부'의 10차례 회의 중 시민단체가 치열하게 싸웠던 사항으로, 양보할 수 없는 마지노선이었다. '흠집내기', '몽니'는 합당한 주장일 수 없다.

2) 높은 캐시백 의존과 캐시백 중심의 홍보 및 관리의 한계

부산 동백전은 초기 발행 이벤트로 지급되었던 10%의 파격적인 인센티브(한도 100만 원)는 코로나19의 충격으로 2020년 5월 중순까지 지속되었다. 발

26) 결제 수단이 QR이었다면 가맹점 확보의 어려움, 사용의 불편으로 발행 목표를 달성하기 어려웠을 것이다. QR로 결제되는 제로페이가 동일한 인센티브를 지원해도 거래량이 많지 않았던 것을 볼 때 충분히 예측할 수 있다.

27) 2018년도에는 3000억이 발행되었는데 대부분 지류였으나 2020년도에는 지류와 모바일이 3.3조, 카드는 10조 원이다. 지류는 거의 사라지는 추세며, 모바일 QR 결제는 범용성 측면에서 열위에 있다. 인천e음은 결제 수단이 다양하지만, 그중 모바일결제는 1%도 되지 않는다.

그림 4-5 동백전 가입자와 실사용자

(단위: 명)

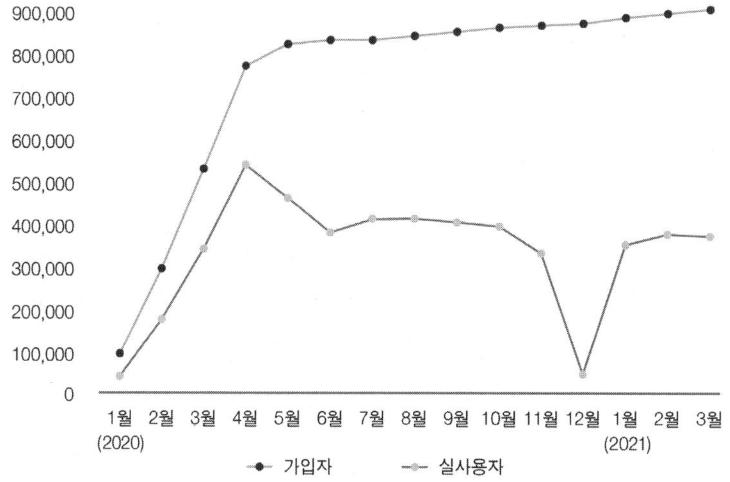

자료: 손지현·송지현·김민수(2020.10)

그림 4-6 동백전 충전액

(단위: 억 원)

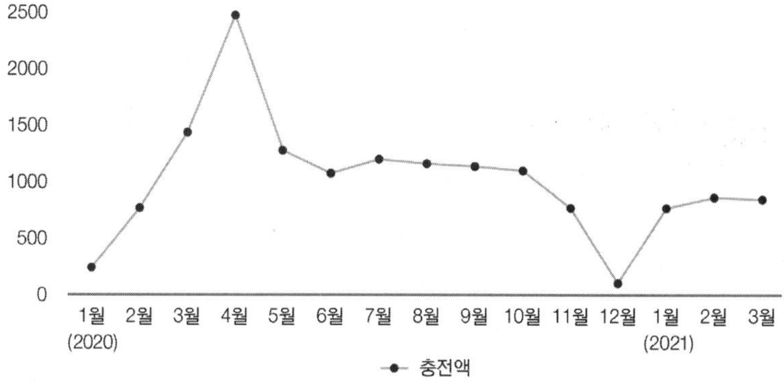

자료: 손지현·송지현·김민수(2020.10)

행 첫 달인 1월에는 9만 2000명 가입에 발행액 200억으로 실적이 저조했으나, 동백전은 입소문으로 빠르게 확산되면서 가입자 수가 2월부터 4월까지 월 20만 명 이상 증가했고, 4월에는 월 2458억을 충전(구매)했다. 그러나 인센티브와 한도가 줄었던 5월에[28] 발행액은 1200억 원대로 급감했고, 10월에는 1089억 원으로 감소했다. 예산 부족으로 2020년 11월 17일부터 연말까지 캐시백이 중단되자 충전액은 12월 82.6억 원으로 92.4% 감소했으며, 2021년 1월 캐시백 지원을 재개하자 738억 원으로 다시 증가했다. 동백전 실사용자는 2020년 4월에 54만 명으로 가입자 중 70%가 1번이라도 사용했지만, 12월에는 6%인 5만 명만이 1번이라도 사용했다.

동백전을 되돌아보면 동백전 정책 홍보는 10% 캐시백에 집중되었다. 소비자의 합리적인 소비 행위를 유인해 정책 효과를 얻는 것을 나쁘게 볼 이유는 없지만, 지역화폐 발행의 가치에 대한 공론화가 충분하지 않았던 점과[29] 부산시 행정의 초점이 캐시백 관리에 맞춰져 있었던 것은 예산 부족과 시민참여 동기 악화로 이어지는 한계를 드러냈으며, 참여와 동기부여를 위한 행정이 오히려 동백전의 지속가능성을 약화시키는 모순적인 상황이 발생했다(손지현 외, 2020.10). 지역화폐가 지역사회에 미치는 가치가 아무리 높다 하더라도 가치만으로 법정화폐를 지역화폐로 대체하기는 어렵다. 다른 나라의 지역화폐운동이 라이프사이클을 그리며 성장과 정체를 겪고 소멸했던 것은 지역화폐가 지속적으로 편익을 제공할 수 없었기 때문이라고 진단한다(University of Bristol, 2019). 브리스틀 역시 브리스틀시청의 제도적 지원과 사무국의 운영비 정도의 재정적 지원으로 힘들게 10년을 이어왔다. 브리스틀파운드사무국은 자립과 지속가능성을 위해 마케팅과 네트워킹에 주력한다.

인천e음(특히 서구의 서로e음)은 동백전에 시사하는 바가 크다. 중앙정부의 파격적 지원이 있을 때 이를 마중물로 활용해 사용자와 가맹점에 다양한 편익

---

28) 2020년 5월 1일부터 캐시백 지원 한도를 월 100만 원에서 50만 원으로 줄이고, 캐시백 지원율을 10%에서 6%(10만 원까지는 10%, 그 외는 5%로 차등)로 조정했다.

29) 부산시는 지역화폐를 추진하는 과정에서 단 한 차례의 공론화 자리를 마련한 바 없다. 반면 부산시의회(민생경제특별위원회)와 시민사회단체는 지역화폐 도입을 추진했던 2019년 전문가토론회 '부산시민 지역화폐 원탁회의' 등 다양한 공론의 장을 마련했다.

을 제공하는 서비스를 구축했고 그 서비스는 하나의 지역화폐 플랫폼 안에서 일원화되어 있다. 인천시 서구의 시즌 2~3에서 시행되는 모든 서비스가 지역화폐 플랫폼 안에서 구현되고 결제된다. 인천시 서구에서는 "서로e음을 안 써본 사람은 있어도 한 번만 써본 사람은 없다"라는 신조 관용구가 있다. 지역화폐가 일상화된 서구에서 캐시백이 중단될 때(캐시백 지원이 중단될 일도 없겠지만) 사용 자체를 줄이는 일이 벌어질까? 그러나 동백전은 너무나 단조로우며 관련된 소상공인 정책은 하나의 플랫폼으로 일원화되지 않고 분리적·독립적으로 실시되었다. 동백전의 대표적 부가서비스인 온라인쇼핑몰 '동백몰'은 오픈 이후 거래액이 4500만 원으로 극히 미미하며, 전통시장과 음식점의 배달·배송을 지원하는 공공모바일마켓인 '동백통'은 동백전이 결제 수단 중 하나로만 연계될 뿐, 동백전 플랫폼과 별도로 운영될 예정이다. 부산 동백전은 캐시백 이외에 유인이 거의 없다고 보아야 한다.

3) 소비 편중 현상과 제한적 지역승수효과

부산 동백전의 경제적 효과는 어떨까? 부산연구원의 연구 결과는 동백전 정책은 투입 예산 대비 소비 창출의 효과는 2.56배, 소득 창출의 경우 1.59배 수준으로 새로운 소비 효과를 일으킨 것으로 분석한다(황영순, 2021). 인천연구원의 연구 결과에 따르면 캐시백 형태 재정지출의 역내 소비 대체효과, 역외 소비 대체효과, 역내 소비 유입 등 파급효과 승수는 2.9로 나타났다(조승헌, 2019). 이러한 연구 결과는 지역화폐라는 정책 수단이 소비 활성화를 통해 지역경제에 미치는 효과가 탁월하다는 것을 보여준다. 그러나 2020년 9월 국책연구기관인 한국조세재정연구원 보고서의 지역화폐 무용론은 이와 반대되는 연구 결과를 제기해 뜨거운 논쟁이 되었다. 지역화폐 정책이 2019년 이후 본격적으로 시행되었음에도 이 연구는 미미했던 그 이전의 시기(2010~2018)를 대상으로 하고 있어 사실관계를 왜곡할 수 있다. 또 지역화폐의 취지가 무한 경쟁과 효율성을 강조하는 시장경제의 부작용을 해소하고 공정 경제와 지역의 지속가능한 경제 체계를 구축하고자 하는 것임을 망각한 결론이다. 지역 내에서 생산과 소비를 높은 수준으로 일치시키려는 지역화폐 작동 원리는 초국가적 차원으로 자원배분의 효율성을 주장하는 시각에서 지역을 강조하는 지역화폐를 부정적으로 보기에 그 효과에 대해서도 부정적인 결과가 도출되는 것은 당연하다. 또 지역화폐는 지역마다 유통 경로가 달라 다른 양상을 띤다. 따라서 단편적인 내용으로 필요성을 판단할 수 없는 것이다. 동백전 역시 지역화폐의 고유한 속성이 있어 단기간 지역 소비를 증대시키는 경제효과를 보이는데, 이는 그리 놀라운 결과가 아니었다. 다만 동백전의 치밀하지 못하거나 치열하지 못했던 준비로 해소하려 한 문제점이 발생하지 않았는지, 그 경제효과가 반감된 부분은 없었는지 검토할 필요가 있다. 동백전의 광역 단위 사용 범위는 지역화폐 확산에 긍정적 영향을 주었지만, 광역 단위 소비시장인 부산진구·해운대구·동래구·연제구에 '소비 편중 현상(쏠림현상)'이 발생한 것으로 보인다(손지현 외, 2020.10). 동백전은 식생활 관련 업종에서 가장 많이 사용되었는데 그중 부산진구의 비중이 매우 높게 나타났다. 이는 부산과 같이 동부·중부·서부 권역별 개발과 소득 차이가 두드러지는 광역권 경제에서 지역화폐의 본래 취지인 지역 균형 배분이라는 역할과 기능이 충분하지 못했음을 의미한다. '인천e음'처럼 지역화폐의 중층구조가 도입되지 않았기 때문에 발생한 현상이다.

동백전의 또 다른 한계는 경제적 효과 반감에 대한 것으로 상품권이기 때문에 발생하는 문제다. 브리스틀파운드는 거래 기능을 중시하는 화폐다. 브리스틀파운드는 곧바로 환전되지 않고 유통된다. 그리고 지역의 비즈니스 멤버들 사이에 폐회로로 거래되어 지역승수효과(local multiplier effect)[30]가 매우

30) 영국 지역화폐 전문기관(NEF)이 개발한 지역경제 기여도 평가도구로 지역안에서 돈이 여러 단계를 순환하는 도는 정도를 나타내는 것으로, 3단계까지 계산한다. LM이 1이면 지역기여도는 0이고, 이는 1단계에서 모두 외부로 빠져나가는 것을 말한다. 3이면 기여

높게 나타날 수 있다. 부산의 동백전은 일차적 거래로 구매와 함께 곧바로 환전되며 사업자 카드(법인카드)가 발급되지 않아 기업 간 거래를 조직하지 못해 상호연관성을 강화하는 데 한계가 있다. 따라서 지역승수효과는 제한적일 수밖에 없다. 여기서 지역순환성을 강화하는 방법은 지역승수효과가 높을 것으로 예상되는 곳에 동백전을 사용하게 하고, 낮을 것으로 예상되는 곳에서는 사용하지 못하도록 제한을 걸어두는 것이다. 동백전은 매우 수동적으로 운영되며 변화하기 위해 아무런 노력을 하지 않는다. 도입 당시 추진본부에서는 지역승수효과를 높이기 위해 재유통 시스템 마련, 상호연계망 구축, 법인카드 도입 등을 논의했으나, 시스템 개발의 시간적 문제, 관련 제도 정비, 대량거래에 따른 인센티브 적용 여부 등 여러 가지 문제가 있어 순차 도입하기로 하고 기본계획안에 향후 추진 과제를 명시하기로 합의했다. 그러나 부산시는 캐시백 지원 정책 이외에 더 이상 전진하지 못했다. 브리스틀이 B2B 강화를 위해서 비즈니스 멤버십을 늘리며 네트워크를 확대하는 데 주력하고, 인천이 중층구조하에 다양한 연계망을 구축했던 것에 비해 부산시는 아직까지도 안정적 시스템 구축을 논하는 단계에 머무르는 중이다.

4) 낮은 민관협치 수준과 매너리즘

지역화폐 동백전 발행의 주체는 부산시이지만 구입하고 사용하는 주체는 부산 시민이다. 동백전은 부산 시민을 위해서 발행하고 운영된다. 따라서 동백전의 주인은 부산 시민이며, 부산 시민에 의해 운영되어야 하는 것이 마땅하다. 부산시는 동백전 도입 당시 시의회, 상인, 전문가, 소비자단체 등과 함께 추진본부를 구성했고, 열 차례의 회의를 통해 협의하에 '기본계획안'을 도

도는 100%인데 이는 외부로 유출됨이 없이 온전히 지역으로 도는 것을 말한다. 지역기여도 지표가 높은 조직은 지역 기반 기업이나 재래시장의 상인 등이며, 지역기여도 지표가 낮은 조직은 대기업·대형유통점·금융회사 등이다.

출했다. 그러나 최종 결재 단계에서 부산시가 일부 조항을 수정함으로써 순조롭게 출발했던 민관협치는 이때부터 파행으로 치닫게 되었다. 조례에 의해 부산시 산하에 민관협의체인 지역화폐정책위원회가 구성되었는데, 발행 후 6개월이 지나서야 첫 회의를 소집했고 그해 여섯 차례나 진행되었지만 부산시는 절차의 정당성만 부여하며 형식적으로 운영했다. 민관협치가 제대로 이루어지기 위해서는 관에 집중되는 불균형이 해소되어야 하고 민의 적극적 참여와 책임성이 보장되어야 하지만, 민관협치의 운영원리는 제대로 작동되지 못했다. 부산시 지역화폐정책위원회는 단 한 차례도 합의점을 도출하지 못했으며, 동백전은 부산시의 일방적 정책 결정으로 진행되었다.

동백전 정책 역시 사람의 역할이 매우 중요하다. 부산시는 노동자·소상공인과 자영업자·사회적경제 부분을 담당하는 민생노동정책관을 신설했다. 지역화폐 업무는 이 부서에서 담당하며, 전담팀을 구성하고 있다. 2019년 도입 시 민생노동정책관은 필자의 시정 질문에 "지역화폐 성공적 도입과 정착을 위해 미(美)친 듯이 일하겠다"라고 의지를 밝힌 바 있으나, 도입되자마자 다른 부서로 이동했다. 2020년 새로 부임한 민생노동정책관의 발언은 경제철학적으로 지역화폐와 맞지 않는 것으로 보인다. 그 역시 1년을 담당하고 다른 부서로 이동했고 2021년에 새로 부임한 민생노동정책관도 1년을 채우지 못하고 이동했다. 중간 간부인 과장은 중소기업청과 인사교류 차원에서 파견되었으므로 지역 사정에 밝지 못해 3년 동안 3번 교체되었다. 팀장 역시 마찬가지다. 지역화폐 정책은 일반적(general)이지 않고 빠른 변화와 전문성(special)이 요구되며, 지역경제 체계의 변화를 다루는 것이라 단순하지 않고 복합적(complex)·융합적(amalgamative)이다. 단기적이지 않고 연속적인 성격을 띤다. 매너리즘과 잦은 인사이동으로는 정책을 성공적으로 수행할 수 없다. 인천시 서구의 담당과장은 2018년 8월 이후 현재까지 정책을 책임지고 있다. 그는 시즌 1에서 시즌 3까지 계획을 수립하고 관리했다. 필자는 그를 세 번 만났다. 동백전 도입을 준비하던 2019년, 공공배달 앱을 고민했던 2020년 하반기, 동백전 2.0을 고민하던 2021년에 만났는데, 그에게서 인천시 서구의 지역화폐에 대해 듣다 보면 서구 지역화폐 역사를 듣는 듯하고, 부산 동백전에 대한 영감을 얻기도 했다. 부산 동백전을 책임지는 선출직 고위 공직자는 이와 관련해 많은 고민을 해야 한다.

5) 부산시 지역경제 회생을 위한 시스템으로 거듭나야 될 동백전

부산시 지역화폐 동백전은 2021년 발행 2년차가 되었다. 부산의 동백전은 첫해에 이룩한 대중적 확산이라는 제한적 성과를 넘어 부산 지역경제 회생을 위한 시스템으로 작동되기 위해 거듭나야 된다. 이를 위해서는 무엇보다 부산시 광역 단위 내 일률적 운영에서 벗어나야 한다. 광역시와 기초자치단체가 서로 협력하는 중층구조가 도입될 때 지역화폐로서의 편익성을 높일 수 있으며, 재정적 부담을 나눌 수도 있다. 캐시백 정책에만 의존할 수 없고 그 비용을 재정 지원에만 기댈 수 없기 때문이다. 또 중층구조는 시민의 참여를 담아낼 수 있다. 부산시에서 집행되는 2조 원에 달하는 정책 수당(시민에게 지급되는 정책적 지원금)의 98%가 구군을 통해 집행되는데, 중층구조는 정책 수당을 지역화폐로 정책을 발행하는 데 용이하다. 정책 수당 대상자는 소득 대비 소비율이 높아 소비 창출 효과를 높일 수 있고, 연계성을 높여 정책의 효율성과 지역경제의 순환성을 높일 수 있다.

브리스틀에 방문했을 때 브리스틀파운드사무국의 다이애나 핀치는 앞으로 10년이 지났을 때 지역화폐가 어떻게 작동하는지를 보고 성공 여부를 판단해야 한다고 말했다. 동백전은 10년이 지나도 존재할 것인가? 동백전 2.0은 발행하는 것에 그치지 않고, 조직과 소통으로 거듭나야만 10년 후를 기약할 수 있을 것이다.

참고문헌

박정재. 2020.10.27. 「지역화폐와 공동체 플랫폼」. 동백전 활성화 용역 보고회. 부산시의회 대회의실.

변영우·양미숙·최동섭·송지현·손지현. 2020. 「부산의 지역순환경제 시스템 구축을 위한 연구」. 부산연구원 보고서(학연정책연구과제).

새로운사회를여는연구원. 2014. 「강원도 지역통화 유통방안 조사 연구」.

손지현·송지현·김민수. 2020.10. 「동백전 재정자립과 지속가능성 달성을 위한 방안 연구」. 신라대학교 산학협력단보고서(부산시의회 정책연구과제).

오카다 도모히로(岡田知弘). 2016. 『지역만들기의 정치경제학: 지역 주민이 직접 만드는 순환형 지역경제(地域づくりの経済学入門)』. 양준호·김우영 옮김. 한울엠플러스.

이경아. 2020. 「지역화폐와 소비자 상생 방안 연구」. 한국소비자원 정책연구보고서(정책연구 20-08).

조승헌. 2019. 「이음카드의 지역경제 영향분석」. 인천연구원 보고서(2019 정책연구과제).

최준규·전대욱·윤소은. 2016. 「경기도 지역화폐 활용방안 연구」. ≪정책연구≫, 2016-102호.

≪한스경제≫. 2020.11.20. "부산시민단체 '몽니'".

≪헤럴드경제≫. 2020.11.17. "억지 흠집내기".

황영순. 2021. 「부산지역화폐의 경제효과와 발전방향」. ≪부산발전포럼≫, 제190호.

University of Bristol. 2019. "Developing a value proposition: The Bristol pound."

5장

지역화폐의 의의와 활성화 방안

이점순(인천대학교 후기산업사회연구소 책임연구원)·**양준호**(인천대학교 경제학과 교수)

1. 머리말

전 세계 3000여 지역에서 다양한 형태의 지역화폐가 사용되고 있다. 지역화폐(local currency)는 지역 시민 또는 주민들이 자주적으로 설계·발행·관리하고, 특정한 지역·커뮤니티 내에서만 유통되는 이자가 붙지 않는 화폐다. 또한 지역사회 시민들을 결합시켜 공통의 가치나 관심사를 표현·전달·공유하기 위한 매체로 간주된다. 나아가 지역화폐는 그 사용 영역을 특정 지역에 한정해 화폐의 역내 유통에 따른 순환형 경제구조 형성[이른바 지산지소(地産地消), 경제 자급률 제고, 내생적 물질 순환 등]을 촉진하고, 이를 통해 지역경제 활성화와 지역 커뮤니티 재생에 기여하는 정책적·시민실천적 대응으로 평가된다.

현재 세계에서 사용 중인 지역화폐의 유형을 살펴보면, 지역경제 선순환을 도모하기 위해 캐나다의 마이클 린턴(Michael Lynton)이 창안한 'LETS(Local Exchange and Trading Systems)', 지역사회의 공동체 재건을 목표로 미국 시민운동가 에드거 칸(Edgar Cahn)이 고안한 '타임달러(Time Dollar)', 지역의 부를

* 이 장은 이점순·양준호(2020a)의 내용을 수정·보완한 것이다.

지역 내에서 순환시킬 목적으로 사회운동가 폴 글로버(Paul Glover) 등이 도입한 '이타카아워(Ithaca Hours)', 지역 진흥 및 지역 커뮤니티로의 재정 지원을 목표로 한 '토론토달러(Toronto Dollar)', 1930년대 대공황을 계기로 피폐화되기 시작한 중소기업에 대한 자금 지원을 목적으로 고안된 'WIR', 다양한 친환경 활동을 계도하기 위해 도입된 '에코머니(Eco-Money)' 등 다양한 형태를 띠고 있다.

한편 이러한 지역화폐 도입을 둘러싼 찬반 논쟁도 최근 가속화되고 있다. 먼저 찬성하는 입장에서는 지역화폐 도입을 통해 특정 지역의 소득이 역외로 유출되는 것을 방지함으로써 지역 내 소비와 자원의 순환 효과를 확대해 지역의 '내발적 발전(endogenous development)'에 기여한다고 주장한다(DeMeulenaere, 1998; 전대욱, 2016: 73~80). 반면 반대하는 입장에서는 지역화폐 도입에 따른 지역경제의 효율성 저하나 조세 회피 등의 비공식 경제 확대 같은 부정적 효과를 지적한다(The Economist, 2017).

이처럼 지역화폐에 대한 기대와 우려가 교차하는 가운데 우리 사회에 급속히 확산 중인 지역화폐 정책과 운동은 양극화 문제, 고용 불안과 구조조정 문제 등 세계화에 맞서 지역적 차원에서 일어나는 다양한 문제를 해결하기 위한 수단으로 인식되고 있으며, 이는 부정할 수 없는 일반적인 경향이다. 현재까지 지역화폐는 기존의 법정화폐를 대체하기보다는 보완하는 수준에 그치고 있다. 하지만 지자체 및 지역의 시민단체 등을 중심으로 지역화폐 도입을 확산시키려는 움직임은 날로 확대되었다. 특히 지역사회와 지역경제 간의 연계를 강화하기 위해 다양한 방식의 지역화폐 실험이 한창 진행되는 것은 매우 고무적인 상황으로 간주할 수 있다.

이 장에서는 최근 코로나19 사태 등을 배경으로 심화 중인 경기침체 속에서 지역경제 활성화와 지역 커뮤니티 재생을 위한 대안으로 주목받는 지역화폐 역할과 의의에 대해 살펴보고자 한다. 구체적으로는 지역화폐의 개념과 역사적 배경을 간략히 살펴본 뒤, 국내외 지역화폐의 운영 실태를 파악해 유형화하고, 각 유형별 특성을 파악함으로써 국내 지역화폐의 활성화를 위한 정책과 실천 방향을 제언할 것이다.

2. 지역화폐에 관한 이론적 논의

1) 지역화폐의 개념과 역할

지역화폐에 대한 정의는 연구자마다 매우 다양하지만, 니시베 마코토(西部忠)는 지역화폐를 '미디어'(지역 내 다양한 정보를 전달하는 커뮤니케이션 수단·매체)로 규정한다(西部忠, 2006).

여기서 말하는 미디어로서의 기능은 지역경제 활성화를 위한 '경제 미디어'(economic media)로서의 측면과, 지역 커뮤니티의 공동성(共同性)과 상호 부조를 강화하기 위한 '사회·문화 미디어(social media)'로서의 측면이라는 이중성을 갖는다. 즉, 경제 미디어로서의 '화폐적 측면'에서 지역화폐는 자립형 순환경제 실현을 위해 시민들이 자주적으로 설계하고 운영하며, 특정한 지역 또는 커뮤니티 내에서만 유통되는 이자가 붙지 않는 화폐를 의미하며, 사회·문화 미디어로서의 '언어적 측면'에서는 협력적 커뮤니티를 형성하기 위해 시민들을 결합해 호혜적 관계를 형성하고, 공통의 관심사나 가치를 공유하기 위한 수단으로서 자리매김한다(西部忠, 2006: 42~43).

〈표 5-1〉에 나타나듯이 지역화폐는 커뮤니티 특성이나 지역화폐 설립 목적에 따라 '화폐적 측면'과 '언어적 측면'의 융합 정도로 나눌 수 있다. 따라서 이 두 가지 측면을 어떻게 조화해 내느냐가 지역화폐 성공의 중요 관건이다. 현재 수많은 지역화폐는 이 양단의 중간에 위치하며, 상호 분리가 용이한 시장(이기적 이익 추구 지향, 비즈니스)과 커뮤니티(이타적인 봉사 지향, 자원봉사)를 융합시키기 위한 제도라 할 수 있다. 나아가 지역이나 커뮤니티에서 앞에서

표 5-1 지역화폐의 이중성

지역화폐 = 통합형 커뮤니케이션 미디어		
측면	화폐적 측면(경제 미디어)	언어적 측면(사회·문화 미디어)
목적	지역경제의 활성화(자율, 순환)	커뮤니티의 재생
기능	자율 발행 및 운영 관리, 역내 유통, 무이자	신뢰·협력 관계 형성, 가치 관심사 공유, 문제의식의 표현 전달
형태	보완화폐(스탬프 화폐, LETS)	상호부조 성격의 쿠폰(타임달러, 에코머니)
영역	시장	비(非)시장(커뮤니티)

자료: 西部忠(2006, p.41) 자료와 이한주·김병조·양준호 외(2020)를 참고해 작성.

언급한 특징들을 살려 독자적인 화폐를 발행해 유통함으로써 기존의 법정화폐를 대신할 새로운 가치척도가 생겨나고 지역사회 자원의 적극 활용도 가능해진다.

한편 사람들이 자신들의 손으로 만들고, 특정 지역에서만 유통되며, 이자가 붙지 않는 돈인 지역화폐는 ① 매개·평가, ② 가치관 부여, ③ 순환 촉진 등의 역할을 할 것으로 기대된다.

이를 구체적으로 살펴보면 첫째, '매개·평가' 기능으로 비(非)시장에서의 경제활동에 대한 평가 척도가 되어 사람들이나 지역에서 새로운 관계성을 만들어낼 수 있다. 지역화폐는 기존의 법정화폐로는 평가할 수 없는 자원봉사 활동의 대가로 지급할 수 있고, 감사나 호혜와 같은 가치관도 가격에 포함할 수 있다. 기존 법정화폐 시스템에서는 벌지 못하면 평가를 받지 못하고 배제되어 버리는 활동도 지역화폐라면 그 평가가 가능해진다. 이 기능을 잘 이용하면, 시장경제에서 가치가 없다고 평가를 받는 불가동자산(不稼動資産)이나 비영리사업을 지역화폐로 재평가하고 그 평가액을 지역 재원으로 지역통화를 발행해 지역 내로 자금을 돌릴 수 있다.

둘째, '가치관 부여' 기능으로 지역화폐를 사용함으로써 자신의 의지를 금융 행동에 반영할 수 있고, 그리되면 무기질적인 화폐에 사람들의 가치관을 부여함으로써 지역에 다양성을 강화할 수 있다. 일례로 캐나다의 지역화폐인

토론토달러는 지정 가맹점에서 달러와 동등한 교환이 이루어지지만, 교환 시에 달러의 10%가 지역 재건을 위한 커뮤니티 기금으로 자동 기부되는 방식을 취한다. 이는 돈에 가치관을 부여함으로써, 지역화폐 사용을 통해 환경보호나 마을만들기에 기여하는 등 가치관의 다양성을 인정하며 지역사회의 성장을 담보할 수 있다.

셋째, '순환 촉진' 기능으로서 화폐 유통을 참가자 간으로 제한하고, 자본을 외부로 유출시키지 않는 것이다. 지역화폐를 기존 법정화폐의 대체수단으로 활용해 지역 내로 자금을 돌리려는 시도는 1930년대 대공황 시기의 실비오 게젤(Silvio Gesell)이 제안한 감가화폐를 비롯해 다수의 지역화폐 운영 과정에서 전개되었다. 또한 유통을 촉진시킴으로써 화폐 회전율을 높여 지역경제의 지속가능성을 담보할 수 있다. 국내에서 진행 중인 지역화폐 프로젝트들이 초점을 맞추는 지역화폐의 역할이 바로 이것이라 할 수 있다.

2) 지역화폐 제도의 역사적 경위

역사적으로 볼 때, 지역화폐의 원형은 1930년대에 협동조합 운동가이자 이론가인 로버트 오언(Robert Owen)이 제창한 '노동화폐(Labor Money)'에서 찾을 수 있으며, 이후 독일·오스트리아·미국 등지에서 이른바 '스탬프화폐'[1]라는 구상에 기반해 지역화폐를 도입하려는 움직임이 가시화되었다.

1930년대에 지역화폐 제도와 관련해 일대 붐이 일었다. 1929년 10월 뉴욕

1) 스탬프화폐(Stamp Scrip)란 이른바 감가화폐로 가치저장 기능에 제한을 가해 소비 촉진을 도모하고자 한 것이다. 독일의 경제학자 실비오 게젤(Silvio Gesell)은 "모든 상품은 시간이 흐르면 부패하거나 가치가 하락하는 반면, 화폐는 그렇지 않으며 오히려 이자가 붙게 되는데 이 때문에 사람들이 화폐를 축적하려고 하면서 문제가 생긴다"라고 보았다. 이에 게젤은 화폐를 투기나 축적에는 사용되지 않고 '교환 매개'로서만 기능하게 하기 위해 일반 재화처럼 가치가 하락하는 화폐, 즉 노화하는 화폐(aging money)로 만들어야 한다고 주장했다(Gesell, 1958: 269).

증시가 대폭락하면서 미국을 휩쓴 대공황은 순식간에 세계 각지로 전파되었고, 이는 정부의 연이은 실책과 기업·은행의 도산, 실업률의 대폭 상승, 물가 수준의 하락 등으로 이어졌다. 이러한 경제적 불황을 극복하기 위한 수단으로 지역화폐가 세계 각지에 도입되기 시작했다.

먼저 1930년 독일 슈바넨키르헨(Schwanenkirchen)에서는 대공황으로 인한 은행의 위기로 화폐 부족에 시달리고 있었는데, 폐쇄된 탄광을 재가동하기 위해 탄광 소유자였던 막스 헤베커(Max Hebecker)가 '베라(Wära)'라는 지역화폐를 발행해 임금 지불 용도로 사용한 것이 첫 시도였다. 베라는 매월 액면가의 2%씩 감가상각이 되며, 감가를 회피하기 위해서는 인지를 붙여야만 한다. 그냥 두면 붙여야 할 인지가 늘어나므로 빠르게 순환된다. 그 결과 지역경제가 살아나는 등 베라화폐의 실험은 성공적인 것으로 평가받는다. 또한 1932년 오스트리아 뵈르글(Wörgl)의 사례는 가장 주목할 만하다. 인구가 4300명 정도의 작은 도시 뵈르글의 당시 시장은 대공황 여파로 심각한 경제난을 겪고 있는 상황을 타개하기 위해 스탬프화폐를 도입했다. 지방은행에서 빌린 3만 2000실링을 담보로 '노동증명서(free money)'를 발행하고 공공사업에 참여한 사람들에게 임금 대신 노동증명서를 지급했다. 앞서 언급한 베라와 마찬가지로 노동증명서도 매월 액면가의 1%가 부과되는 감가화폐였다. 따라서 화폐 보유에 따른 비용을 부담하지 않으려고 법정화폐보다 증서를 우선 사용하게 되면서 지역 경기가 활성화되었다. 이처럼 1930년대에 시행된 지역화폐 실험은 가시적인 성과를 냈다. 그러나 1931년 2월 독일, 1933년 11월 오스트리아 정부 등은 지역화폐가 기존 법정화폐의 유통을 제약하고 통화 질서를 교란한다는 이유로 지역화폐 발행을 금지시켰다.

다음으로 1980년대 들어 2차 붐이라고 할 만큼 지역화폐가 급속히 확산되었다. 현대판 지역화폐로 유명한 것은 1983년 캐나다 코목스밸리(Comox Valley)에서 최초로 시작된 'LETS(Local Exchange and Trading System)'이다. 당시 지역의 실업률이 10%가 넘는 경기 불황 속에서 주민들 간의 노동과 서비스

교환을 활성화함으로써 지역 경기에 활력을 불어넣기 위함이었다. 이후 LETS 시스템은 영국, 호주, 프랑스 등 여러 지역으로 확산되었다. 본래의 LETS는 경제 활성화를 목적으로 한 지역화폐였지만, 거기서 파생되어 세계 각지로 유입된 LETS의 특징은 '지역 커뮤니티를 재구축하고 생활수준 향상 및 교류를 통한 기술 습득 등을 목적으로 하는 상호부조 시스템'이라고 할 수 있다. 그 후 1983년 미국 플로리다주 마이애미에서 '타임달러'가 도입되었다. 이름 그대로 시간의 가치는 만인에게 있어 평등하다는 사상에 기초해 1시간을 1타임 달러로 설정했다. 즉, 시간을 가치 기준 삼아 자원봉사 활동을 거래하는 것으로, 지역사회를 재건하는 시간은행의 네트워크 형성을 촉진하고 참여하는 사람들이 서로의 후생에 기여하는 것을 목적으로 했다. 현재는 LETS를 중심으로 전 세계에서 3000여 종 이상이 사용 중이다.

이상에서 살펴보았듯이 1930년대의 지역화폐 도입 시도는 화폐 발행과 관련된 중앙은행의 독점권을 침해하는 것으로 인식되어 모두 단기간에 폐지되기는 했지만, 기업이나 지역이 독자적으로 화폐를 발행해 경제 활성화를 도모할 수 있음을 보여준 사례다. 반면에 1980년대 이후 세계 각지에서 도입된 지역화폐는 1930년대 대공황 여파에 불황 탈피 수단으로 역할을 했던 것과는 다르게 지역 커뮤니티의 재생을 주목적으로 한 것이었다. 하지만 지역화폐의 원류가 그랬던 것처럼 '지역경제 활성화'나 '경제위기 탈피' 수단으로서 기존 화폐 시스템의 불안정한 위험에서 안전망 기능을 할 가능성을 내포하고 있으며, 특히 세계화가 급속히 진전되는 현대사회에서 그 중요성은 점점 높아지는 것이 현실이다.

3. 국내외 지역화폐의 운용 실태와 유형별 특성

1) 국내외 지역화폐의 운용 실태

(1) LETS: 지역화폐의 원형, 캐나다

LETS는 오늘날 전 세계에 퍼져 있는 지역화폐의 대표적 모델로, 1983년 캐나다 코목스밸리에서 마이클 린튼(Michael Linton)에 의해 시작되었다. 경기침체로 지역 내에서 법정화폐의 유동성이 부족한 상황에서 법정화폐를 거치지 않은 재화와 서비스 거래를 통해 실업자 등에게 도움을 주기 위해 도입되었다.

단위는 녹색달러(Green Dollar)이며, 1녹색달러는 1캐나다달러와 같은 가치를 가진다. 녹색달러는 법정화폐로 교환할 수 없으며, 각자의 잔고는 참가자 상호 간의 거래에 따라 변동한다. 거래 시에 제품을 제공한 사람은 자신의 계좌에 플러스(+)로 기장하고, 제공받은 사람은 자신의 계좌에 마이너스(-)로 기장한다. 쌍방 거래로 인해 시스템의 계좌 총합은 항상 '0'이 되는 구조이며, '마이너스(-)' 포인트에 대해서는 이자가 부과되지 않고 상환 의무도 없어 회원 간의 신뢰가 필수적으로 요구된다.

예를 들어 A, B, C 3명의 참가자 전원은 모두 잔액이 0인 상태에서 시작한다. A가 B에게 어떤 제품과 서비스를 제공하면, B는 A에게 그 답례로 지역화폐를 건네준다. 만일 그 값이 300이라고 하면 그 시점에서 A는 +300, B는 -300이 기록된다. 이후 수차례에 걸쳐 참가자 간에 거래가 이루어진다고 해도 참가자 전원의 잔액 합계가 항상 제로가 되는 구조이다.

이후 LETS 시스템은 영국·호주·미국·프랑스 등지로 퍼져나갔다. 마이클 린튼에 의해 도입된 LETS는 본래 지역의 경제 활성화를 목표로 한 것이었지만 영국, 호주, 프랑스에서는 지역 커뮤니티 재생에 목적을 두었다. 예를 들어 호주에서는 '지역 커뮤니티 내에서의 교환을 촉진함으로써 사회적 네트워크의 구축'을 도모했고, 프랑스에서는 '사람과 사람의 관계성 회복'에 중점을 두었다.

(2) WIR: 자금융통형, 스위스

WIR는 1934년 취리히에서 설립된 WIR경제동업조합연합회[Wirtschaftsring, 1999년에 WIR뱅크(WIR Bank)로 명칭 변경]에 의해 'WIR'라는 단위의 지역화폐가 유통되기 시작했다. 1934년 시작된 이후 현재까지 기장 방식으로 거래가 이루어지고 있으며, 이용자는 WIR경제동업조합연합회에 이용 신청을 하고 WIR 전용 계좌를 개설해 사용하면 된다. WIR 계좌는 WIR경제동업조합연합회에서 일괄 관리하는데, 거래가 성사되면 판매자는 대차대조표의 차변(+)에 구매자는 대변(-)에 금액이 각각 기입된다. 구매자는 총금액 중 일부를 WIR로 지불할 수 있고, 판매자는 거래금액 중 일정 비율을 WIR로 받을 수 있다.

WIR뱅크에서는 거래가 이루어질 때마다 일정한 수수료를 징수해 운영비로 충당한다. 일반 상업은행과 마찬가지로 회원들에게 계좌 개설, 자금 이체, 융자 등 WIR를 기반으로 한 금융서비스를 제공한다. 또한 2001년부터는 개인을 대상으로 스위스프랑(Swiss Franc) 예금 업무를 시작했으며, 2005년부터는 주택담보 대출도 실시 중이다.

여기서 WIR의 가장 큰 특징은 WIR뱅크가 법정화폐를 매개한 대출보다 저금리로 융자를 실시하고 중소기업을 지원한다는 점이다. 융자를 받은 중소기업은 지역화폐를 기업 간(B2B)의 대금결제에 이용할 수 있고, 또한 지역화폐를 받은 기업도 기업 간 거래에 지역화폐를 이용할 수 있다. 정책적으로 보면, 투자된 자금이 수차례에 걸쳐 기업 간 거래에 이용되고 직원 급여의 일부로도 환원됨으로써 융자를 통해 조달된 지역화폐가 결과적으로 역내 소비를 촉진하는 순환적 모델로 구축된다. 국내의 지역화폐 프로젝트가 주로 지역 내 소비자와 판매자 간(P2B) 거래에 초점을 맞추어 지역화폐 발행의 양적 한계에 쉽게 직면할 수밖에 없는 점을 고려하면, WIR와 같이 B2B 거래에서 지역화폐가 활용되는 사례는 국내의 관련 정책과 실천에 유용한 단서를 제공한다고 볼 수 있다.

(3) 소낭트: 자금융통형, 프랑스

소낭트(SoNantes)는 2015년 프랑스 낭트(Nantes)와 인근 지역에서 사용되는 지역화폐로, 유로화에 대한 과도한 의존에서 벗어나 지역 중소기업 및 소상공인을 지원하기 위해 도입되었다. 특히 대기업을 제외한 지역경제 주체들이 소낭트를 통해 지역에서 생산되는 재화와 서비스를 교환할 수 있으며, 거래에 참여하는 회원들에게 제공한 신용 한도 내에서 자유롭게 거래가 가능하다.

지역의 경제주체들은 '시립낭트은행(Credit Municipal de Nantes)'[2)]에서 계좌를 만들고 유로화와 소낭트를 1대1로 교환한다. 계좌 내의 예탁금 사용은 사용자 신용 및 차익을 관리하는 상호 신용 시스템에 의해 규제를 받게 된다. 또한 거래에 참여하기 위해서는 사업자의 경우 최소 1건 이상의 거래 실적이 있어야 하며, 개인의 경우에는 회사에서 급여 일부를 소낭트로 받거나 지정된 금융기관(신협)에서 유로화로 교환하는 방식이다.

〈그림 5-1〉은 소낭트의 순환 과정을 나타낸 것이다. 그림에서 옅은 색으로 표시된 부분이 기업 간 거래 영역이며, 짙은 색으로 표시된 부분은 개인이 소낭트의 순환 과정에 참여하는 영역이다. 특히 기업 간 거래에서는 담보 없이 신용만으로 거래가 이루어지며, 기업과 개인 간 거래에서는 법정화폐인 유로화와 소낭트를 1대1로 교환하는 방식이다. 그림 중앙의 원은 소낭트 운영의 핵심기구인 중앙거래소로, '시립낭트은행'이 그 역할을 맡는다.

또한 결제 방식은 컴퓨터를 통한 온라인 결제나 스마트폰 앱을 통한 결제가 가능하다. 2019년 시점에서 낭트 내에서 2만 6000개의 중소기업과 소상공인들이 소낭트를 이용하는 것으로 나타났다. 여기서 특기할 점은 지역 중소기업

2) 시립낭트은행은 1813년 설립된 이래 급전이 필요하거나 제도권 금융기관을 이용하기 어려운 사람들을 위해 융자 지원을 해주는 프랑스의 대표적 지역밀착형 금융기관이며, '소낭트'의 거래소 역할을 맡고 있다.

그림 5-1 소낭트의 순환구조

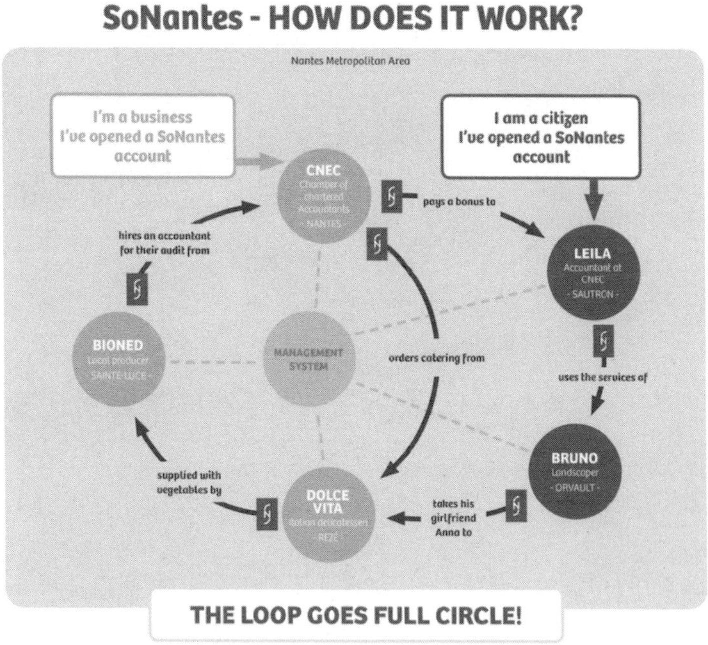

자료: Cooperative City(2017.10.26) 재인용.

의 '대출'이 지역화폐를 매개로 한다는 점이다. 즉, 지역 금융기관인 '신협' 주도로 지역화폐를 통한 대출이 일반화되어 있다.

(4) 킴가우어: 소비촉진형, 독일

킴가우어(Chiemgauer)는 독일 바이에른주 뮌헨(München) 인근의 소도시인 프리엔(Prien)·로젠하임(Rosenheim)·트라운슈타인(Traunstein) 등에서 유통되는 지역화폐로, 2003년 프리엔의 발도르프학교(Waldorfschule) 학생과 교사의 아이디어에서 출발했다.

킴가우어는 1CH·2CH·5CH·10CH·20CH·50CH의 여섯 종류로 발행되며, 화폐가치는 유로화와 동일한 가치를 가진다. 킴가우어 운영사무국에서는 100킴가우어를 97유로로 지역의 비영리단체에 판매하고, 지역의 비영리단체

그림 5-2 킴가우어의 순환구조

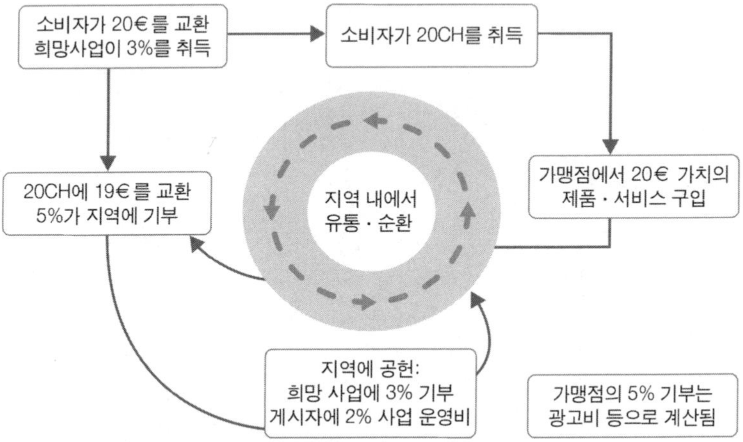

자료: 킴가우어 홈페이지(http://www.chiemgauer.info) 참고해 작성.

는 100킴가우어를 97유로에 사서 100유로에 되팔 수 있다. 반면에 비영리단체는 5%의 수수료를 지불해야 하며 수수료 5% 중 2%는 지역화폐의 운영 경비로, 3%는 유치원·스포츠클럽·음악교실 등 지역의 비영리단체에 기부된다.

킴가우어의 가장 큰 특징은 사용금액의 3%를 지역 내 공익단체에 기부하는 것뿐만 아니라 화폐가치가 3개월마다 2%씩 떨어진다는 점이다. 즉, 사용하지 않으면 가치가 떨어지기 때문에 유로보다 거의 2.5배 빠른 속도로 화폐의 순환이 이루어졌으며, 나아가 경제뿐만 아니라 지역문화와 교육을 지원하는 성격도 가졌다. 〈그림 5-2〉는 킴가우어의 순환구조를 나타낸 것이다.

여기서 킴가우어의 발행 규모를 살펴보면, 2016년 기준으로 3036명의 시민과 593개의 현지 기업이 참여했으며, 연간 74만 킴가우어 매출을 기록한 것으로 나타났다. 또한 최근에는 지역카드(regiocard)를 도입해 킴가우어의 교환을 더욱 용이하게 했다. 앞서 살펴본 스위스의 WIR처럼 킴가우어도 기업대출을 시행하고 있으며, 기한 내에 전액 상환한 기업에는 이자를 돌려주는 서비스를 실시한다. 특히 무이자 소액 신용대출에서는 리전스뱅크(Regions

Bank), 유럽사회기금(European Social Fund) 등과 연대하고 지역화폐 발행량을 늘리는 수단으로 활용한다.

(5) 브리스틀파운드: 시민사회 주도형, 영국

2012년 9월 영국 브리스틀에서 시민사회 주도로, 자금의 역외 유출을 막고 지역 내 소매점 및 시장 활성화, 지역의 고용 유지 등을 위해 도입되었다.

브리스틀파운드(Bristol Pound)는 1£B·5£B·10£B·20£B의 네 종류로 발행되며, 화폐가치는 파운드와 등가의 관계다. 브리스틀파운드 전용 계좌를 개설하거나 지정된 가맹점을 방문해 파운드를 같은 금액의 브리스틀파운드로 환전할 수 있다.

결제 방식으로는 지폐, 온라인 결제, 모바일 문자서비스(SMS)의 세 가지가 있다. 이 중 온라인 결제 시 1%, SMS 결제 시에 2%의 수수료를 가맹점에 부과하고 모든 가맹점은 브리스틀파운드를 법정화폐로 환전 시 3%의 환전수수료를 지불해야 한다. 지류형은 브리스틀파운드사무국(Community Interest Company, CIC)[3]에서, 전자화폐는 브리스틀신용협동조합(Bristol Credit Union)[4]에서 각각 관리한다.

여기서 브리스틀파운드의 발행 규모를 살펴보면, 2019년 기준으로 500만 파운드, 8만여 건의 거래를 기록한 것으로 나타났다. 브리스틀파운드의 운영 전반에서는 비영리단체인 브리스틀파운드사무국이 브리스틀 신협과 파트너십을 체결하고 시스템을 공동으로 관리한다.

3) 브리스틀파운드사무국은 지역화폐 사업을 추진했던 시민사회 활동가들이 주축이 되어 만든 민간단체이며, 지폐의 발행 및 관리, 지급결제 시스템 관리, 가맹점 및 환전소 개설·관리, 브리스틀파운드 홍보 및 마케팅(홈페이지 운영 등) 등의 업무를 수행하고 있다.

4) 브리스틀신용협동조합(BCU)은 가난한 이웃들의 금융 소외 문제를 해결하기 위한 대표적인 지역밀착형 금융기관으로, 지역사회 발전에 기여해야 한다는 협동조합 조직으로서의 사명(가치적 측면)과 지역화폐의 사용자가 많아지면 예금액도 증가하게 됨으로 수익성 개선에 도움을 줄 수 있을 것(수익적 측면)이라는 기대감이 작용해 브리스틀파운드 사업에 참여하게 되었다(부산광역시의회 민생경제특별위원회, 2019.10.25: 64).

그림 5-3 브리스틀파운드의 순환구조

자료: 새로운사회를여는연구원(2014: 51).

나아가 브리스틀에서는 브리스틀파운드사무국과 공식적인 소통구조를 갖춰, 주기적으로 브리스틀파운드에 대한 리스크 관리를 해오고 있다. 최근 들어서는 지역화폐를 세금과 연계시키는 정책, 즉 사업소득세의 일부를 브리스틀파운드로 수령하는 것과 대표적인 지방세인 주민세를 브리스틀파운드로 받기 위한 시스템을 정비했고, 세수로 거둬들인 브리스틀파운드를 간호·요양·복지지원 등 다양한 공공서비스 영역에서 활용하는 방안을 수립해 추진 중이다. 여기서 브리스틀파운드의 순환 과정을 나타내면 〈그림 5-3〉과 같다.

(6) ATOM: 커뮤니케이션형, 일본 도쿄

ATOM은 2004년 4월 일본 도쿄의 와세다(早稲田)와 다카다노바바(高田馬場) 지역에서 생겨난 지역화폐로서 '지구환경에 친화적인 사회', '지역 커뮤니티가 활발한 사회', '국제협력에 적극적인 사회', '교육에 대해 진지하게 임하는 사회' 등 4가지 이념에 근거해 다양한 사회 공헌 활동을 지원한다.5)

그림 5-4 ATOM의 순환구조

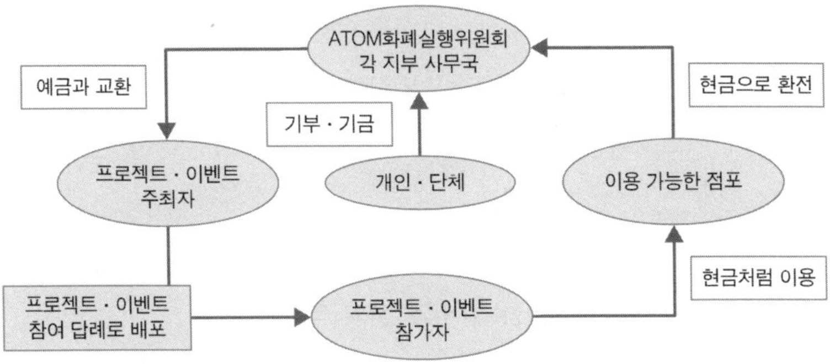

자료: アトム通貨実行委員会(2015) 자료를 참고해 작성.

단위는 '마력'으로 우주소년 아톰의 힘이 10만 마력이라는 설정에서 나왔으며 1마력은 1엔의 가치를 지닌다. ATOM은 비영리단체나 반상회, 자원봉사 모임 등 지역단체가 주최하는 이벤트나 ATOM 가맹점이 실시하는 프로젝트에 참여한 사람들에게 배포된다. 구체적으로는 지정된 레스토랑에서 개인 젓가락 사용, 쇼핑 시 개인봉투 사용, 공공장소 청소, 지역축제 참여 등 매우 다양하다. 또한 ATOM은 비매품으로서 현금으로 교환할 수 없고, 유통기한은 발행일로부터 6개월이었지만, 2009년에 일본 금융청으로부터 선불식 증표에 해당하지 않는다고 인정을 받아 연중 유통이 가능해졌다.

〈그림 5-4〉는 ATOM의 순환구조를 나타낸 것이다. 각 지역에 설립된 ATOM화폐 실행위원회의 각 지부를 통해 프로젝트 이벤트 주최자에게 ATOM을 배포하고, 그것을 프로젝트 행사에 참석한 사람들에게 배부하는 구조다. 참가자는 받은 ATOM을 지정된 가맹점에서 사용이 가능하고, 가맹점에서는 사무국에서 현금으로 교환을 받을 수 있는 형태다.

여기서 ATOM의 발행 규모를 살펴보면, 2004년 200만 마력에서 시작해

5) ATOM화폐의 모티브가 된 '우주소년 아톰(鉄腕アトム)'에서 작가인 데즈카 오사무(手塚治虫)씨는 사람과 사람 사이의 인연의 소중함, 아이들의 미래, 지구의 미래를 걱정하는 메시지를 담았는데 이러한 생각이 ATOM화폐의 행동 이념으로 정립되었다.

2015년 기준으로 2000만 마력(2000만 엔)으로 증가했다. 이 중에서 ATOM을 기념품으로 보관하는 경우도 많아 가맹점을 통해 사용되어 현금화되는 ATOM은 발행액의 절반 수준으로 알려져 있다. 아울러 ATOM의 유통기한은 발행일로부터 6개월이고, 법정화폐로 반환되지 않은 금액은 익년도 사업 운영자금으로 활용된다.

(7) 사루보보 코인: 소비촉진형, 일본형 전자지역화폐

사루보보코인(Sarubobo Coin)은 일본 기후현(岐阜縣) 히다신용조합(飛驒信用組合)에서 2017년 12월부터 발행하기 시작한 전자지역화폐다. 이용자는 현금이나 동 조합의 예금계좌에서 충전해 다카야마시(高山市), 히다시(飛驒市), 시라카와촌(白川村) 지역 내 사루보보코인 가맹점(2018년 3월 기준 350개 점포)에서 사용이 가능하다.

1사루보보코인은 1엔과 동등한 가치를 지니며, 충전 시에 특전으로 사루보보 포인트가 부여되는데, 1 포인트 1엔으로 사용이 가능하다. 사루보보코인은 스마트폰 앱을 통해 제공된다. 결제 시 각 점포는 이용자들이 제시하는 QR코드를 읽어내는 방식을 취한다. 또한 가맹점의 경우에 받은 사루보보코인을 물품 구매에 재이용할 수 있으며, 유통기한은 최종 이용일(포인트 부여일)로부터 1년이다. 또한 사루보보코인의 운영에 드는 비용은 사루보보코인 가맹점에 수수료(1.8%)를 부과하는 형태로 충당한다.

여기서 사루보보코인의 발행 규모를 살펴보면 2017년 도입 당시 100개 점포에서 시작해 2018년 10월 기준 800개 점포로 늘어났고 누적 발행액은 4억 엔에 달했다. 게다가 히다신용조합은 사루보보코인 전체 사용액의 0.15%를 지방자치단체나 관광 관련 단체에 기부하고 있다(이점순·양준호, 2020b: 116). 최근에 히다시는 주민표나 인감증명서, 납세증명서 등의 수수료를 사루보보코인으로 결제가 가능하도록 조치했다.

(8) 어스데이머니, 모리켄: 환경복원형, 일본

어스데이머니(Earthday Money)는 2001년 10월부터 일본 도쿄의 시부야(渋谷)를 중심으로 유통되기 시작한 환경복원형 지역화폐다.[6] 어스데이머니의 발행 주체는 비영리단체인 '어스데이머니협회(Earthday Money Association)'이며, NPO에 대한 기부와 다양한 사회 공헌 활동 촉진을 위해 어스데이머니를 발행해 왔다.

단위는 'R'로 현재 50R, 100R 두 종류가 발행되고, 1R은 1엔의 가치로 사용된다. 어스데이머니는 일반 개인이나 비영리단체(NPO)에 의한 환경과 사회에 기여하는 프로젝트, 지역 상점과 음식점을 운영하는 여러 주체와 연결시키면서 프로젝트에 대한 기부나 사회 공헌 활동을 유도하기 위한 구조다.

또한 결제 방식은 어스데이머니 가맹점에서 티켓 형식의 어스데이머니 또는 모바일 계좌를 이용해 지급하며, 가맹점은 수취한 어스데이머니를 어스데이머니협회에서 법정화폐로 교환할 수도 있다. 특히 어스데이머니는 기부액의 10%를 운영 협력비로 징수 중이며, 2001년 10월부터 2004년 9월까지 환경보전이나 사회 공헌 활동을 통한 어스데이머니 발행액은 300만 R 전후로 나타났다. 이처럼 어스데이머니는 상품 판매나 서비스 제공 같은 일반적인 상행위와 다른 사회 공헌 활동 등 지역복지 분야에서의 생활 속 나눔을 적극 실천해 왔다.

다음으로 산림의 보전을 목적으로 발행하는 모리켄(Mori-Ken)이 있다. 모리켄은 산림 내 임지 잔재나 간벌재를 시중 가격보다 높은 가격에 매입한 뒤 지역 내 상점에서만 활용이 가능한 지역화폐로 대가를 지불하는 방식이다. 1000모리켄은 1000엔의 가치가 있다. 이 방식은 산림 바이오매스를 활용한 순환형 임업의 실천이며, 간벌재라는 지역의 자연 자원에 대한 대가로서 지역화폐를 활용한다는 점에서 큰 주목을 받았다. 2009년에 기후현 에나시(恵那

---

6) 어스데이머니는 매년 4월 22일 세계적으로 열리는 '지구의 날(Earth Day)'을 기념해 명명되었고, 일상적 삶 속에서 환경보전이나 사회 공헌 활동을 촉진하는 것을 목표로 활동한다.

市)를 시작으로 현재 전국 41개소에서 활용된다.

(9) 한밭레츠: 한국형 LETS, 대전시

우리나라에서는 1997~1998년 경제위기에 실업자 구제 수단의 일환으로 지역화폐에 대한 관심이 높아지기 시작했으며, 그 대표적 사례가 1999년 대전에서 시작된 한밭레츠(Hanbat LETS)이다.

한밭레츠는 1999년 10월부터 회원 모집을 시작했고, 2002년 8월부터 '두루'라는 지역화폐를 발행하기 시작했다. 여기서 '두루'는 두루두루 도움을 준다는 의미를 담으며, 1000두루는 1000원에 해당한다. 한밭레츠를 통해 거래되는 분야는 농산물, 의료, 재활용, 공정무역, 음식, 교육, 생활용품, 대여, 후원 등 매우 다양하다.

한밭레츠의 기본 원리를 보면 첫째, '두루'는 현금으로 사고팔 수 없다. 둘째, 한밭레츠 홈페이지를 이용해 생산자와 소비자가 필요한 요구를 확인할 수 있고 직접적인 거래가 가능하다. 셋째는 전자결제 방식으로 거래가 이루어지며 가입과 동시에 일정액의 두루가 부여되고, 사용할 때마다 두루가 차감되는 방식을 취한다. 총거래액 중 최소 30%까지 두루로 결제하도록 되어 있다. 거래가 성사되면 한밭레츠가 운영하는 등록소에 보고하고, 등록소의 운영을 위해 거래액의 5%를 공제한다. 또한 거래 내역은 각 회원에게 공지하며 정산 후 개인 계좌에 거래액을 이체한다.

2018년 기준으로 한밭레츠의 회원 수를 보면 670가구, 거래 건수는 9663건, 총거래액은 2억 6600만 원으로 나타났다. 이 중에서 두루를 통한 거래액은 1억 4200만 원으로 전체의 53.4%를 차지했다(한밭레츠, 2018). 하지만 최근 두루의 사용 범위가 대전시 법동의 일부 지역, 일부 사람들로 한정되어 있다는 한계를 극복하기 위해 '원도심레츠'를 설립하고 좀 더 다양한 사람들을 포섭하기 위한 노력을 계속해 오고 있다.

(10) 서로e음: 한국판 브리스틀 협치 체제, 인천시 서구

서로e음은 인천시 서구 지역의 역외 자금 유출을 막으면서 지역 내 소비를 촉진해 지역경제를 살리고, 소상공인을 보호하기 위한 정책의 일환으로 2019년 5월부터 도입되었다. 서로e음의 시초는 2016년에 연희심곡상인연합회(연심회)가 만든 지류 화폐이며, 지역화폐를 활용한 지역경제 활성화와 지역공동체성의 복원을 목표로 설계되었다.

여기서 서로e음의 특징을 간략히 정리하면 첫째, 다른 지역과 달리 10%의 캐시백 적립 혜택을 제공한다는 점이다. 즉, 이 카드로 1만 원을 쓸 경우 1000원을 돌려받아 다시 사용할 수 있으며, 그때의 보전 재원은 정부가 4%, 인천시가 2%, 서구가 4%를 각각 맡는다.[7] 둘째, 서로e음 이용의 효율성을 높이기 위해 다양한 노력을 전개한다. 사용자는 모바일앱에서 카드를 등록한 후 현금을 충전해 체크카드처럼 사용하면 된다. 카드단말기가 설치된 곳이면 어디든지 사용이 가능하다. 또한 최근에는 서로e음 플랫폼에 음식 배달 주문부터 결제까지 가능한 '배달서구'[8] 서비스도 개시했다. 셋째, 인천 내 다른 지역에서도 사용이 가능하다는 점이다. 다만 서구 지역 밖에서 사용할 경우 캐시백의 적용 비율이 6%로 제한된다. 넷째, 기부 플랫폼인 '서로도움'을 운영한다는 점이다. 이는 캐나다 토론토달러나 일본 사루보보코인 등의 사례처럼 지역화폐 사용액의 일정 부분을 기금화해 지역화폐로부터 소외된 계층을 지원하는 방식이라 볼 수 있다.

또한 서로e음의 발행 규모를 보면, 2020년 3월 기준으로 7340억 원에 달했으며, 그간의 발행비용(누적 캐시백 적립액)은 386억 원으로 전체 발행액의

---

7) 문재인 정부는 2018년 12월에 '자영업 성장·혁신 종합대책'을 마련해 지역화폐 발행을 2조 원으로 확대하고 지자체의 지역화폐 발행에 소요되는 비용의 일부(발행액의 4%)를 지원했다(중소벤처기업부, 2018.12.20: 15).

8) 인천시 서구는 소상공인들이 민간 배달 앱 이용 시 내야 하는 수수료와 마케팅 비용 부담을 덜어준다는 취지로 2020년 5월부터 공공 배달플랫폼('배달서구')을 구축해 운영 중이다.

5.3%를 차지했다. 서로e음의 성과에 대해 분석한 양준호(2020)의 연구에 따르면, 서로e음의 인센티브 제도 및 혜택 플러스를 통한 할인정책 등으로 서로e음 소비자의 가처분소득이 증가해, 이로 인해 소비도 증가하여 지역 내 소상공인들의 매출 증대로 이어졌으며, 또한 서로e음을 통한 소비 증대는 해당 업종에만 그치지 않고 산업 연관에 따라 관련 업종으로 부가가치를 유발한 것으로 분석되었다. 나아가 지역화폐 발행은 필연적으로 지역의 사회적 자본에 영향을 준다. 특히나 서구의 경우 서로e음 운영을 민관 거버넌스를 통한 협치로 운영하는 만큼 사회적 자본의 축적에 크게 기여한다.

인천시 서구의 경우 민관이 협력해 지역화폐 '민관운영위원회'를 구성하고, 서로e음의 운영 전반을 맡으며, 정부 및 지자체 예산으로 운영되는 현행 지역화폐제도의 한계를 극복하기 위해 지역공동체 생태계 조성에도 힘쓴다.

2) 국내외 지역화폐의 유형별 특성

오늘날 지역화폐는 다양한 영역에서 전 방위적인 실천 운동으로 나타난다. 경제 활성화적 측면은 물론 환경적 측면에서 친환경 생활의 실천, 나아가 사회적 측면에서 지역사회 내 사회적자본 형성에 이르기까지 다방면에서 활용된다.

여기서 지역화폐를 본래의 발행 목적별로 살펴보면 ① 자금융통형, ② 커뮤니케이션형, ③ 소비촉진형, ④ 환경복원형의 네 가지로 나눌 수 있다.

첫째, 자금융통형은 지역 및 커뮤니티 운영에 기여하는 기업, 비영리단체 등에 자금을 지원할 목적으로 발행하는 지역화폐다. 앞서 언급한 스위스의 WIR와 프랑스의 소낭트 등이 대표적이다. 무엇보다 특기할 점은 지역 중소기업을 지원하기 위한 저금리 대출이나 상환에서 지역화폐를 적극 활용하고 있는 점이다.

둘째, 커뮤니케이션형은 지역과 커뮤니티의 상호부조를 촉진하기 위해 발

표 5-2 국내외 지역화폐의 유형별 특징 비교

구분	지역화폐 명칭	개시 연도	발행 주체	발행 방법	유통 규모	법정통화로 환전 여부	다른 지역화폐와의 차이점
자금융통형	WIR (스위스)	1934년	WIR경제 동업조합연합회	계좌거래	65억 프랑 (2019년 기준)	불가	1. B2B 거래에서 지역화폐 활용 2. WIR을 통한 저리융자 가능
	소낭트 (프랑스)	2008년	낭트시	신용카드, SMS	-	불가	1. 지역 소상공인과 중소기업 지원 2. 기업 간 대출(무이자)에도 활용
커뮤니케이션형	LETS (캐나다)	1983년	민간 운영사무국	계좌거래	-	불가	1. 적자 한도 존재 2. 국세청에 거래 내역 보고
	ATOM (일본)	2003년	ATOM화폐 실행위원회 각 지부	지폐	2000만 엔 (2014년 기준)	가맹점만 가능	1. ATOM 화폐의 전국 전개
	한밭레츠 (한국)	2000년	민간 운영사무국	계좌거래	2억 6600만 원 (2018년 기준)	불가	1. 지역공동체성 복원 2. 등록소 운영을 위해 거래액의 5% 공제
소비촉진형	브리스톨파운드 (영국)	2012년	공동체이익회사	지폐, SMS, PC	100만 파운드 (2018년 기준)	가맹점만 가능	1. '시민사회' 주도 2. 브리스톨시의 대대적인 측변 지원 3. 지역화폐로 지방세 납부 가능
	킴가우어 (독일)	2003년	비영리단체 (NPO)	지폐, 카드	74만 CH (2016년 기준)	가능 (5% 수수료)	1. 감가화폐 방식 2. 기부를 통해 지역문화와 교육 지원
	사루보보코인 (일본)	2017년	히다신용조합	모바일형	4억 엔 (2018년 10월 기준)	가맹점만 가능	1. 지역금융기관이 주도 2. 전체 사용액의 0.15% 기금 적립 3. 지역화폐로 각종 증명서 수수료 납부
	서로e음 (한국)	2019년	서로e음 민관운영위원회 (인천 서구)	모바일형	5982억 원 (2020년 기준)	가맹점만 가능	1. 민관협치형(한국판 브리스틀 협치 체제) 2. 캐시백 혜택 제공(10%) 3. 기부 플랫폼인 '서로나눔' 운영 4. 공공 배달 앱 '배달서구' 운영
환경복원형	어스데이머니 (일본)	2001년	어스데이머니 협회	지폐, SMS	300만 R (2004년 9월 기준)	가맹점만 가능	1. 자연생태계 보전 2. 기부금의 10%를 운영비에서 충당
	모리켄 (일본)	2009년	기후현 에나시	지폐	-	가맹점만 가능	1. 순환형 임업의 실천 2. 간벌재 등 지역의 자연 자원 활용

행하는 지역화폐다. 일본의 ATOM, 우리나라의 한밭레츠 등이 대표적이다. 이 화폐들의 특징은 지역의 소상인 및 비영리단체 등과 연계해 지역 내 자원봉사와 같은 활동을 포인트화함으로써 해당 지역 내 소비를 촉진하는 선순환을 만들어낸다는 점이다.

셋째, 소비촉진형은 지역상품권과 유사하며 재화나 서비스 구매 시 그 수단으로 이용하는 지역화폐다. 지역·커뮤니티 내에서의 소비 촉진을 목적으로 발행한 것이다. 대표적으로 독일의 킴가우어, 영국의 브리스틀파운드, 일본의 사루보보코인, 우리나라의 서로e음 등을 들 수 있다. 먼저 독일 킴가우어의 가장 큰 특징은 3개월마다 화폐가치가 2%씩 줄어든다는 점이다. 즉, 사용하지 않으면 가치가 떨어지기 때문에 축장되지 않고 화폐 사용이 촉진되어 지역경제가 활성화되는 효과를 나타낸다. 또한 영국의 브리스틀파운드의 경우 최근에 지역화폐를 세금과 연계시키려 노력하며, 세수로 거둬들인 브리스틀파운드를 간호·요양·복지지원 등 다양한 공공서비스 영역에서 활용한다. 한편, 국내 지역화폐의 성공 사례로 꼽히는 서로e음의 경우 사용액의 10%를 현금으로 되돌려 주는 '캐시백 서비스'의 도입, 공공배달 앱(배달서구) 운영, 기부플랫폼(서로도움) 구축 등을 통해 이용자 수의 확대와 거래액 증가 등 가시적인 성과를 내면서 시민들의 호응을 크게 이끌어냈다.

넷째, 환경복원형은 지역공동체 내의 환경문제를 해결하기 위해 발행하는 지역화폐로서 일본의 어스데이머니, 모리켄 등이 대표적이다. 이 화폐들은 일반 개인이나 비영리단체 등에 의한 환경과 사회에 기여하는 프로젝트, 그리고 지역 상점 및 음식점을 운영하는 여러 주체와 연계해 프로젝트에 대한 기부나 사회 공헌 활동을 유도한다. 〈표 5-2〉는 국내외 지역화폐의 운용 실태를 근거로 각 유형별 특징을 간략히 정리한 것이다.

4. 결론과 제언

이상에서 살펴본 국내외 지역화폐의 운용 실태 분석을 토대로 지역화폐 활성화를 위해 몇 가지 정책적·실천적 제언을 하고자 한다.

첫째, 지역화폐의 활용 범위를 넓힐 필요가 있다. 지금까지 지역화폐는 개개인의 소비활동과 상호부조에 주로 이용되어 왔지만, 앞서 살펴본 스위스 WIR, 프랑스 소낭트 등의 사례와 같이 기업 간(B2B) 거래 형태에서 지역화폐를 적극 활용할 필요가 있다. 구체적으로는 특정 기업이 지역 내 조달 업체 간의 거래에서 거래대금 일부를 지역화폐로 지급함으로써, 캐시백 혜택이나 할인율(법정화폐로의 환전 시) 적용 등을 통해 지역 산업 연관을 강화할 필요가 있다. 이로써 지역 내 생산과 지역 내 소비가 소비자와 판매자 간의 관계에서뿐만 아니라 지역 내 기업들 간의 투자 또는 조달 관계에서도 이루어져 지역순환형 경제, 즉 지역 내발적 발전의 실현도 가능해진다.

둘째, 지역 금융기관의 역할에 대한 재검토가 필요해 보인다. 예를 들면, 영국 브리스틀파운드 사례에서처럼 지방은행인 '신용협동조합(Credit Union)' 주도로 기업 대출이 일반화되었고, 특히 지역기업에 대한 대출 상환에 지역화폐를 적극 사용함으로써 지역화폐의 권위와 범용성을 강화해 온 점을 상기할 필요가 있다. 또 다른 예로 미국의 지역개발금융기관(Community Development financial Institutions)과 같이 지역 금융기관의 대출 결정 과정에 해당 지역 주민들이 민주적으로 참여하는 것을 담보함으로써 지역민들의 지역 금융기관에 대한 높은 수준의 신뢰도를 확보해 나가는 것 역시, 지역 금융기관이 지역화폐로 대출을 제공하는 것에 대한 지역 시민사회의 이해와 공감을 얻어낼 수 있게 하는 방편으로 보인다.

셋째, 지역화폐의 활용을 촉진하기 위해 다양한 인센티브를 제공할 필요가 있다. 예를 들어 우리나라 서로e음의 사례처럼 사용 금액의 10%를 현금으로 되돌려 주는 '캐시백 서비스' 도입을 들 수 있다. 이 같은 방식은 사용자들에게 단발성이 아닌 반복적으로 지역화폐를 사용할 수 있도록 동기를 부여함으로써 이 화폐들의 지속가능성을 담보하는 기제로 작용했다고 평가할 수 있다.

넷째, 지역화폐로 결제할 때 발생하는 수수료의 일정 부분을 기금화해 지역화폐로부터 소외된 계층을 지원하는 방식, 즉 지역 차원의 '지역화폐공공기금' 설치 및 운영을 검토할 필요가 있다. 앞서 살펴본 독일 킴가우어의 경우는 사용금액의 일정 부분을 기금화해 지역 내 공익단체에 기부하도록 유도하고, 지역화폐 이용자 스스로가 기부 단체를 선정할 수 있어 지역화폐의 사용 유인도 지속될 수 있다. 이 같은 방식을 통해 킴가우어는 경제적 측면뿐만 아니라 지역문화와 교육을 지원하는 사회적 성격도 띠게 되었다. 지역화폐는 기존의 법정화폐와는 달리 개인의 사적 투기와 자본 증식을 목적으로 하지 않고 지역의 공공적 발전을 목표로 하는 것이니만큼, 지역화폐가 창출하는 부가가치 대부분은 지역 공공성 실현을 위해 재투자되어야 한다.

다섯째, 지역화폐의 운영에서 '관' 주도 방식은 지역화폐의 활성화와 지속가능성에 한계가 있다는 점이다. 세계에서 성공한 지역화폐로 꼽히는 영국 브리스틀파운드나 독일 킴가우어 등의 사례는 비록 그 발행량은 우리나라의 사례에 비해 적은 수준이지만, '관' 주도가 아니라 지역민들의 자발적인 노력으로 설계·운영되고 있으며 대표적인 민관협력 모델로 평가받는다. 이처럼 민관협력을 기반으로 하는 지역화폐는 무엇보다도 지역의 시민사회로부터 탄탄한 지지를 얻어낼 수 있었다는 점에 주목할 필요가 있다. 사실 지역 주민들의 참여 없이 지역화폐 프로젝트는 작동할 수 없기 때문이다. 따라서 '관' 주도가 아니라 지역화폐를 실제로 쓰고 혜택을 보는 시민들이 직접 참여하고 기획하는 협치 구조를 만드는 것이 중요하다. 즉, 시민들이 주도하고, 지자체가 그것을 측면에서 지원하는 형태의 협력적 거버넌스가 필요하다고 할 수 있다.

참고문헌

부산광역시의회 민생경제특별위원회, 2019.10.25. "우리가 만들어가는 부산형 지역화폐". 부산시민 지역화폐 원탁회의. 부산시의회 대회의실.

새로운사회를여는연구원. 2014.「강원도 지역통화 유통방안 조사 연구」.

이점순·양준호. 2020a.「지역화폐의 의의 및 그 활성화 방안에 관한 연구-국내외 지역화폐 사례를 중심으로」. ≪동북아경제연구≫, 제32집 2호.

__________, 2020b.「일본의 전자지역화폐 운영현황과 정책적 시사점에 관한 연구」. ≪전자무역연구≫, 제18집 4호, 107~126.

이한주·김병조·양준호·유영성·이기송·이상훈·김호균·김재영. 2020.『뉴 머니, 지역화폐가 온다』. 다할미디어.

양준호. 2017.『지역 회복, 협동과 연대의 경제에서 찾다』. 인천대학교 출판부.

______. 2020.「서구 지역화폐 서로 e음의 지역 경제 효과 분석 연구」. 인천서구청.

전대욱. 2016.「지역화폐의 도입에 따른 지역순환경제 구축의 동태적 효과」. ≪한국시스템다이내믹스학회 학술발표논문집≫, 2016-0호.

중소벤처기업부. 2018.12.20.「자영업 성장·혁신 종합대책」. 자영업자와 함께 만든 자영업 성장·혁신 종합대책. 국회 의원회관.

한밭레츠(Hanbat LETS). 2018. 제19차 한밭레츠 정기총회 자료집.

アトム通貨実行委員会. 2015.『アトム通貨で描くコミュニティ·デザイン―人とまちが紡ぐ未来?』. 新評論.

菅原浩信. 2014.「発寒北商店街におけるアトム通貨の活用」. ≪北海学園大学経営論集≫, 12巻 2号.

廣田裕之. 2011.『地域通貨入門: 持続可能な社会を目指して』. アルテ.

藤本千恵·浦出俊和·上甫木昭春. 2015.「木の駅プロジェクトの活動実態と運営課題」. ≪農林業問題研究≫, 51巻 3号.

森大顕, 2013.「森と地域を元気にする木の駅プロジェクト」. ≪森林利用学会誌≫ 28巻 1号.

西部忠. 2001.「地域通貨とLETS」. ≪Cmagazine≫, 12月号.

______. 2006.『地域通貨のすすめ』北海道商工会連合会.

松原英治·藤本穣彦. 2019.「地域内循環経済を促す地域通貨の参加と流通のデザイン: オリオンの事例研究と電子地域通貨の展開」. ≪社会環境論究≫, 11号.

日本内閣府地方創生推進室. 2017.「地域消費喚起·生活支援型交付金事業における効果検証にする報告書(概要版)」.

日本政策投資銀行. 2004.「地域通貨とコミュニティファイナンス」.

前田正尚. 2002.「地域通貨コミュニティ·ファイナンスとの連携を探る」. ≪季刊未来経営≫ 7号.

町井克至·矢作大祐. 2018.「地域通貨は地域金融システムに何をもたらすか」. ≪大和総研調査季報≫, 30号.
泉留維·中里裕美. 2017.「日本における地域通貨の実体について—2016年稼働調査から見えてきたもの」. ≪専修経済学論集≫, 52巻 2号.

Chiemgauer. http://www.chiemgauer.info.
Cooperative City. 2017.10.26. "Complementary currencies for a commons-based economy." https://cooperativecity.org/2017/11/26/complementary-currencies/.
DeMeulenaere, Stephen, 1998, "An Overview of Parallel, Local and Community Currency Systems." Complementary Currency Resource Center.
Gesell, Silvio. 1958. *The Natural Economic Order.* Peter Owen Limited.
Marshall, Adam P. and Daniel W. O'Neill, 2018, "The Bristol Pound: A Tool for Localisation?" *Ecological Economics*, Vol.146(C).
Seyfang, Gill. and Williams, Colin. 1997. "LETS make money work for people rather than profits." *Kindred Spirits*, Vol.40.
SoNantes. https://cooperativecity.org.
The Economist. 2017. "Sub-national currencies struggle to survive." https://www.economist.com/finance-and-economics/2017/01/07/sub-national-currencies-struggle-to-survive.

6장

지역화폐, 공공 금융, 블록체인 지역 재투자 플랫폼

지역순환경제의 조건

송지현(사단법인 시민정책공방 지역순환경제센터장)

1. 글로벌 유동성과 지방 경제

2020년 7월 블룸버그(Bloomberg)의 통화공급지수에 따르면 2020년 6월 전 세계 통화량(M2, 광의통화)은 86조 달러(약 10경 3200조 원)에 달하며 한국의 통화량도 3077조 1000억 원으로 2008년 글로벌 금융위기 이후 2배 이상 공급된 것으로 나타났다.

2008년 글로벌 경제위기와 유럽 재정위기로 늘어난 통화량이 금융당국에 의해 흡수되기 전 발생한 코로나19 대유행은 점차 안정을 찾아가던 각국의 내수경기를 다시 침체시켰고, 이를 타개하고자 주요 선진국과 한국을 포함한 대부분 국가 또한 양적 완화로 통화정책을 선회했다.

미국의 시중 통화량(M2)은 2019년 15조 5128억 달러 대비 19.7% 증가한 19억 2900만 달러로 늘어났으며 각국의 중앙은행들도 역대 최저 수준의 기준금리를 통해 글로벌 유동성 확장에 동조했다. 이러한 역대급 유동성 공급은 전 세계 통화량은 물론이고, 국내 통화량을 지속적으로 증가시켜 국내외 경제 전반에 큰 위기를 야기했다.

글로벌 통화량은 긴밀한 연결성을 갖춘 세계 금융시스템에 의해 기하급수

그림 6-1 미국의 시중통화량 변화와 국내 시중통화량 변화

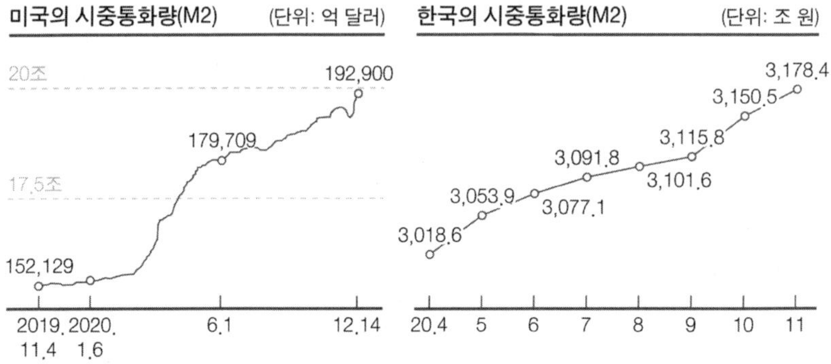

자료: FRED, "M2"; 한국은행 경제통계시스템, "주요통화금융지표".

적으로 늘어난다.

특히 선진국의 통화확장정책은 자국의 유동성 경색을 해소하기 위한 수단으로 사용되나 늘어난 통화량은 국제자본시장을 통해 개도국이나 제3세계 국가로 유입되며, 해당국 경제에 긍정적 또는 부정적인 영향을 끼친다. 일반적으로 글로벌 자본이 개도국이나 제3세계 국가에 유입되면 일시적으로 자본 유동성이 개선되어 경제가 발전하는 자본의 순기능이 발현되기도 하지만, 물가 불안정, 자산시장의 과열 및 부실화를 유발하는 역기능도 발현한다. 즉, 선진국 통화 가치하락에 의해 개도국이나 제3세계 국가 통화가치가 상승하는 근린궁핍화(beggar thy neighbor) 현상이 발생하는 것이다. 결국 해당 국가의 자본 통제력이 낮으면 글로벌 자본 유출입에 따라 자국의 경기가 급변하는 문제가 발생하게 되고, 이러한 일국 경제위기는 해당 국가의 지방 경제를 가장 먼저 타격한다.

일반적으로 경제 권력의 중심이 되는 수도권에 비해 개도국 또는 제3세계 국가의 지방 경제는 상대적으로 취약한 자본과 낮은 산업 경쟁력을 가진다. 영미와 같은 선진국의 경우에도 글로벌 경제위기가 발생하면 지방으로부터의 경제적 위기상황이 선제적으로 발생했다. 영국의 브리스틀, 캐나다 코목

스밸리의 사례가 그렇다. 하물며 개도국이나 제3세계 국가의 지방 도시는 도시재건이 어려울 정도로 경제적 피해가 발생한다거나 지방 자체가 축소·소멸되는 위험이 발생하기도 한다.

이는 소규모 개방경제인 한국도 마찬가지다.

한국의 자본시장은 주식시장을 중심으로 외국인 단기자금 유동성이 높은 시장 가운데 하나이며 자본 불안정성이 늘 상존한다. 「2020년 주요거래소의 증시 동향과 한국 주식시장의 특징」에 따르면 글로벌 주식시장은 풍부한 글로벌 유동성 공급에 의해 주요 지수들이 짧은 기간에 동반 상승했고 코스피의 경우에도 2019년 말 대비 2020년 말 30.7% 상승해 조사대상 4개국(미국, 일본, 중국, 한국) 중 가장 높았다(유정주·김재영, 2021.2.2). 또한 국내시장 외국인 주식 보유 금액은 2019년 593조 2000억 원에서 2020년 764조 3000억 원으로 28.9% 늘어나 해외자본에 의한 유동성 위험지수가 높아졌다(e-나라지표, 2022.4.21).

GDP 기준으로 한국은 선진국으로 분류되지만, 미국과 같은 기축통화국도 아니고 영국, 일본과 같이 외환시장에서 강력한 화폐주권을 가진 나라도 아니기 때문에 신흥국 금융시장이 겪고 있는 외환위기가 언제든 발생할 수 있다. 따라서 코로나19 대유행으로 늘어난 글로벌 유동성 공급이 2008년 이전 수준의 통화량으로 회복되기 전 금융 메커니즘적 문제가 생긴다면 우리나라는 외환 충격으로 인한 급속한 금리인상과 이에 따른 자산시장 위험 증가, 제조업 기반 지방 경제의 붕괴 등 연쇄적 효과에 의한 경제위기가 발생할 수도 있다. 또한 그동안 정부 계획에서 비롯된 중앙집권적 경제개발 시스템은 '수도권 일극화' 구조를 고착화했고, 지방의 자본과 인구가 수도권으로 집중되는 '블랙홀 현상'이 나타난 한국의 현 경제구조에서는 지방 경제구조가 빈약할 수밖에 없다. 특히 글로벌 자본시장에 의한 외부 충격 발생 시 이를 내적으로 분산·회피할 수 없어, 지방 경제 붕괴와 이에 따른 '지역소멸', 지방 붕괴 가속화에 따른 국가 경제 전반의 침체가 예상된다.

1) 지역순환경제와 지역화폐

이렇듯 지방 경제 약화는 국가경제 전반에 영향을 미칠 수 있으며 이러한 지방 경제의 펀더멘털(fundamental)을 강화하기 위해서는 지역순환경제가 시스템적으로 요구된다.

순환경제는 글로벌 경제에서 선진국에 의한 후진국의 수탈 구조와 함께 일국 경제에서 중앙에 의한 지방 경제의 수탈 구조를 그 발생 배경으로 한다.

먼저 이러한 현상을 마르크스의 환경론적 관점에서 살펴보고자 한다.

마르크스는 경제 현상을 자본주의적 생산 관계라는 협의적 관계로만 분석한 것이 아니라 자연과 인간 간의 광의적 관계로도 분석했으며, '인간의 노동'은 자연과 교류하는 과정, 대상인 '자연'은 부의 근원이자 인간 생활의 기반으로 보았다. 여기에 '물질대사(Stoffwechsel)'라는 개념을 도입해 인간과 자연 간의 관계를 분석하고자 했다.

마르크스는 『자본』에서 "자본주의경제는 그 운용과 관련하여 엄청난 낭비를 자행한다. …… 그럼으로써 그것은 생명의 자연법칙에 의해 정해져 있는 사회적 물질대사의 구조에 치유될 수 없는 균열을 일으키는 조건을 만들어낸다"(마르크스, 2015: 124)라고 했으며, 『정치경제학 비판 요강』에서는 "자본은 부르주아 사회를 창조하고 …… 자연은 순전히 인간을 위한 대상이 되고 순전히 유용성을 갖는 사물로 되며 독자적 위력을 갖는 것으로 인정되지 않게 된다"(마르크스, 2000: 20)라고 했다.

이는 자본주의적 생산이 도시인구 비중을 급속히 증가시키고 도시에 거주하는 인간이 수단으로서 소비한 자연을 복구하지 않은 결과 자연의 피폐함이 발생한다는 것이며, 자본주의적 사고로 파생되는 '순환의 문제'를 지적한 것이다.

마르크스의 이러한 문제의식은 한 세기가 지난 1970년대 이후 세계 각국에서 진행된 '소각반대운동'으로 구체화되었다. 소각을 통한 오염물질 배출이 인간의 건강과 자연을 위협하는 반환경적·반경제적 행위임을 주장하며 쓰레기 소각로 가동 중단과 건설 중지를 요구하는 운동이 전 세계적으로 강하게 전개된 것이다.

이러한 국제운동의 영향에 의해 세계 최초로 1994년 독일의 '순환경제 및 친환경적 폐기물 처리 촉진법(Das Kreislaufwirtschfts-und Abfallgesetz)'이 제정되었다.

이 법은 '순환경제'라는 단어가 공식적으로 명문화된 첫 사례이며 이후 일본의 '순환형 사회형성 추진기본법'(2000), 중국의 '순환경제촉진법'(2008) 제정에 많은 영향을 끼쳤다.

GAIA(Global Alliance for Incinerator Alternatives: 세계소각반대·대안운동)는 2000년에 설립된 소각반대 운동의 범세계적 단체로 도시 중심의 대량생산 및 소비에 따른 후기산업사회의 쓰레기 발생 문제, 건설 자본과 부패한 정치, 정치집단에 의해 무차별적으로 진행되는 도시개발과 이에 따라 건설되는 필요 이상의 쓰레기 처리시설 건설을 반대한다.

GAIA의 문제의식과 실천적 행동들은 산업혁명 이후 제국주의에 따른 전 지구적 자원 수탈과 제3세계 황폐화, 그리고 도시에서 쏟아져 나오는 쓰레기 하나까지 자본주의적 문제로 담론화하는 과정에서 나온 것이다.

이는 환경론적 관점의 지역순환경제 아이디어가, 경제 주도자의 자원 수탈 과정에서부터 발생된 쓰레기 폐기 경향에 대한 문제의식이 수탈 대상인 도시 외곽, 즉 지역에 기반을 둔 사람들의 생존과 지속가능성을 담보하고자 생겨난 것임을 의미한다.

순환경제의 경제론적 측면은 이매뉴얼 월러스틴(Immanuel Wallerstein)이 1970년대 제시한 '세계체제론(world-systems analysis)'에서 힌트를 얻을 수 있다. 월러스틴은 자본주의 세계체제의 역사적 전개 과정은 단선적이지만 지리적으로 고정되어 있지 않음을 전제하고, 자본의 운동 원리는 내적 논리로 반복되며 세계체제 내 다양한 지역에서 상이한 형태의 잉여생산이 상호 결합해 세계적 축적 메커니즘을 형성, 국가권력의 강약에 의한 '위계적 분업' 형태로 나타난다고 했다.

이에 따라 자본주의 세계경제는 자본 집중과 경영 형태 변화로 인해 새로운 주변 지역 편입에서 비롯된 '최소임금수용한계'의 인하를 야기하고, 그 결과로 저임금 지역에서 생산 재배치가 진행됨으로써 '중심-준주변-주변'의 세계적 계층구조가 구성되며, 이는 일국 경제에도 위계적 분업에 의한 대도시와 그 외 지역 간 불균형 및 수탈 구조를 고착화한다고 했다. '순환경제'는 이런 의미에서 국가의 제도, 정부 기구, 거대한 자본시장에 대한 지역의 적극적인 저항을 의미한다.

이러한 순환경제의 함의를 바탕으로 글로벌 경제하에서 지역순환경제의 필요성을 두 가지로 짚어볼 수 있다.

첫째, 지방 도시들의 경제적 자립을 위한 필요성이다.

전 세계 지방 도시들은 일국 경제 내에서 법정화폐를 사용하며 경제생활을 영위한다. 일국의 법정화폐는 자국 제도권 내에서 주권적 의미로서 화폐의 3대 기능인 교환·가치척도·저장 기능을 행사하지만, 글로벌 경제에서 일국의 법정화폐 가치는 기축통화인 미국 달러화에 종속되어 있다. 따라서 일국의 법정화폐가 어떠한 정치적·경제적 이유로 달러화와 교환되지 않을 때 해당 국가는 초인플레이션과 같은 경제적 위기가 발생할 수 있다.

뉴욕, 홍콩, 싱가포르와 같은 세계경제 중심 도시가 타 도시와 차별되는 이유는 달러라는 자본을 통해 전 세계의 재화를 수탈하고 유통하는 글로벌 자본시스템의 핵심적 역할을 하기 때문이며, 달러 가치를 지키기 위한 다양한 사업들을 수행하고 도시의 부를 축적하기 때문이다.

앞서 다룬 달러화의 양적 완화는 이런 의미에서 달러화가 가진 헤게모니를 지켜내기 위한 하나의 방법이다. 전 세계의 자원과 에너지를 다양한 수단, 즉 달러 표시 채권과 증권 등을 통해 확보하고 전 지구적 부(富)의 순환 과정을 교란함으로써 달러화라는 것을 드러내지 않고도 그 가치를 유지하기 때문이다.

그러나 달러화의 가치 유지를 위해 희생되는 세계경제 손실이 시간이 갈수록 늘어나고 전 세계 지역경제가 그 피해를 고스란히 수렴하므로, 세계의 지역경제를 회복하기 위해서라도 지역순환경제의 당위성은 확보된다.

둘째, 지역경제에 대한 시민 의식 변화의 필요성이다.

이는 지역 시민들이 중앙집중적 자본주의 수탈 구조를 인식하고 자기방어 기제에 의해 주변 사람들과 공생하는 방법을 찾는 하나의 방법론적 접근이기 때문이다.

순환경제는 이러한 맥락에서 대도시가 아닌 지방의 소도시를 중심으로 한 '지역순환경제'로서 구체화된다. 중앙 경제에 종속된 대부분 지방 경제는 '유동성의 역습'이 발생하면 지역경제의 순환 과정이 일시적으로 멈추거나 장기적으로 퇴행하는 과정을 겪는다.

이러한 현상이 발생하면 지역 시민 중 개인적 역량을 보유한 사람들은 각자도생의 방안을 찾기도 하지만, 일반적으로 대다수 시민들은 이를 관념적 경향의 현실로서 받아들인다.

이 같은 지역 시민의 의식 후행화는 지역경제가 악순환에 빠질 단초를 제공하며, 지역경제에서 나타나는 퇴행적 시민 의식 현상을 극복하기 위해서는 지역경제 안에서 생활하는 시민 의식화, 즉 지역경제에 대한 교육과 변화가 필요하다.

이와 같이 순환경제는 자본주의적 수탈 구조에 대한 명확한 이해와 글로벌 경제의 전방위적 구속 요건에서 벗어나고자 하는 대부분 지역에서 적극적으로 전개되어야 하며, 해당 지역이 자생할 수 있는 적절한 방안으로 제안되어야 한다.

그러한 점에서 '지역화폐'는 순환경제의 중요한 방법적 대안이 될 수 있다.

지역 내 물질 순환을 긴밀하게 만들고 나아가 지역경제 활성화의 촉매제 역할을 하는 지역화폐는, 앞서 이야기한 필요성과 같이 지역 시민들의 의식화에 의한 자발적 참여와 동의 과정이 뒷받침되어야 한다. 또한 지역화폐가 지역경제의 선순환과 지속가능성을 담보하기 위해서라도 지역 시민 의식 자체가 지역문화로 자리 잡아야 한다. 지역경제에 대해 담론하며 이를 해결하기 위한 행동으로서 지역화폐를 충분히 사용할 때 바로 진정한 중앙집중형 경제에서의 탈중앙화와 변혁을 이루어낼 수 있다.

2) 지역화폐의 특성

지역순환경제의 방안 중 하나로서 지역화폐는 다음과 같은 특성이 있다.

첫째, 특정 지역 또는 집단 내에서 통용되는 법정화폐 이외의 지불수단이다. 지역화폐는 탈중앙화를 위한 하나의 수단으로 제안되었다. 따라서 법정화폐 사용의 최소화를 목적으로 한다. 같은 이유로 물리적 거리에 따른 지역적 범위나 특정 구성원 간 거래 목적이라는 사용 범위의 한계를 가진다.

둘째, 발행 목적과 유통 범위, 사용강제성 여부에 따라 법정화폐와 구분된다.

지역화폐는 지역경제의 활성화, 지역공동체의 유기적 관계 향상이라는 발행 목적으로 법정화폐와 구분되는 여러 가지 제약 요건이 있다. 또한 지역화폐는 법정화폐와 달리 강제통용력이 부재해 거래 수단으로서 한계가 있다. 따라서 지역 시민들의 의식화 정도에 따라 지역화폐의 거래 규모가 달라지므로 지역 시민에 대한 지속적인 교육이 필요하다.

셋째, 보편적 지급결제 수단의 불인정이다. 법정화폐는 국가가 액면가치와 지급을 보증하는 결제 수단이다. 그러나 지역화폐는 이를 사용하기로 한 주체들 간의 지급보증에 대한 약속이기 때문에 거래의 범용성이 없다. 따라서 지역화폐 사용에 대한 지역의 문화, 즉 지역 시민들의 합의가 중요하다.

이와 같이 지역화폐는 본연의 목적을 달성하려는 지역 시민들의 공통된 가치와 합의, 지역 내 민·관·산의 협력체제 기반이 매우 중요하며, 이를 통해 자활적 지역경제 형성과 지속가능성을 담보할 수 있다.

3) 지역화폐의 역사와 한계

지역화폐는 오랜 역사를 간직하고 있다. 특히 민간이 발행한 지역화폐는 17세기 말 영국에서 그 원류를 찾을 수 있다.

당시 영국은 모직물 공업을 육성·장려해 농촌을 중심으로 급속도로 경제 발전을 이루었다. 그러나 양을 키우기 위한 목초지 확대로 인클로저가 광범위하게 이루어지면서 농지에서 쫓겨난 농민들이 도시 빈민으로 내몰리거나 유랑하는 문제가 발생했다. 국왕 엘리자베스 1세는 이러한 문제를 해결하고자 1601년 '엘리자베스 구빈법'을 제정했고, 해당 법은 영국 내 정교회의 각 교구가 구빈을 책임지고 구빈 시설을 통한 빈민노동을 적극적으로 권장토록 했다.

이를 바탕으로 17세기 말 존 캐리(John Carry)와 존 벨러스(John Bellers)와 같은 사회개혁가들이 워크하우스(Work House)를 설립해 도시의 빈민들을 갱생하고 협동 공동체를 회복하고자 했다. 특히 존 밸러스는 실업자에게 노동지폐(Labor Notes)를 지급할 것을 제안했고(Pacione, 1999: 63~72), 빈민 노동자들은 공동체 내에서 노동지폐 사용을 통해 경제활동을 함으로써 최초의 지역화폐 모형을 구현했다. 그러나 교구와의 갈등, 재정문제로 노동지폐는 지속되지 못했다.

비슷한 방법으로 로버트 오언(Robert Owen)은 1820년 "모든 재화의 가치는 생산물을 만드는데 필요한 시간만으로 계측할 수 있다"라고 주장하며 평등한 노동 교환 개념의 노동 바우처(labour voucher) 도입을 주장했다. 1832년 '국가평등 노동거래소(National Equitable Labour Exchange)'를 통해 노동증서를 보수로 지급하고, 노동거래소에서 타 참가자가 제공한 여러 가지 재화와 교환할 수 있도록 시스템을 마련했으며, 런던·버밍엄·리버풀·리즈 등으로 점차 확산해 나갔다. 그러나 개인 및 상점 중심의 노동 바우처 시스템에 기업과 전문 기술자 등이 참여하면서 사용량이 폭증하게 되었고, 노동 바우처 신뢰성에 문제점이 노출되기 시작하자 결국 1834년 발급을 중단했다.

이후 1916년 독일 상인 출신의 경제학자 실비오 게젤(Silvio Gesell)은 기존 화폐의 문제점을 해결할 대안으로 화폐가치 감소를 주장하는 '스탬프화폐'를 제안했다. 그는 1916년 그의 저서 『자연스러운 경제질서(Die natürliche Wirtschaft-sordnung durch Freiland und Freigeld)』에서 다음과 같이 주장했다.

> 화폐는 교환 도구이지 다른 어떤 것이 아니다. 그것의 기능은 상품의 교환을 용이하게 하고, 물물교환의 어려움을 제거하는 것이다. …… 단지 모든 사람들이 화폐를 소유하느냐와 상품을 소유하느냐에 대해 무관심할 때만 안전하게 교환될 수 있다. 그리고 그것은 단지 화폐가 우리의 생산물이 내재한 모든 결점과 동일할 때만 가능하다. 그 결점은 명확하다. …… 우리의 재화는 썩고, 부패하고, 부서지고, 녹이 슨다. …… 신문처럼 낡은 것이 되고, 토마토처럼 썩고, 철처럼 녹이 슬고, 에테르처럼 증발하는 화폐만이 토마토, 신문, 철, 그리고 에테르의 교환을 위한 도구로서의 사용될 수 있다. 왜냐하면, 그러한 화폐는 구매자나 판매자 양자에 의해 재화보다 선호되지 않을 것이기 때문이다. 자유화폐의 목적은 화폐가 향유하는 불공정한 특권을 깨부수는 것이다. 이러한 불공정한 특권은 단지 전통적인 화폐 형태가 모든 다른 상품에 대해 가지는 하나의 엄청난 장점, 즉 그것이 파괴될 수 없다는 사실에 기인하는 것이다(Gesell, 1916).

실비오 게젤은 화폐는 교환을 매개하는 공공재로서, 또 사용의 대가로서 오히려 소액의 수수료를 징수해야 한다고 주장했고 이는 독일의 베라(Wära), 오스트리아의 뵈르글(Wörgl), 스위스의 WIR 발행에 큰 영향을 끼쳤다.

이후 1929년 10월 29일 검은 화요일로 시작된 세계대공황에 의한 법정화폐 부족으로 재화와 서비스의 교환이 어려워지면서 많은 수의 지역화폐가 발행되었다.

1929년 10월 독일 중부 튀링겐주의 주도인 에르푸르트(Erfurt)에서 발행을 시작한 베라는 바이에른주 슈바넨키르헨(Schwanenkirchen) 광산에서 급여로 사용되었다. 당시 광부들은 급여의 2/3을 베라로, 1/3을 라인마르크화(Rhein Mark)로 지급받았으며, 베라를 취급하는 가맹점이 늘어나고 재화의 교환이 다양해지면서 지역경제가 크게 개선되었다. 베라는 1931년 독일 제국 전역에서 1000여 개 이상의 가맹점이 취급하며 여러 도시에 베라 환전소가 문을 열기도 했다. 그러나 많은 사람이 법정화폐보다 베라를 사용하기 시작하자 독일 재무부는 1931년 10월 30일 베라 사용을 금지했다.

또한 1932년 오스트리아 뵈르글(Wörgl) 지역에서는 뵈르글이 발행되었다. 대공황 임시 지폐(depression scrip)로 발행된 뵈르글은 대다수 지역 주민들이 높은 실업률로 세금 납부가 어려워지자 지방정부가 직접 발행한 지역화폐다. 뵈르글 지방정부는 공무원 급여의 절반을 뵈르글로 지급하고, 지방기업에는 뵈르글로 세금을 낼 수 있게 했다.

또한 뵈르글은 은행에서 액면가의 98%를 현금으로 교환 가능하게 했으며, 축장 기능을 막기 위해 역진 이자율을 도입했다. 뵈르글로 지역 경기가 살아나자 오스트리아의 다른 지방들도 도입을 서둘렀으나 화폐 공급에서 국가 통제력을 행사해야 했던 오스트리아 중앙은행이 발행을 중지시켰다(이창우, 2013: 14). 유럽에서는 제1차 세계대전 이후 전쟁배상금 등으로 피폐해진 독일과 주변 국가들이 지역경제 침체를 극복하고 부족한 화폐를 대신하기 위해 지역화폐를 많이 활용했다. 그러나 대부분 중앙정부의 통제로 사용이 제한되거나 사라졌다.

미국의 경우 대공황 여파가 닥쳐 많은 지역들이 화폐 부족으로 힘든 시기를 겪고 있었기에 지역경제를 복권하고자 다양한 노력을 기울였다.

라킨컴퍼니(Larkin Company)의 상품채권증서(Merchandise Bond)도 그중 하나다. 라킨 상품채권증서는 지역화폐로 발행된 것이 아닌 일개 회사의 채권이었음에도 대안 화폐로 사용되었다. 뉴욕주 버팔로(Buffalo) 소재의 유망 기업이었던 라킨컴퍼니는 우편 주문 시스템과 카탈로그 영업으로 해당 지역에서 많은 사람을 고용 중이었고 지역민들에게 크게 신뢰받는 기업이었다. 대공항 직후 법정화폐인 달러가 부족해지자 지역민들은 신뢰도가 높았던 라킨컴퍼니의 상품채권증서를 화폐 대신 사용했다. 기업의 상품 채권이 화폐를 대신할 수 있었던 것은 실물자산이 있었던 기업의 담보 능력 때문이었으며, 라킨컴퍼니가 파산하자 상품채권증서 또한 그 효력을 잃고 시장에서 사라졌다.

대공황 이후 제2차 세계대전 종전과 함께 호황기를 맞이한 세계경제는 두 차례의 유류파동(Oil crisis)과 닉슨쇼크(Nixon shock)를 통해 여러 차례 격변기를 맞이했으며, 그때마다 다양한 지역에서 지역화폐를 사용해 위기를 극복했다.

지역산업의 붕괴로 경기침체가 극심했던 캐나다 브리티시컬럼비아주 코목스밸리(Comox Valley)에서 시작된 LETS는 1983년 현대적 지역화폐의 새로운 시작을 알렸다. 코목스밸리는 지역경제 중심을 이루던 목재산업 붕괴와 낚시산업 침체, 미 공군기지 이전에 따라 실업자가 증가하며 지역경제가 몰락하기 시작했다.

이러한 코목스밸리의 상황을 타개하기 위해 컴퓨터 엔지니어였던 마이클 린튼(Michael Linton)은 지역경제의 선순환을 위한 LETS를 만들었다.

LETS는 등록한 회원 간 재화와 서비스를 거래하는 네트워크 체계로서, 운영을 관리하는 사무국의 관리 계좌에 플러스(+)와 마이너스(-)로 거래 포인트를 기록하는 시스템이다. LETS는 운영사무국이 정기적으로 회원들이 보유한 재화와 서비스 정보를 전원에게 알려주고, 회원들이 각기 필요한 재화와 서비스를 교환한 후 사후 거래 정보를 사무국에 통보하는 구조로 계좌를 관리했다.

LETS는 지역화폐 발행 권한을 회원 개개인이 보유했으며, 회원 상호 간 신뢰를 기반으로 확산되었다. 그러나 LETS는 최초 개발자인 마이클 린튼의 의도를 넘어 코목스밸리 지역의 지역경제 활성화뿐 아니라 전 세계 지역공동체 커뮤니티로 확산되면서 생활개선, 상호부조 시스템 등으로 변화하고 있다.

한국의 경우 1997년 동아시아 외환위기로 인해 피폐해진 지역경제를 살리고자 대전에서 최초로 '한밭레츠(Hanbat LETS)'를 기획해 2000년부터 LETS형 지역화폐 운동을 시작했으며 이후 과천품앗이, 송파품앗이 등의 지역공동체 화폐로 발전했다. 그리고 2010년 서울e품앗이 지원사업으로 서울 전 지역에서 LETS형 지역화폐 사업이 시작되어 지역공동체형 지역화폐가 자리를 잡는 계기를 마련했다. 그러나 2016년 재정지원사업이 종료되자 대부분 운영이 중지되었다.

이 외에 인구 2만 7000명의 뉴욕주 이타카(Ithaca)에서는 1991년 '이타카아워(Ithaca Hours)'가 발행되었다. 이타카아워는 자본 독점에 의한 양극화의 원인이 현행 금융시스템에 있다고 보아, 위조 방지 기술이 적용된 지류 화폐 형태의 1아워(Hour)를 10달러(1991년 당시 시간당 임금 기준)로 발행했다. 이타카시의 지역화폐관리위원회(Ithaca Reserve Board)에 의해 격주 발행된 이타카아워는 1991년 초기 40여 명의 지역 시민들로 시작했으나 1998년 1300명 이상, 400개 이상의 가맹점이 참여하며 6700아워를 유통했고, 아동돌봄, 노인케어, 마사지, 상담, 의료 등 1000여 가지의 거래가 가능했다.

이타카시 지방은행의 경우 대출금 납부와 지불수급 등의 금융업무를 이타카아워로 수납했고, 수납된 이타카아워를 은행 자체 관리 용역 비용으로 지출해 지역 내 선순환구조를 만들어내며 지역화폐의 모범 사례가 되었다. 이타카아워는 토론토달러, 아르헨티나의 RGT, 타임달러에도 영향을 주어 지역화폐 확산에 기여한 바가 크다.

유럽연합은 유럽경제의 지속가능성을 위해 유럽의 기업, 연구자, 정치가, 시민사회단체가 참여한 'SPREAD 지속가능한 삶의 방식 2050(SPREAD Sustainable Lifestyles 2050, 이하 2050)'을 2011년 출범했다.

유럽연합을 지속가능한 사회로 만들기 위한 여러 가지 계획 중 하나인 '2050'은 경제·통화 시스템의 혁신 주제를 다양하게 추진한다. 이는 기존 부채 기반의 자본주의경제를 공동체 기반 경제로 전환해 지역화폐 사용을 촉진함으로써 탈중앙 경제를 구축하는 것을 목적으로 한다.

그림 6-2 블록체인 지역화폐인 영국의 헐코인과 미국의 인볼브MINT

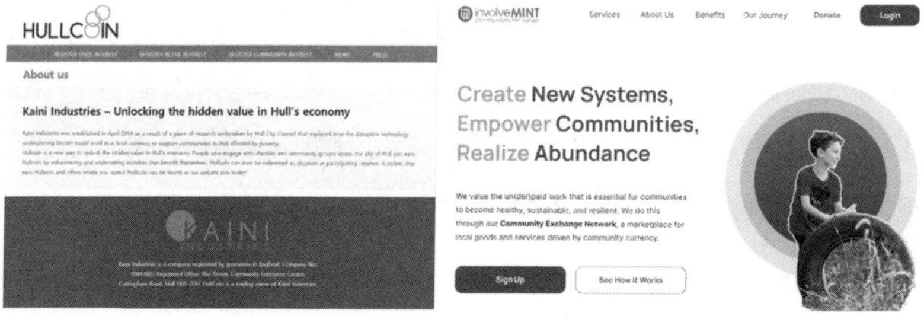

자료: hull-coin.org; involvemint.io.

2050은 2012년부터 2015년까지 지역화폐와 지속가능한 삶을 추구하는 신성장 동력을 개발하고 2025년부터 2050년까지 지역화폐와 포괄적 경제모델의 유럽 전역 합법화를 목적으로 추진 중인 계획이다. 이를 위해 유럽 전역 여섯 곳의 시범도시를 지정해 사업을 진행 중에 있다.

프랑스 낭트[소낭트(SoNantes)], 네덜란드[트레이코인(Tray Coin)], 영국 사우스웨일스[스파이스타임크레딧(SPICE TIME CREDIT)], 네덜란드 암스테르담[마키(Makkie)], 벨기에 람브르흐[E-포르트모네(E-PorteMonnaie)], 영국 브리스틀[브리스틀파운드(Bristol Pound)] 지역에서 진행 중인 이 사업은 각 도시의 특성과 경제적 상황에 맞는 목적, 지역화폐 수단을 사용해 지역순환경제를 시험한다(이수연, 2014: 20-31).

마지막으로 블록체인 기술을 통한 지역화폐 발행이다. 대표적으로 2014년 4월 발행을 시작한 영국 요크셔 헐(Hul)의 헐코인(Hull Coin), 서울 노원구의 지역화폐 노원(NOWON), 미국 펜실베이니아주 피츠버그(Pittsburgh)의 인볼브MINT(InvolveMINT)가 있다.

현재 블록체인 지역화폐는 대부분 봉사와 품앗이, 기부활동 등에 기반한 타임달러 형태로 운영된다. 영국 요크셔주의 헐에서 운영 중인 헐코인은 시의회에서 지역사회의 빈곤퇴치와 공동체 회복을 위해 발행을 시작했으며, 헐 전역의 자산단체와 커뮤니티 그룹에 자발적으로 참여하는 시민들이 참여 대가로 헐코인을 수령한다. 헐코인은 납세자 기금을 통해 헐코인 블록체인 채굴기를 마련했으며 헐 금융포용 포럼(Hull Financial Inclusion Forum)을 통해 운영된다.

서울 노원구의 노원의 경우 자원봉사·품앗이는 1시간에 700노원, 기부금품의 10%, 노원구 마을공동체지원센터를 통해 물품거래 시 실거래가를 기준으로 회원당 최대 5만 노원을 적립할 수 있으며 3년간 사용할 수 있다. 2021년 6월 기준 노원구 내 288개 가맹점에서 사용이 가능하며 평균 결제 금액의 10% 내외에서 노원을 사용할 수 있다. 이를 위해 노원구는 네 대의 블록체인 노드를 구비해 프라이빗 블록체인 네트워크를 운영한다.

피츠버그의 인볼브MINT는 2018년에 645명, 5700시간의 커뮤니티 아워(Hour)와 60여 개의 가맹점을 시작으로, 당해 30만 달러의 지역 내 소비를 유발했고 2020년 5540명의 참여자가 52만 달러의 지역 내 소비를 유발하는 효과를 거두었다.

이와 같이 지역화폐는 오랜 시간 동안 지역에 경제적 위기가 도래할 때마다 새롭고 다양한 형태로 제안되었으며, 지역 시민들은 이를 생존 수단으로 사용했다.

그러나 국가 금융 권력에 의한 사용 제한 조치, 지역화폐 운영상 발생하는 다양한 문제 등 지역화폐 시스템이 극복해야 할 과제들이 도출되었으며, 지역화폐의 지속가능성을 담보하기 위해 이러한 문제들은 반드시 해결되어야 할 것이다.

4) 지역화폐 지속가능성을 위한 금융시스템적 조건

이상과 같이 지역화폐 발행의 시대적 배경과 경제적·환경적 요인들을 살펴보면 지역화폐가 지역 시민과 지역경제를 위해 필요한 수단임에도 지역화폐의 본원적 한계에 따라 널리 사용되지 못함을 알 수 있다.

이는 지역화폐가 자본주의 시장경제체제와 국가 금융 권력의 큰 테두리 내에서 운영되어야 하는 현실적인 문제, 그리고 기존의 시장경제 시스템과 호환성이 있어야만 시민들이 편리하게 사용할 수 있기 때문이다.

그러나 자본주의 시장경제는 화폐경제이고 금융시스템에 의한 비용이 발생한다.

쉬운 예로 현금을 찾기 위해 급하게 ATM을 이용하거나 외화 환전 시 수수료라는 명목의 비용을 지불한다. 또한 주식거래를 위한 증권사 수수료, 행정 또는 사법기관의 서류 발급 수수료 등 우리 일상생활에서는 직접적인 재화나 서비스 외 거래 시 지불하는 부가적인 비용이 있다.

그러나 이러한 비용 중에서도 소비자가 자각하지 못하는 비용이 화폐의 '발행비용'과 카드와 같은 결제 수단을 사용할 때 지불되는 '결제수수료'다.

앞서 다룬 유럽의 지역화폐 실험 중 상호신용거래를 하는 소낭트나 트레이코인의 경우 기존 신용카드 결제 시스템을 사용한다. 이때 재화나 서비스를 제공하는 지역화폐 가맹점에서 카드 매입사에 결제대행에 따른 매입수수료, 즉 카드 결제 수수료를 지급한다.

그리고 영국의 브리스틀(Bristol), 독일 킴가우어(Chiemgauer), 슈테른(Štern), 하겐(Hagen), 작센안할트(Sachsen-Anhalt) 등 다수의 지류형 유럽 지역화폐의 경우 위조 방지 기술이 적용된 화폐를 인쇄하기 위한 조폐 비용, 즉 화폐 발행비용이 발생한다. 이는 지역화폐 사용자인 시민들은 전혀 알 수 없는 비용이다.

이러한 비용은 사용자 측면에서는 상관없지만 지역화폐를 운영하는 지방자치단체나 민간 운영 주체 입장에서는 고정비가 되고, 가맹점 입장에서는 매출에 의한 변동비가 되기 때문에 지역화폐의 지속가능성 관점에서는 문제가 될 수 있다.

또한 지역화폐 발행비용과 카드 결제 수수료는 지역화폐 사용량에 정비례하기 때문에 지속가능성 확보를 위해서는 이와 같은 지역화폐의 숨겨진 비용을 절감하는 것이 매우 중요하다.

그림 6-3 낭트의 지역화폐 '소낭트'

자료: Cooperative City(2017.10.26).

이러한 점에 비추어 지역화폐의 지속가능성을 가늠해 볼 수 있는 효과적 대안으로서, 탈중앙화 및 미래금융 기술로 관심받는 '블록체인' 기술과 블록체인의 핵심적 기술이라 여겨지는 분산원장기술(Distributed Ledger Technology, DLT)로, 이에 대한 대중의 정확한 이해가 필요하다.

분산원장기술은 기존 금융시스템인 중앙집중형 원장기술에 반대되는 개념이다.

중앙집중형 원장기술은 원장(Ledger)을 집중 관리하는 신뢰 가능한 제3의 기관(Trusted Third Party, TTP)을 설립해 해당 기관에 대한 신뢰를 확보하는 방식으로 발전했다. 그러므로 제3의 기관 설립과 운영을 위한 비용은 금융 이용자에게 높은 수수료로 전가되어 왔으며, 이처럼 기관에 의한 규제·감독은 새로운 금융 기술 적용의 진입장벽으로 작용해 혁신적 서비스 제공이나 새로운 사업자의 진출을 막는 요소가 되었다.

이에 반해 분산원장기술은 거래 정보를 기록한 원장을 특정 기관의 중앙서버가 아닌 P2P(Peer-to-Peer) 네트워크에 분산해 참가자가 공동으로 기록하고 관리하는 기술이다.

동등한 권한을 가진 모든 참여자가 거래 내역이 기록된 원장 전체를 각각 보관하고 새로운 거래를 반영·갱신하는 작업 또한 공동으로 수행한다.

그리고 분산원장기술은 효율성·보안성·시스템안전성·투명성 측면의 장

그림 6-4 중앙집중형 금융거래 시스템과 분산원장 네트워크 시스템

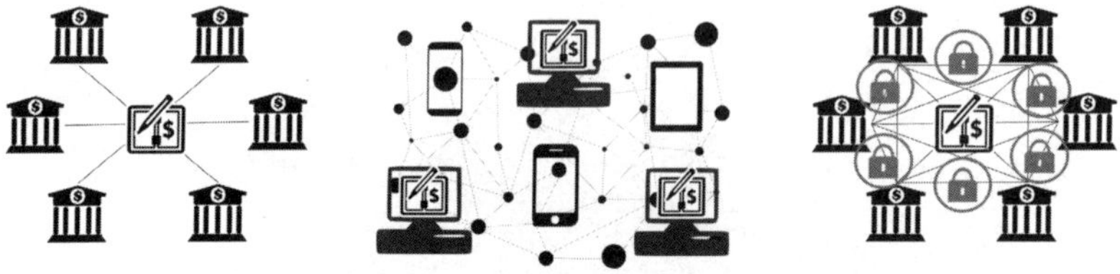

자료: 송지현(2022: 84). 왼쪽에서부터 차례로 중앙집중형 금융거래 시스템, 공개형 분산원장 네트워크 시스템, 폐쇄형 분산원장 네트워크 시스템.

점은 있지만 중앙집중형 원장기술과 달리 데이터의 신뢰를 담보할 외부기관이 별도로 존재하지 않기 때문에 시스템 내에서 신뢰를 형성하는 메커니즘이 반드시 필요하다. 비트코인 개발 전까지 분산원장기술이 지급결제 등의 금융 서비스에 적용되지 못한 이유는 악의적 참가자의 조작을 차단하면서 원장을 갱신할 수 있는 신뢰 매커니즘이 없었기 때문이다.[1)]

그러나 합의에 의한 신뢰 매커니즘을 구현한 비트코인·이더리움과 같은 분산원장기술의 디지털 통화(암호화폐)가 개발·유통되며 실물자산인 화폐·재화·서비스 등과 호환되거나 자산가치로 투자되고 거래가 발생한다는 점은 참여자 모두(지역 시민과 지역 가맹점) 동등한 역할로 하나의 플랫폼 내에서 거래하는 지역화폐와 운영 구조적 측면에서 유사성을 보여준다. 따라서 현재 세계 여러 나라의 지역화폐 운영 주체가 블록체인형 지역화폐에 관심을 가지고 도입을 검토하는 것이다.

또한 분산원장기술은 거래에 따른 비용을 줄여주는 역할을 한다.

공개형 디지털 통화인 비트코인이나 이더리움의 경우 거래 증명에 과도한 에너지 자원이 소요되고 탈중앙화 기술임에도 불구하고 거래를 증명하는 블록 생성이 코인 보유지분에 따른 권력에 의해 증명되는 등 자본주의 시장경제에서 나타났던 다양한 문제가 동일하게 발생했다. 따라서 앞서 이야기한 지역

1) 이 내용은 김동섭(2016)의 내용을 인용하고 일부 보완한 것이다.

화폐 지속가능성의 중요한 문제였던 거래비용에 대해 공개형 디지털 통화 모형을 적용하기에는 무리가 있다.

그러므로 지역화폐의 특성상 지역이라는 물리적 범위가 엄연히 존재하고, 이를 운영하고 참여하는 집단이 한정적이라는 측면에서 폐쇄형 분산원장기술인 프라이빗 블록체인 플랫폼이 지역화폐 거래비용의 문제점을 해소할 수 있을 것으로 본다.

프라이빗 블록체인이란 분산원장기술에 기반한 블록체인이지만, 미리 정해진 조직과 개인들만 참여할 수 있는 폐쇄형 블록체인 네트워크를 의미한다. 여기서 허가된 참여자 외에는 거래 내역과 행위가 공유되지 않으며, 추적할 수 없다. 그리고 프라이빗 블록체인 네트워크에 참여하기 위해서는 반드시 네트워크를 관리하는 주체에게서 허가를 받아야만 하는 등 시스템상 참여에 제한적 요건을 갖추었다. 이는 물리적으로 분리된 지역 전용 거래 수단이라는 점, 지역 주민으로 한정된 참여자나, 혹은 지역 외 주민일 경우 지역화폐 발행 주체에 의해 허가된 사람이라면 거래 가능하다는 점에서 지역화폐의 기본 구성 요소와 같다.

또한 네트워크 내 거래를 위해 별도의 증명이 필요하지 않고 단지 거래를 기록하는 블록체인만 생성된다는 점에서 기존 금융시스템의 거래비용, 즉 화폐의 발권, 결제수수료가 발생하지 않는다. 단, 이런 네트워크를 운영하기 위한 최소한의 시스템 비용이 있기 때문에 이를 해소할 방법으로서 지역순환경제를 목표로 하는 지역화폐 플랫폼의 구체적 방안을 다음과 같이 제안한다.

2. 지역순환경제를 위한 지역화폐 플랫폼

앞서 마르크스의 환경론적 관점에서 시작한 순환경제 개념에서 자본주의적 수탈 구조 이해와 극복을 위한 시민의식의 필요성, 지역의 경제적 자립 및 지역화폐의 당위성, 지역화폐 지속가능성을 방해하는 화폐경제의 문제 요소, 이를 해결하기 위한 수단으로서 분산원장기술의 디지털 통화까지 다양한 주제의 내용을 살펴보았다.

전술한 내용들이 지역순환경제를 위한 지역화폐 구축 방안의 사전적 지식을 살펴보는 것이었다면 지금부터는 지역의 선순환경제 구현을 위해 지역화폐 플랫폼이 어떠한 프로세스와 구조를 갖추어야 하는지 이야기해 보고자 한다.

1) 폐쇄형 분산원장기술 기반 지역화폐 플랫폼

지역순환경제를 위한 지역화폐 플랫폼은 지역승수효과를 만들어내는 역내경제 부분과 자본주의 시장경제의 자본순환 과정을 따르는 역외경제 부분으로 분리해 운영하는 구조다.

이 구조가 의미하는 바는 역내·역외를 이질적인 관점으로 보는 것이 아니라 자본주의 시장경제 체제 안에서 각각 독립적인 자본 시스템을 구축하는 방법으로 보는 것이다. 따라서 지역승수효과를 극대화하기 위한 수단으로 앞서 다룬 폐쇄형 분산원장기술을 적용해 보고자 한다. 폐쇄형 분산원장기술인 프라이빗 블록체인 네트워크는 지역에 한정해 운영하기 쉽고 승인 절차에 따른 회원제 방식으로 운영할 수 있는 구조다. 쉬운 예로 회원가입이 승인되어야 서비스를 이용할 수 있는 회원제 클럽과 같다.

이러한 운영 방식은 기존 지역화폐 운영 시스템과 유사하다. 그러나 기존 지역화폐는 개인적 결제 수단인 지류, 카드, 모바일 등 기존 금융시스템의 화폐적 수단을 사용함으로써 지역화폐 플랫폼 내 거래임에도 거래비용을 발생시킨다.

반대로 프라이빗 블록체인 네트워크의 지역화폐 플랫폼에서는 참여자 모두 분산원장기술의 클라이언트(Client)의 자격으로 거래하기 때문에 기존 금융시스템과 같은 비용은 발생하지 않는다. 물론 이와 같은 프라이빗 블록체인 네트워크의 지역화폐 플랫폼에서는 개인 간 거래를 위한 시스템적 요소인 컴퓨팅 기술이 사용되며, 이에 따른 비용이 발생한다. 이는 참여자 간 개별 거래에 따른 변동비용이 아닌 지역화폐 플랫폼 운영을 위한 고정비용이며 역내와 역외를 구분해 운영하는 플랫폼의 기본적 구조를 위해서 반드시 필요하다.

다음은 지역화폐 플랫폼을 구성하기 위한 전제 조건이다.

첫째, 지역화폐는 일국의 법정화폐와 1:1로 태환되며 일국의 화폐가치와 동일하나 가치 저장 수단으로는 사용할 수 없다.

둘째, 지역화폐를 사용하는 지역의 재화·서비스는 법정화폐 가치와 등가이며, 이를 지역화폐로 거래할 수 있다.

셋째, 지역 내 가맹점은 지역화폐를 사용해 타 가맹점과 거래할 수 있다.

넷째, 지역화폐를 발행하는 지방자치단체와 앵커기관은 지역화폐를 재정수입과 지출로 사용할 수 있다.

이 전제 조건에 따라 폐쇄형 분산원장기술 기반 지역순환경제를 위한 지역화폐 플랫폼의 구조와 흐름을 살펴보면 〈그림 6-5〉와 같은 형태가 된다.

〈그림 6-5〉의 폐쇄형 분장원장기술 기반 지역화폐 플랫폼은 지역화폐 운영기관, 디지털자산거래소, 공공 금융기관을 중심으로 좌측에는 기존 자본경제시장, 우측에는 지역승수효과를 발현하는 폐쇄형 지역화폐 운영 플랫폼 기반의 지역경제 시장이 위치한다.

개요도상의 지역화폐 운영기관과 지방자치단체는 개별적이거나 동일하며, 지역화폐 발행 금액은 지방자치단체의 복지예산과 동일하거나 그 이상일 수 있다.

지역화폐 운영기관과 지방자치단체를 동일하게 보는 이유는 지역화폐가 민간 운영 주체에 따라 운영될 수도 있지만, 국내의 경우 지방정부 차원의 지자체 사업으로도 활발히 이루어지기 때문이다.

또한 발행 금액의 기준을 지방자치단체의 복지예산에 둔 이유를 알기 위해서는 다음과 같은 기술적 이해가 추가적으로 요구된다. 폐쇄형 분장원장기술

그림 6-5 폐쇄형 분장원장기술 기반 지역화폐 플랫폼 개요도

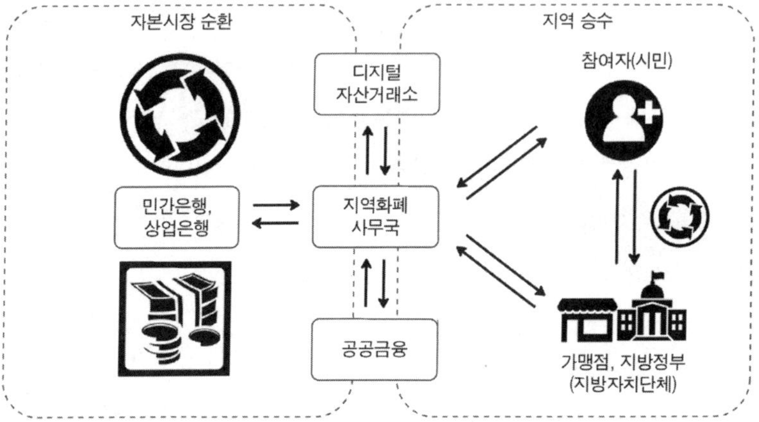

자료: 송지현(2022.2).

을 기반으로 한 지역화폐 플랫폼에서는 공개형 블록체인 네트워크와 달리 작업 증명과 이중 지불 방지를 위한 인센티브가 부재하고, 이에 따른 암호화폐의 내부 생성이 불가능하기 때문에 블록체인 네트워크 내 거래를 위해서는 지분 증명을 위한 토큰(지분증명토큰, proof-of-stake net token)과 네트워크 내 거래를 위한 토큰(거래토큰, cash token)을 별도로 발행해야 한다.

지분증명토큰의 가치는 법정화폐와 태환된다. 1토큰당 비율을 어느 정도의 법정화폐 가치로 정할지는 지역화폐 운영 주체인 지역화폐 운영기관의 몫이다.

만약 폐쇄형 분산원장기술 기반 지역화폐 플랫폼에서 1조 원의 지역화폐를 발행한다고 가정하고 지분증명토큰의 태환 비율이 1 : 1000이면 지역화폐 지분증명토큰은 총 10억 개가 발행된다. 여기서 1조 원이라는 발행 금액은 지역화폐 시스템 내에서 최종적으로 법정화폐로 환원되어야 하는 금액을 의미한다. 이는 지역 내에서 지역화폐가 거래되더라도 법정화폐로 반드시 등가되어야 일국 경제권 내 경제활동과 연계될 수 있다는 것을 의미한다.

따라서 지역화폐 시스템에서 법정화폐로 태환되어 외부로 유출되는 부(富)

그림 6-6 폐쇄형 분장원장기술 기반 지역화폐 상세 흐름도

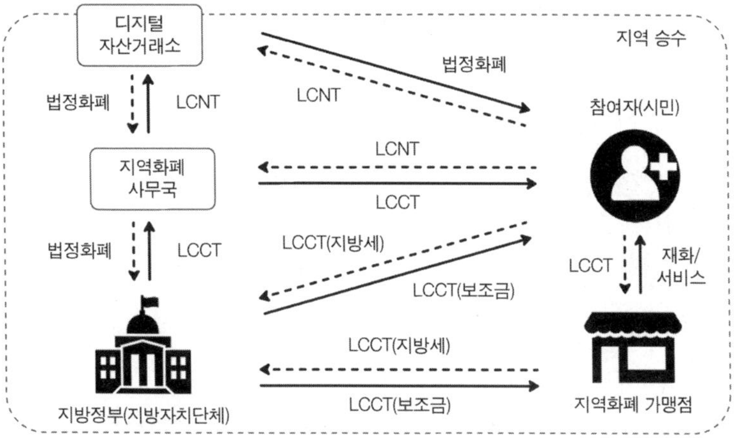

자료: 송지현(2022: 91).

의 흐름을 통제하기 위해서는 지역경제의 최종 수납처가 될 지방자치단체나 지역 앵커기관의 재정 수입과 지출이 지역화폐로 납부될 수 있어야 한다.

지방자치단체가 역내 수급자들에게 단방향으로 지출하는 복지예산 금액만큼 지역화폐를 발행하면, 차후 복지예산에 필요한 세입 대부분을 지역화폐로 수납받아 예산을 구성·지출할 수 있기 때문이다.

〈그림 6-6〉은 폐쇄형 분장원장기술로 구현된 지역화폐 플랫폼의 상세 흐름도를 설명한 것으로 상기 발행된 지분증명토큰(Local Currency Net Token, LCNT)과 거래토큰(Local Currency Cash Token, LCCT)의 지역화폐 플랫폼 내 유통과정을 나타낸다.

프라이빗 블록체인 네트워크로 구성된 지역화폐 플랫폼에서는 참여자인 시민이 법정화폐를 지분증명토큰으로 우선 태환한다. 지분증명토큰은 〈그림 6-5〉와 〈그림 6-6〉에 표시된 디지털자산거래소 또는 지역화폐 운영기관을 통해 법정화폐와 정해진 비율로 교환된다.

지분증명토큰은 지역화폐(거래토큰) 거래를 기록하는 블록을 생성하기 위한 토큰이다. 이는 디지털자산거래소에서 거래되어 투자이익을 생성한다. 그

러나 법정화폐와 태환된 지분증명토큰은 지역화폐 시스템 내에서 거래목적으로 사용할 수 없기 때문에 지분증명토큰을 거래토큰으로 교환해야 하는 과정을 추가로 거쳐야 한다.

상기 흐름에 따른 법정화폐 태환과 토큰 간 교환은 실제로는 전자금융 방식으로 처리되기 때문에 참여자인 시민, 가맹점, 지방자치단체 또는 지역 앵커기관에서는 모바일앱이나 PC 프로그램 등 IT 수단을 통해 간편하게 처리할 수 있다. 지분증명토큰으로부터 교환된 거래토큰은 실제 현장에서 사용 가능한 지역화폐로 통용되며, 지역 시민이 이를 통해 지역 가맹점에서 재화와 서비스를 제공받는다. 지역 가맹점 또한 수취한 거래토큰으로 타 가맹점과 거래할 수 있으며, 이를 통해 지역승수효과가 발현된다. 플랫폼 내에서 여러 차례 거래가 일어난 지역화폐(거래토큰)는 지방자치단체에 납부할 지방세나 지역의 앵커기관(지방자치단체의 출자·출연기관, 병원 등)에 지불할 납부금 등으로 최종 수납되어 지방자치단체 또는 지역화폐 운영기관의 환전 업무를 통해 지분증명토큰과 법정통화로 교환·태환된다.

이러한 지역화폐 플랫폼의 화폐순환 과정을 통해 초기 지역화폐 발행 이후 거래토큰이 지방세수에서 법정화폐를 몰아내게 된다. 지역화폐로 수납된 지방세는 지역화폐를 이용한 지역의 정책 예산으로 편성되어 지역복지, 지역 소상공인 지원, 지역경제 활성화 정책 등을 위한 예산으로서 집행될 수 있다. 이후 매해 지방세 예산 부족분을 지역화폐 발행 금액으로 책정하고 폐쇄형 분산원장 거래 기반 지역화폐로 확대해 나감으로써 지방정부의 화폐 발권력을 키울 수 있으며, 이는 조세제정권이 없는 지방정부의 재정권 강화에 도움이 된다. 그러나 폐쇄형 분산원장기술 기반의 지역화폐 플랫폼이 운영·유지되기 위해서는 앞서 이야기한 대로 고정비용이 발생하며, 이런 비용을 충당하고자 지역화폐사무국과 지방정부(지방자치단체)는 〈그림 6-7〉의 기존 자본 경제 시스템의 자본순환 과정을 활용한다.

〈그림 6-7〉은 폐쇄형 분산원장기술 기반 지역화폐 플랫폼에서 조달된 법

그림 6-7 지역화폐 플랫폼에 조달된 법정화폐의 자본순환 과정

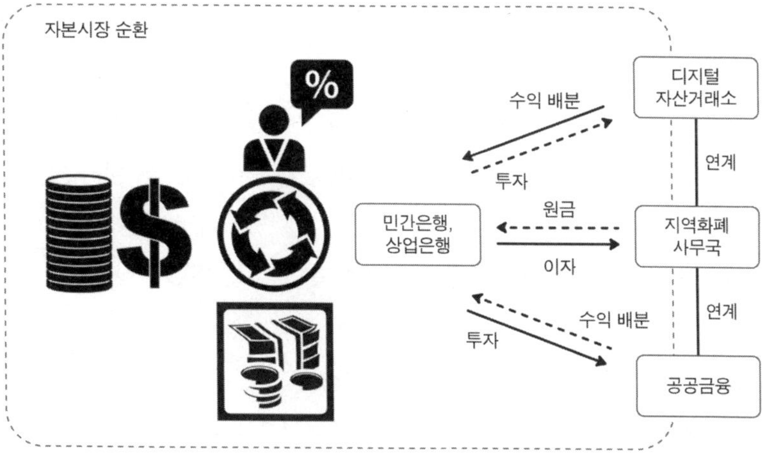

자료: 송지현(2022: 93)

정화폐의 자본순환 과정을 설명한다. 지역화폐 참여자가 거래토큰을 획득하거나 지방자치단체 또는 지역화폐 운영기관이 지역화폐의 이용 활성화를 위해 지방재정을 인센티브로 활용하고자 거래토큰으로 획득할 때는, 반드시 디지털자산거래소나 지역화폐 운영기관을 통해 법정화폐를 태환한다. 이렇게 태환된 법정화폐는 디지털자산거래소 또는 지역화폐 운영기관의 금융계좌를 통해 기존 금융시스템에 투입된다. 기존 자본의 순환 과정은 우리가 이미 알고 있는 바와 같이 글로벌 자산시장과 연계된 국제·국내 금융시장 등을 통해 투입된 원금과 함께 이자수익 또는 투자수익 등으로 돌아오게 되며, 디지털자산거래소는 지역화폐의 안정적 수익성을 바탕으로 한 지분증명토큰의 투자거래에 따른 수익(거래수수료)도 발생시킨다.

〈그림 6-5〉에서 폐쇄형 분산원장기술 기반 지역화폐 플랫폼이 디지털자산거래소, 지역화폐 운영기관, 공공 금융기관을 중심으로 운영된다고 설명한 바와 같이, 지역화폐 운영기관과 각각 연계된 디지털자산거래소와 공공 금융기관이 발생시킨 수익은 해당 기관의 운영비용을 제외하고 일정 수준 지역화폐 플랫폼 수익으로 환원된다. 따라서 지역화폐 사용을 위해 지역화폐 플랫폼에

법정화폐로 조달된 금액은 기존 자본경제시장이 만들어내는 다양한 투자수익 및 이자수익을 통해 지역화폐 플랫폼 운영비용으로서 사용되고 지분증명토큰 수익으로 내재화된다.

이러한 역내외 자본순환 과정은 지역화폐 플랫폼 중추기관들에 의해 안정적으로 유지되며 이를 통해 지속가능한 지역화폐 플랫폼을 구현한다.

2) 지역순환경제를 위한 공공 금융 플랫폼

일반적으로 지역의 금융거래 및 신용거래는 지역경제 주체의 요구보다는 지역경제를 통해 이익을 추구하려는 기존 금융자본에 의해 관리·운영된다.

지역 독과점으로서 지배력을 가진 지역 금융은 지역경제 주체에게 다른 지역에 비해 높은 금리를 적용해 수익을 창출하고, 예수금의 역외 투자를 통해 추가적인 이익을 확보함에도 지역경제 주체를 보호·육성하는 지역 금융의 기본 취지에 위배된다는 점을 문제로 지적받고 있다. 흔히 말하는 '비 올 때 우산 걷는 행위'를 통해 지역경제 침체의 원인을 제공한다는 점에서 기존 상업 금융시스템으로 운영되는 지역 금융을 근본적으로 재정립하고자 하는 노력의 결과가 공공 금융 플랫폼이다.

만약 공공 금융이 지역 금융과 같이 기존 자본시장 경제의 금융시스템을 그대로 답습한다면 오히려 지역 자본을 수탈하는 기관을 하나 더 만드는 데 머물게 된다. 따라서 지역화폐 플랫폼의 공공 금융은 지역경제 주체를 보호하고 육성하는 역할을 위해 기존의 금융시스템과는 달라야 한다. 폐쇄형 분산원장 기술 기반 지역화폐 플랫폼의 공공 금융은 지역화폐 플랫폼에 투입된 시민 자본을 출자해 설립되며, 이는 지역 주체인 시민과 기업이 지역 공공 금융의 주인임을 의미한다.

이는 지역화폐 사용을 위해 환전된 법정화폐와 거래토큰을 공공 금융 자본금으로 활용하고, 공공 금융이 중앙 금융 체제의 관리를 받는 금융기관이 아

그림 6-8 지역화폐 플랫폼의 공공 금융의 자본순환 과정

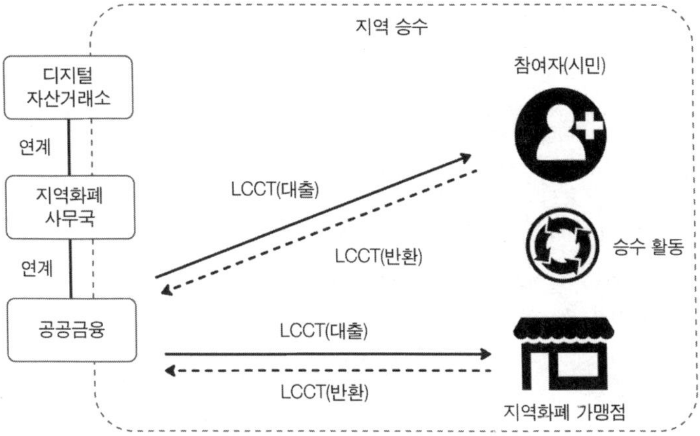

자료: 송지현(2022.2).

닌 상법상 법인 형태의 공공기업으로 설립되며, 형식상 대부 기업의 운영 프로세스에 의해 작동되기 때문이다.

은행 형태의 공공 금융은 예대 업무 등 기존 은행 운영 시스템을 그대로 수행해야 하므로 지역경제가 안고 있는 문제를 적극적으로 해결하기 어려우며, 실질적인 지역 금융으로서 기능하는 데 한계가 있다.

지역 착근형 신용조합이 지역 기반 조직과 협동조합의 형태임에도 불구하고 국가금융감독기관의 관리하에서 일반적인 상업금융의 행태를 보이게 된 것도 같은 맥락으로 볼 수 있다.

따라서 지역화폐 플랫폼의 공공 금융은 상법상 법인 형태의 사회적 금융을 목적으로 하며, 〈그림 6-8〉과 같은 운영 플랫폼 구조와 흐름을 지닌다.

지역화폐 플랫폼의 공공 금융은 지역의 금융소외계층과 중소기업에 대부 업무를 중심으로 하는 사업 구조를 띤다. 따라서 법정화폐가 아닌 설립 자본인 지역화폐의 거래토큰을 기반으로 대출 사업을 하며, 이를 역내에서 순환시킨다. 이는 지역화폐를 이용한 대출과 상환으로 지역화폐 플랫폼 내의 승수효과를 유발한다. 또한 지역 시민과 지역 가맹점이 대출받은 지역화폐는 지역

내에서 반드시 재순환되므로 지역경제 선순환을 자극하고 새로운 수요를 촉발한다.

그런데 이러한 내부적 자본순환이 인플레이션을 일으킬 수 있다는 주류 경제학적 반론이 있을 수 있다. 하지만 지역화폐 플랫폼은 플랫폼 안으로 유입되는 법정화폐에 의해 역내 지역화폐의 가치가 유지되며, 역내 투입된 법정화폐가 외부로 유출되지 않는 한 역내에서 지속 순환한다. 이에 따른 지역승수효과가 발현되는 것이므로 일국적 인플레이션에 영향을 주거나 받지 않는다.

3) 지역순환경제를 위한 지역 재투자 플랫폼

미국은 민간 부분의 주택 건설을 촉진하기 위해 정부보증 모기지 대출을 담당하는 연방주택청(Federal Housing Administration, FHA)을 1934년에 설립했다. 그러나 연방주택청은 설립 취지와 달리 흑인 밀집 지역과 같이 사회적 평판이 낮은 지역을 별도로 구분(redlining)해 정부보증을 제한하거나 거부했고, 따라서 정부보증 대부분이 백인에게 편중되었다.

이에 1977년 미 의회는 인종·종교·국적·성별 및 나이에 따른 신용공여 차별을 철폐하는 노력을 기울였고, 지역에서 예금을 수취하는 금융기관이 지역 내 사회적 약자들의 대출 수요에 적극 대응하도록 의무화한 지역재투자법(Community Reinforcement Act, CRA)을 제정했다.

지역 재투자는 이와 같이 지역을 기반으로 수익을 창출하는 민간금융기업 또는 기관들의 예수금과 이자수익을 지역 내에 재투자하는 행위를 통해 지역의 자본 경색을 막는 역할을 한다.

또한 금융기관 외 지역을 기반으로 하는 제조·유통 기업은 물론이고 학교·병원과 같은 앵커기관들의 지출 등이 역내에서 이루어질 수 있도록 제도를 통해 강제하기도 한다.

이러한 제도적 장치를 뒷받침해 지역순환경제를 만들어줄 수 있는 플랫폼이 앞서 다룬 폐쇄형 분산원장기술 기반 지역화폐 플랫폼이다.

폐쇄형 분산원장기술 기반 지역화폐 플랫폼은 지분증명토큰의 외부화를 통해 지역자본을 디지털 자산화하고, 역외 투자를 유도한다. 이로써 수익을 창출하며 공공 금융을 통한 자본의 내부화로 지역화폐 승수효과를 강화할 수 있는 구조를 갖춰, 지역 재투자 플랫폼으로서 확장성을 높인다.

이미 공공 금융에 의한 지역 재투자는 〈그림 6-8〉과 같이 공공 금융 플랫폼의 자본 흐름으로 설명이 되었으나, 지역경제 주체 외 기존 지역 금융과 연계한 지역경제 활성화, 역외 기업 유인 등은 지역화폐 플랫폼과 함께 충분히 설명되지 못했다.

그러나 〈그림 6-7〉과 같이 지역화폐 플랫폼은 세 곳의 중추기관을 통해 기존 자본시스템과 밀접하게 연결되어 있고, 이에 따른 투자와 상환 활동을 필요한 만큼 전개할 수 있어 지역 재투자를 위한 시스템적 기반으로서 충분하다. 단, 이와 같은 밀접한 연계가 공공성을 담보할 수 있도록 민주적 통제가 반드시 이루어져야 한다.

이는 지역화폐 플랫폼의 자본 기술적 요인이 아닌 시민사회와 지방자치단체에 의한 운영 형태적 요건으로, 지역 재투자에 대한 조직 구성과 더불어 법적 구속력과 같이 명문화된 법적 체계가 필요하다는 것을 의미한다.

자본주의경제에서 지역 재투자를 목적으로 타인의 자본을 강제 수탈하는 행위는 생각할 수 없다. 따라서 지역화폐 플랫폼을 활용한 시민적 조정과 통제에 의한 지역 재투자 플랫폼 구성은 지역 재투자에 소요되는 자본의 투명성, 공공성에 대한 담보, 기존 금융 체제에서 소외된 지역경제 주체를 적극적으로 구제할 수 있는 금융상품 개발, 지역재투자법 또는 조례 제정 등을 통해 기본적인 장치를 마련해야 한다. 이는 폐쇄형 분산원장기술 기반 지역화폐 플랫폼이 민관 거버넌스를 통해 운영되어야 할 이유가 된다.

지역순환경제를 위한 지역화폐 플랫폼은 코로나19 대유행 이후의 다가올 유동성 역습을 피할 수 있는 유일한 지역경제의 방어책이라 생각된다.

곧 포스트 코로나 시대가 도래하게 되면 유동성의 함정에 빠진 글로벌 자본이 급박하게 한국을 이탈할 것이고, 지방 경제의 피해는 이미 전 세대에서 경험했던 이상이 될 것이다. 따라서 기존 금융 체제의 틀에 묶인 현재의 지역화폐 플랫폼을 넘어서는 새로운 지역화폐 플랫폼의 구상과 운영 구조, 대시민 의식화가 필요한 시점이다.

이는 지역소멸에 다다른 전 세계 다수 지역이 공통적으로 준비해야 할 사안이자 글로벌 경제의 자본주의적 수탈 구조에서 지방이 살아남을 수 있는 유일한 수단이다.

이미 분산원장기술은 커먼즈화(commonization)되어 지역의 인재들이 관심만 가지면 누구나 개발에 참여하고 퍼블리싱할 수 있는 수준에 올라왔다. 4차 산업의 기린아라 할 수 있는 블록체인 기술은 탈중앙화라는 기술의 탄생 취지에 맞게 올바르게 활용되어야 할 것이고, 이것이 지역순환경제를 위한 지역화폐의 도구로서 적극적으로 활용되어야 할 것이다.

또한 지역자본이 소프트웨어적으로 운영되고 디지털 자산화되어 전 세계에서 무결성으로 안전하게 거래될 때 지역 시민의 경제적 자유가 보다 빨리 앞당겨질 것이라 생각된다.

참고문헌

e-나라지표. 2022.4.21(최근 갱신일). "외국인 증권투자 현황". https://www.index.go.kr/potal/main/EachDtlPageDetail.do?idx_cd=1086.

김동섭. 2016.「분산원장 기술과 디지털통화의 현황 및 시사점」. 한국은행 지급결제조사자료 제 2016-2호.

마르크스, 카를(Karl Marx). 2015.『자본론 3(Das Kapital: Kritik der politischen O conomie)』. 김수행 옮김. 비봉출판사.

_____. 2000.『정치경제학 비판 요강 2(Grundrisse der Kritik der Politischen O'konomie)』. 김호균

옮김. 백의.
송지현. 2022.2.「지역순환경제를 위한 가상자산 지역화폐 플랫폼」. ≪후기산업사회연구≫, 제1권 1호.
유정주·김재영. 2021.2.2.「글로벌 주식시장 동향과 한국 주식시장 특징」. 전국경제인연합회 보도자료.
이동은·양다영·강은정·박영준. 2013.12.30「글로벌 유동성 확대가 세계경제에 미치는 영향과 정책 대응」. KIEP정책연구 13-02.
이창우. 2014.2.15.「지역화폐를 활용한 서울시 마을공동체 강화 방안」. 서울연구원 2013-PR-65.
이수연. 2014.「유럽의 여섯 가지 지역화폐 실험 소개」.『잇북: 지역화폐 A to Z』. 새로운사회를여는연구원
한국은행 경제통계시스템. https://ecos.bok.or.kr/.
한국은행 경제통계시스템. “주요통화금융지표”. https://ecos.bok.or.kr/flex/EasySearch.jsp.

Cooperative City. 2017.10.26. “Complementary currencies for a commons-based economy.” https://cooperativecity.org/2017/11/26/complementary-currencies/.
HULLCOIN. https://hull-coin.org/.
InvolveMINT. https://involvemint.io/.
FRED(Federal Reserve Economic Data). “M2”. https://fred.stlouisfed.org/series/M2.
Gesell, Silvio. 1916. *Die natürliche Wirtschaftsordnung durch Freiland und Freigeld*. Physiokr.
Pacione, Michael. 1999. “The Other Side of the Coin: Local Currency as a Response to the Globalization of Capital.” *Regional Studies*, Vol.33, No.1.

7장

지역순환경제 구축을 위한 '지역공동체 부 구축'

지역공동체 부 구축, CWB

이상헌(인천대학교 후기산업사회연구소 상근연구원)

1. 머리말

1) 현재 우리나라의 지역 현실

서울을 중심으로 모든 경제력과 부가 집중되어 머지않아 지방이 소멸될 것이라는 우려는 이미 오래전부터 제기되었다. 이에 더해 지금과 같은 저출산·고령화마저 지속된다면 부산과 대구를 비롯한 우리나라 전국 13개 광역시·도의 인구, 즉 지방의 인구가 2017년에 비해 총 500만 명까지 감소할 것이라는 예측이 나오기도 했다(≪경향신문≫, 2021.8.13). 특히나 청년을 중심으로 하는 생산 가능 인구가 서울 등 수도권으로 쏠리는 현상이 지속된다면 지역소멸 현상은 더욱 빨리 다가올 것이라는 견해들이 주를 이룬다. 지역소멸은 곧 지방의 모든 경제적 인프라나 경제의 성장 동력이 고갈되어 그야말로 지역이 황폐화되는 것을 의미한다. 더 나아가 이는 그간 유지·존속되어 왔던 지역의 문화나 지역공동체마저 파괴되는 것을 의미한다.

이러한 서울로의 쏠림과 집중 현상은 비단 저출산·고령화라는 현상에만 기인하는 것은 아니다. '신자유주의' 혹은 '신자유주의 세계화'라는 말은 일찍이 우리에게 낯익은 표현이자 현재 우리의 모든 삶과 현실을 규정하는 표현이라 해도 틀린 말은 아닐 것이다. 이른바 시장주의로 대변되는 신자유주의 세계화라는 질서는 이미 세계 각 나라의 공통적인 현상이기도 하지만, 이는 글로벌 차원을 넘어 일국 내의 각 지역까지 구석구석 파고들어 우리의 삶을 피폐화하고 있다. 지역소멸을 재촉하는 지역경제의 위기와 피폐화는 바로 이 지점에 착목해 조명해야 할 것이다.

국경을 넘나드는 글로벌 대자본과 국내의 유수 재벌 자본들은 서울에 본거지(본사)를 두고 우리네 지역 구석구석까지 침투해 지역에서 얻어낸 소득과 자금을 수도권으로 유출한다. 이른바 지역 내에서 창출된 부가가치가 지역 내에서 순환되거나 재투자되지 못하고 역외로 빠져나가면서 지역은 더욱 공동화·슬럼화되어 가는 것이다(양준호, 2020a: 20). 그리고 원래부터 지역에 착근되어 있던 향토 기업이나 매매업체들, 특히 골목상권들마저도 대자본과의 경쟁에서 살아남을 수 없어 문을 닫거나 흡수 또는 소멸되어 버린다. 지역경제를 활성화한다는 명목으로 지역에 유치한 글로벌 자본이나 국내 대기업의 공장 혹은 지사들 또한 언제나 불안하기는 마찬가지다. 이들은 지역의 일자리나 지역의 소득 창출, 나아가 지역의 발전보다는 자사의 이익이나 자본 증식에 최우선 목적을 둔다. 그러기에 경제 상황의 변수에 따라 더 값싼 노동력과 더 나은 이윤을 찾고자 다른 지역으로 옮겨가거나 전략적 폐쇄로 지역을 더욱 어렵게 만든다. 즉, 지역 내에서 자기 완결적인 경제 시스템을 갖추지 못한 채, 외부 자본만을 유치하는 방식은 지역을 더욱 황폐화시키는 원인으로 작용하며, 지역의 지속가능성을 담보해 내지 못한다(양준호, 2020a: 21).

지난 2018년 5월에 있었던 한국지엠 군산공장 폐쇄는 이러한 현상을 가장 쉽게 이해할 수 있는 단적인 예라고 할 수 있다. 당시 공장 폐쇄로 인해 일자리를 잃은 노동자들이 다른 일자리를 찾아 떠나면서 인구 유출뿐만 아니라 지역의 요식업체 중 20%가 휴폐업을 하는 등 그 피해가 적지 않았다(≪뉴시스≫, 2018.5.31). 이는 지역이 자기 완결적인 경제 시스템을 갖지 못한 채 신자유주의 체제에 편입되어 자본의 이윤에 종속되어 버린 사후적 결과를 교훈으로 보여주는 하나의 단면이라 할 수 있다. 이처럼 현재 우리나라의 지역 현실은 신자유주의 세계화에 포섭되어 있으면서 지역의 성장 동력을 잃어버린 채 피폐화와 공동화가 가속화되어 가고, 이른바 지역소멸이라고까지 불리는 위기에 처해 있다.

2) 피폐된 지역을 회복하고 지역 주민의 삶을 살찌우기 위한 실효적 방안 모색

하지만 각 지자체는 지역 소생을 위한 해법을 엉뚱하게도 도로 신자유주의형 방식에서 찾는 우를 범하고 있으며, 이것이 또한 작금의 상황이다. 대표적인 지역경제 연구자인 인천대학교 양준호(2019)에 의하면, 이른바 지방자치단체들은 그간 '외부 기업 유치 만능론'의 기조 위에서 지자체의 예산을 쏟아가며 외부의 대기업이나 대형 토목사업 등의 유치만을 통해 지역 회생을 도모하고자 했지만, 오히려 그동안 지자체의 예산만 낭비하면서 실패를 반복해 왔을 뿐이라고 주장한다. 또한 이러한 방법들은 오히려 지역이 더욱 피폐화하는 요인이 되었고, 나아가 지역 환경까지 파괴시키는 결과로 귀착되었다고 주장한다.

결국 외부 기업과 자본을 유치하기 위해 조세 감면 등 지자체가 각종 혜택과 공을 들였지만, 이들은 마치 송유관으로 기름을 송출하듯 지역에서 벌어들인 이윤을 그들의 본사나 모회사로 고스란히 유출했을 뿐이다. 즉, 지역 주민의 이익 증대를 위한 지역 내 재투자가 아니며, 이는 지역과 무관한 그들 자본의 주주들에게 이윤이 흘러들어 가게 해왔다는 것이다. 그뿐만 아니라 부품이나 원자재 조달 역시 지역 내 기업에서 조달하는 것이 아니라, 조달처가 원거리에 있을지라도 자기 회사의 계열사에서 공급받기 때문에 지역 내 기업과의 산업 연관을 통한 지역경제의 활성화는 당초 기대할 수 없었던 것이다.

또한 양준호(2019)에 의하면, 본디 이 자본들(외국자본, 국내 대기업 등)이 지

역으로 들어온 이유는 지역 산업 연관을 통한 지역경제 활성화나 지역 주민의 소득 증대와 거리가 먼 자사의 이윤 창출에 있었다. 이 때문에 그 지역에서 이윤을 뽑아가는 것이 목적인 역외 자본들에게 지역의 발전이나 고용 창출, 지역 내 기업과의 상생은 먼 얘기였다고 주장한다. 다시 말해 그토록 지자체가 공들여 유치한 기업들은 지역에 재투자하는 데 관심을 기울이지 않았던 것이다(양준호, 2020a: 24).

하여 이제 각 지역은 현실에 맞는 새로운 방법론에 입각해 지역경제를 회생시키면서 지역 주민들의 삶을 살찌우고 나아가 파괴된 공동체까지 복원할 길을 모색해야 하는 시점에 직면했다. 이는 기존 신자유주의적 시장만능주의를 기반으로 한 외부 투자 유치적 정책 발상이 아닌, 지역 내에서 지역산업 연관과 재생산적 시스템을 강화하는, 이른바 지역의 지속가능한 지역경제 시스템에 관한 발상이어야 할 것이다.

2. 대안으로서의 지역순환경제

신자유주의 세계화와 시장주의 경제체제는 세계 각 나라의 공통 현상임과 동시에 글로벌 차원을 넘어 일국 차원의 각 지역까지 파고들어 대부분의 지역마저 피폐하게 만들었음은 앞서 언급했다. 글로벌 신자유주의 경제 시스템에 기반을 둔 독점 대기업과 글로벌 자본은 지역과 지역경제를 피폐화함으로써, 결국 그 지역에 착근된 향토 기업마저 도태시켰다. 이는 지역에 대한 대자본의 횡포와 시장 독점에서 기인한 당연한 결과이기도 하다.

지역경제가 지속적으로 발전하면서 지역민들의 경제적 삶이 안정되기 위해서는 이른바 지역 내의 '재투자력'과 '지역력'을 갖추어야 한다. 즉, 지역 내 재생산 시스템을 유지하고, 그 지역에서 축적된 자금을 해당 지역 내부에 투자하며, 한 발 더 나아가 지역 내부에서 고용·원재료·부품·서비스 조달이 꾸준히 이루어질 때 비로소 가능하다(오카다, 2016: 12).

지역순환경제는 이렇게 글로벌화된 신자유주의 체제에 바탕을 둔 대자본의 지역 수탈과 지배에 대한 대안적 경제 시스템이라고 할 수 있다. 이는 자본주의적 대량 생산 방식에 기초한 이윤 추구나 시장주의적 경제 메커니즘이 아닌, 지역 내 자체의 필요와 이에 맞춘 통제와 조절 등 지역민들의 상호작용에 기반한 지역의 선순환적 경제 메커니즘이라 할 것이다. 또한 이는 지역에 뿌리를 내리면서 지역의 모든 구성원들이 시장주의에 포섭된 개별화된 공간이 아닌, 구체적 동일 공간 안에서 인간적인 삶과 사회적 가치를 실현하고 공동체적 삶을 영위하기 위한 시스템임과 동시에 생산·유통·소비와 투자를 지역 내에서 재생산하는 시스템이다. 따라서 지역순환경제는 신자유주의의 세계화 및 대자본에 대한 대항이자 일국적 차원에서의 중앙집권에 대한 대항, 동시에 대안의 의미를 함의하는 경제 시스템이라고 말할 수 있다.

이러한 지역순환경제 시스템은 글로벌 자본의 파괴적 수탈과 중앙집권체제의 희생으로 낙후되었던 미국의 러스트벨트 지역, 그리고 영국의 침체된 여러 도시를 중심으로 최근 빠르게 퍼져갔으며, 그중에는 매우 성공적인 사례가 된 도시들도 생겨났다. 영국 랭커셔주의 프레스턴(Preston)과 미국 오하이오주의 클리블랜드(Cleveland)는 지역순환경제 시스템을 도입해 성공적인 결과를 보여준 대표적인 도시다.

특히 이 도시들에서는 이른바 '지역공동체 부 구축(Community Wealth Building, CWB)'이라는 방법(CLES, "The Community Wealth Building Centre of Excellence")으로써, 지역의 앵커기관들 간 네트워크를 강화해 지역경제와 지역 주민들의 삶의 질을 더욱 높인 사례로도 널리 알려졌다.

3. 지역순환경제의 방법론으로서의 CWB

1) 의미와 구축 배경

1980년대 이후 이른바 신자유주의 세계화가 본격적으로 지구촌을 질주하는 가운데 2008년 서브프라임 모기지 사건으로 대변되는 세계 금융위기는 특히 미국과 영국 등지에 큰 충격으로 다가왔다. 이에 가장 큰 고통을 받은 대상들이 노동자, 농민, 영세업자 등 사회적 약자들이었음은 두말할 나위가 없었다. 여러 국가가 각자의 현실과 조건에 맞는 위기 극복 방법들을 동원해 현실을 타개하려 하는 노력들 속에서, 대체로 모든 나라가 공통적으로 대응한 방법적 조치가 '공적 자금을 통한 금융기관 구제'와 '정부의 재정지출 확대'였다.

이러한 일국 차원의 정부 주도적 경제위기 극복 방법 속에서도, 이와는 별도로 피폐해진 지역 상황을 복원하고 어려워진 지역 노동자 시민 등 지역 구성원들의 삶과 후생을 지역 스스로가 회생시키려는 지역적 실천이 있었다. 그 실천들이 선도적으로 나타났던 대표적인 지역(도시)이 바로 미국 오하이오주의 '클리블랜드'와 영국 랭커셔주의 '프레스턴'이었다(CLES, "Community Wealth Building in Preston").

특히 영국 프레스턴의 경우, 2010년 영국 보수당이 정권을 잡은 뒤 신자유주의적 긴축재정 기조하에 지방자치단체로의 보조금 등 공적 지출이 급격하게 줄어든 상황에서, 여타 자치단체가 문제 해결 방법으로 사용했던 민영화 조치와는 달리 이른바 '게릴라 로컬리즘(guerrilla localism)'으로 불리는 특수한 방법으로 적극 대응했던 예는 CWB를 이해하는 데 좋은 사례라고 볼 수 있다(양준호, 2020b: 75~76).

양준호(2020b: 76)에 의하면, 공적 지출의 경우 영국과 EU의 규제에 준하는 엄격한 감사를 받으며 집행되어야 했기 때문에 일정액 이상의 지출은 경쟁입찰로만 붙여야 했고, 따라서 규모가 큰 사업의 수주나 조달은 지역(프레스턴)

밖에 본거지를 둔 대규모의 초국적 대기업들이 독점하는 경우가 일반적이었다고 한다. 따라서 지역에 착근된 형태로 사업을 하는 중소기업들이 비집고 들어갈 여지가 없었다. 또 양준호(2020)에 의하면, 프레스턴은 이후 한 건의 사업을 계약할 때 뭉뚱그려진 하나의 큰 사업으로 계약하지 않고 작은 사업들로 세분화해 계약하는 방법을 도입함으로써 지역 사업자들이 비로소 지역의 앵커기관인 프레스턴 시에 조달력을 갖도록 만들었다고 평가한다.

그뿐만 아니라, 양준호(2020b: 76~77)에 의하면 경쟁입찰 기준에서도 단가(비용) 이외의 조건들, 이를테면 품질이나 지역민의 스킬 트레이닝(기술교육), 지역기업들과의 투자-조달 관계, 지역 노동자와 하청업자의 채용, 서플라이체인(공급사슬)의 길이 등 지역 재투자를 담보할 수 있도록 하는 기준들을 추가 도입했음을 알 수 있다.

2) CWB의 개념 정의

영국의 지역경제전략센터인 CLES(Centre for Local Economic Strategies)[1]가 내놓은 정의를 직역하면 다음과 같다. "지역공동체 부(자산) 구축은 지역경제 발전에 있어 사람 중심의 새로운 접근 방식으로, 이것은 (지역에서 축적된) 부를 지역경제로 되돌리고 이익과 통제를 지역 사람들의 손에 맡긴다"(CLES, Our Work). 앞서 언급했던 지역순환경제를 실현하는 하나의 방법론이라 볼 수 있다.

그 방법론적 골간은 지역에 뿌리를 내린 이른바 앵커기관이 중심이 되어 앵커 네트워크(anchor network)를 구축함으로써 지역 내 조달과 공급·고용 등의 활동을 더욱 강화하는, 그러면서 지역 내 선순환경제를 견인하는 시스템을 수립하는 것이라고 할 수 있다.

---

1) 1986년도에 설립된 영국의 지역경제전략센터로서, 지역에 CWB 전략을 제공할 뿐만 아니라 지역 내 앵커기관과의 네트워킹 등을 포함해 지방정부의 성공적인 CWB를 다방면에서 조력하고 지원하는 국가 차원의 전략 기관이다.

또한 그동안 지속가능하지 못한 주민 배제적 외부 투자 지역발전 모델에 맞서는 새로운 지역발전 전략이라고도 할 수 있으며, 지역 주민과는 이해관계가 없는 자본(주주)의 입장에서가 아닌 지역에 뿌리를 내리고 살아가는 생산자와 노동자 등 지역경제 주체들의 입장에서 실천하는 자본주의 위기 극복 방식이자 대안경제 시스템이라고도 할 수 있다.

CLES에 따르면 CWB의 접근 방식은 국가가 공공의 가치를 보호하고 시민들과 함께 좋은 결과를 달성하기 위해 노력하는 유럽식 사회민주주의의 전통에 뿌리를 두며, 또한 오하이오주 클리블랜드의 민주주의 협력(The Democracy Collaborative)과 바스크 지방의 몬드라곤 협동조합(Mondragon Cooperative Corporation)에 의해 개척된 지역공동체 부 구축에서 영감을 얻었다고 한다. 또한 지역공동체 부 구축은 긴축과 금융화 및 자동화라는 현대적 도전에 대한 대응이며, 위험이 있는 곳에서는 회복력을 제공하고 불안정한 곳에서는 지역경제의 안정을 제공하기 위해 노력하는 것이라고 말한다(CLES, "What is community wealth building").[2)]

3) CWB의 5가지 원칙

CWB를 실천하기 위해 CLES가 수십 년 동안 영국 및 전 세계의 지방자치단체 및 앵커기관들과 협력하면서 개발한 다섯 가지 원칙이 있다. 이를 개략적으로 살펴보자.

(1) 경제의 다양한 소유권의 원칙

지역사회에서 지역의 노동자, 지역의 주민 및 사업체들에 의해 창출된 부가

2) 프레스턴 CWB의 역사와 원칙에 대해서는 CLES(2021.7.16)와 CLES 홈페이지에 게재된 "The community wealth building centre of excellence", "The principles of community wealth building"에서 자세히 설명하고 있다.

이들에게 돌아가지 않고, 그 대신 지역과 무관한 먼 거리에 있는 주주에게 이윤과 배당금으로 유출되는 문제가 있다. 이를 해결하기 위한 CWB의 접근 방식은 지역 노동자와 지역사회에 의해 창출된 부를 그들 지역민이 소유할 수 있도록 다양한 기업 소유 모델을 제시함으로써 '지역적 소유'라는 의미에 걸맞은 지역기업을 육성하는 것이다.

(2) 지역 금융력 만들기 원칙

영국의 은행들은 지역에 대한 투자나 지역의 경제 발전보다는 글로벌 시장을 지향하며, 최근 몇 년 동안 소기업 대출이 정체되고, 대출 기관과 지역사회 간의 연결이 끊기는 것을 봐왔다. 그렇기 때문에 이를 해결하기 위한 CWB의 접근 방식은 국내 또는 국제 자본을 지역에 유치하지 않고, 지역에 존재하는 부를 상호 연결함으로써 지역경제 내에서의 투자 흐름을 늘리는 것이다.

(3) 공정한 고용과 정의로운 노동시장의 원칙

고용 안정의 약화가 노동 조건 악화로 이어지고, 이로 인해 발생한 시간제·계약직의 증가는 영국에서 많은 사람들의 고용 현실이 점점 더 불안정해지고 있다는 것을 의미했다. 이를 해결을 위해서는 앵커기관이 그들의 인적자원 부서와 협력해 지역 사람들에 대한 고용 기회를 확대하고, 이로써 노동자 권리를 개선할 뿐만 아니라 지역경제까지 활성화해야 한다.

(4) 재화서비스의 진보적 조달의 원칙

앵커기관의 조달력은 더 큰 경제적·사회적·환경적 이익을 달성할 수단이 될 수 있으며, 앵커기관이 돈을 어떻게 지출하고 어떻게 구매하는지 등은 계약상 매우 중요한 요인이 될 수 있다. 그럼에도 불구하고 환경적·사회적 가치나 좋은 고용 조건 등은 오히려 등한시되는 경향이 있는바, 이를 해결하기 위해 앵커기관은 물품·서비스의 진보적인 조달을 촉진할 조달 프로세스와 의사

결정을 조정함으로써 지역 내 고용을 지원하고 부와 잉여를 재순환할 수 있는 밀도 높은 지역 공급망과 기업 생태계를 창출해야 한다.

(5) 토지 및 자산의 사회적·생산적 사용 원칙

토지소유권은 경제적·정치적 힘의 표현이기 때문에 매우 중요한 것인데, 영국에서는 토지소유권이 극소수의 손에 집중되어 있으며, 현재의 토지 소유 상태는 불평등의 주요 원인으로 작용한다. 또한 소수의 개인 소유자는 부동산 시장에서 투기를 통해 이익을 얻는 반면, 대다수는 정당하지 않은 주택 가격으로 고통을 겪는바, 이의 해결을 위한 방안적 원칙은 다음과 같다. 즉, 지역 내 자산은 지역 시민을 위해 부의 창출을 보장하는 방식으로 소유·관리되어야 하며, 이를 위해 공공 토지소유자는 지역사회가 공공 자산에 대해 직접적인 통제권을 행사할 수 있도록 거버넌스 및 관리구조를 개발해야 한다.

이상 5가지 원칙 중 핵심 내용만 개략적으로 발췌해 보았다. 이는 CLES가 정의한 CWB 개념, 즉 지역경제 발전에서 사람 중심의 새로운 접근 방식으로 지역에 구축된 부를 외부로 유출하지 않고 지역민의 통제하에 맡긴다는 프로세스와 부합한다고 할 수 있다(CLES, "The principles of community wealth building").

4. 영국에서의 CWB 성공 사례

1) 프레스턴

프레스턴은 미국 오하이오주의 클리블랜드와 함께 CWB 구축을 통한 지역순환 경제의 성공적인 사례로 손꼽히는 도시다. 영국 랭커셔주의 중심 도시인 프레스턴은 19세기 북부 도시들에서 면화 산업이 발전하며 산업도시로 크게 번성했었지만 20세기 중반부터 섬유산업과 제조업이 쇠퇴하면서 빈곤과 주택 문제 등 여러 문제를 노정하며 쇠락하기 시작했다. 1980년대 이후 더욱 침체된 프레스턴의 빈곤률은 영국 하위 20%까지 추락했고, 이 지역 빈곤 지구에서의 평균 수명은 66세에 불과했다. 자살률 또한 영국에서 가장 높은 도시라는 불명예를 안았다. 설상가상으로 2010년 영국 보수당이 정권을 잡은 후에는 지방자치단체로의 공적 지출과 보조금 등이 크게 줄어들어 재정 압박에 시달리기도 했다. 이러한 상황에서 지역경제는 초국적 글로벌 대기업들의 잠식으로 지역에서 발생된 소득이나 부가가치가 역외로만 유출되는 현실이었다(양준호, 2020c: 75).

양준호(2020c)에 의하면 이러한 상황을 해결하고자 프레스턴 시의회가 주도적으로 발휘해 지역 내 앵커기관들과 협력해 지역순환경제를 구축하기 시작했다고 볼 수 있다. 지자체를 포함해 지자체 산하 공공기관·대학·대학병원·경찰 등 이른바 지역에 닻을 내리고 있는 앵커기관들이 보유한 조달력이나 자산력을 지역경제 주체들과 연계해 나가며, 여기서 발생하는 소득이나 부가 역외로 유출되지 않고 지역 내에서 선순환하도록 시스템을 구축한 것이다(양준호, 2021.3.22). 양준호(2020d)는 바로 이러한 대응, 즉 앵커기관들의 막대한 조달력과 자산력을 지역 안의 경제주체와 생산·판매·고용 등을 연관하는 '지역공동체 부 구축'을 통해 프레스턴이 어려움에 처한 지역경제를 해결해 나갔다는 점에 주목한다. 즉, 지역 안의 주체들이 서로 소통과 협치·협업해 실천적으로 돌파해 나간 것이다.

이러한 결과 2012년과 2013년 이후 5년 동안 프레스턴은 5%에서 39%로, 랭커셔주는 18.2%에서 79.2%로 지출 비율이 증가했다. 지출 규모 면에서는 프레스턴이 7400만 파운드, 랭커셔주에서는 2억 파운드까지 증가해 지역 소비를 크게 증가시켰다. 또한 프레스턴 시의회는 지역기업이 노동자소유협동조합으로 전환할 수 있도록 지원을 아끼지 않았으며, 이렇게 결성된 노동자협동조합의 발주력이 지역의 앵커기관과 매칭될 수 있도록 도왔는데, 이는 글로벌 대기업의 지역 지배력에 대항할 수단이 될 수 있었다(CLES, "Community Wealth Building in Preston").

또한 프레스턴은 입찰 제도를 개혁해 지역 밖에 있는 대형 기업이 수주할 수밖에 없는 커다란 조달 규모를 작은 규모로 나누어 지역의 사업자가 수주할 수 있게 했고, 이들이 지역의 일자리 창출에 기여하게 했다. 프레스턴 시의회는 2012년 모든 직원에게 생활임금을 지급하기로 약속했으며, 지역 앵커기관도 생활임금을 지급하도록 장려하는 데 적극적인 역할을 했다(양준호, 2020e: 77~78). 또한 프레스턴 시의회는 랭커셔 주의회와 제휴하여 랭커셔 지방정부 연금 기금을 통해 공적 연금의 사회적 수익을 극대화했는데, 2013년부터 프레스턴 펀드(Pension Fund)는 프레스턴과 사우스리블(South Ribble)에 대한 투자에 1억 파운드를 할당했으며, 랭커셔주 내의 더 넓은 지역에 대한 투자로 1억 파운드를 추가 할당했다. 이에 더해 의회는 리버풀(Liverpool)과 위럴(Wirral) 의회와 협력해 랭커셔 지역 은행을 설립할 계획을 세웠다. 이러한 유형의 은행은 지역 중소기업을 지원할 것이며 금융 및 사회적 불평등의 축소가 핵심 사명이 될 것이다(CLES, "Community Wealth Building in Preston").

이러한 성과에 기인해 프레스턴은 2010년부터 2016년 사이 하위 20%에 속했던 빈곤율이 매우 개선된 지역으로 평가되었고, 2016년에는 '거주하고 싶고 일하고 싶은 도시'로 북서부 잉글랜드 중 1위를 차지하기도 했다. CWB 구축을 통한 프레스턴의 지역순환경제의 성과는 이렇듯 꾸준한 인내와 시간을 가지고 프레스턴 시의회가 중심이 되어온 결과이자, 지역의 앵커기관 간 네트워크, 그리고 앵커기관과 지역 주체들 간의 긴밀한 민주적 협치의 결과라 할 수 있다. 이뿐만 아니라 '프레스턴 모델'의 개발과 탄생에서는 CLES와의 지속적인 협력과 상호 정책적 연대 및 지원에 힘입은 바가 크다 할 수 있다(양준호, 2020e: 75).

2) 버밍엄

버밍엄에서는 일곱 곳의 참여 앵커기관과 CLES가 협력해 앵커 네트워크를 구축하고 영국 최초로 '거주지역 내 지역공동체 부 구축자(community wealth builder in residence)'를 배치했다. 그리고 이들로이 지출과 인력, 토지 및 소유 자산 사용과 관련된 혁신적인 관행들을 지원하도록 해왔다. 버밍엄이나 그 주변의 블랙컨트리와는 불평등이 대조적으로 극심한 지역이다. 버밍엄은 최근 몇 년 동안 도심에 대한 투자로 상당한 성장을 보였지만, 도시와 그 외 지역 간 양극화의 폭과 깊이가 여전히 매우 심각한 상태다. 소수의 경제적 성공은 많은 사람들에게 경제적 이익으로 전환되지 못했고 저임금 문제가 지속되었다. 2016년 상황으로 볼 때 버밍엄 아동의 42.3%가 빈곤 가구에 거주하며, 버밍엄의 5대 대형 고용주 밑에 고용된 전체 직원 중 16%가 저임금을 받았다 (CLES, "Community Wealth Building in Birmingham").

이러한 상황에서 도시와 그 외 지역 간의 불평등을 줄이기 위해 버밍엄 앵커 네트워크(Birmingham Anchor Network)가 설립되었다. 이 네트워크는 2019년 9월에 공식 출범했는데, 2020년 2월 처음으로 '거주지역 내 지역공동체 부 구축자'가 지정되었다.

이 네트워크는 참여 조직이 개별적이건 집단적이건 버밍엄 경제에 가져다주는 혜택을 극대화하도록 지원하며, CLES는 7개의 앵커기관과 긴밀히 협력함으로써 50억 파운드 이상의 예산과 5만 명 이상의 인력을 활용해 버밍엄 주민들을 위한 더 나은 결과를 창출할 수 있는 기회를 탐색하고 파악해 왔다. 토지와 자산 조달, 고용과 관리의 핵심 영역에서 이러한 앵커기관들이 함께 협력함으로써 도시 경제를 형성하는 데 강력한 역할을 할 수 있는 잠재력을 지닌다(CLES, "Community Wealth Building in Birmingham").

이 네트워크들은 앵커기관들에 상호 조언하고 기술 지원 및 교육을 제공하며, 지출력을 갖춘 고용주 및 자산 소유자로서의 역할을 통해 공평한 지역경제 발전을 촉진할 수 있는 능력 구축을 목표로 한다. 다음으로 앵커기관들을 한데 모아 공동 우선순위에 대해 협력하게 함으로써 개별 앵커기관 활동들의 영향력을 확대하게 한다. 아울러 여러 지원활동을 통해 버밍엄과 웨스트미들랜드에 있는 앵커기관들 사이에서 '지역공동체 부 구축' 접근 방식을 확장해 가는 것을 목표로 한다. 그리고 CLES와 협력해 영국에서 새로운 형태의 커뮤니티 부를 구축했다. 이런 과정에서 참여 앵커기관은 우수 사례를 전파하고 구체적인 목표 프로젝트를 통해 혁신적인 변화를 추동하고자 전임으로 일하는 "거주지역 내 지역공동체 자산 구축자"에게 공동 자금을 지원했다(CLES, "Community Wealth Building in Birmingham").

무엇보다도 중요한 점은 코로나19가 버밍엄 경제에 미치는 영향에 대응하기 위한 실행 계획을 개발했다는 것이다. 거기에는 장기적인 경제 개혁으로 이어질 여러 가지 과감한 조치가 포함되는데, 예컨대 그중 하나는 기존 보건 부문의 고용 기회를 '코로나19로 정리해고에 직면한 주민들에게 어떻게 연결할 수 있는지'에 대한 방법 모색이며, 또 하나는 '현지 소유의 건설 회사가 주택조합 폐쇄로 발생되는 조합 건물 수리에 관한 새로운 일에 어떻게 접근할 수 있을지'에 대한 방법 등이다(CLES, 2020.12.10).

1) 두 기관의 고용 문제를 동시에 해결한 앵커 네트워킹의 지혜

버밍엄 앵커 네트워크(Birming Anchor Network)는 전략 주도 방식보다는 '특정 행동(specific action)' 주도 접근 방식을 택한 것이 특징이라고 할 수 있다. 이러한 행동 중심의 문제 해결 능력을 발휘해 서로 상반된 처지에 있던 두 기관의 고용 문제를 해결한 사례는 많은 시사점을 던져준다.

버밍엄 내 유력한 앵커기관 중 하나인 '버밍엄 국민건강보험신탁 대학병원(the University Hospitals Birmingham NHS Trust)'(이하 NHS신탁)은 두 번째 해를 맞은 코로나19와 함께 겨울철로 접어들면서 모든 부서에서 인력이 부족한 상태였다. 한편 인근에 위치한, 공공주택을 공급하고 운영을 주관하는 '파이오니어 주택 그룹(Pioneer Housing Group)'은 세입자가 일하는 특정 지역에서 코로나19가 지속됨에 따라, 세입자들이 실업 위험에 처하는 문제에 당면했다. 이렇듯 같은 지역 내 두 기관이 코로나로 인해 전자는 인력부족, 후자는 실업 위험이라는 상반된 상태에 놓였던 것이다.

바로 이런 상황에서 지역의 앵커 네트워크가 소통과 상호협업의 지혜를 발휘해 서로의 문제를 해소했다. 즉, NHS신탁 입장에서는 부족한 인력 해소 문제를, 파이오니어 주택 그룹은 실업 위험에 처한 주택 단지 내 세입자 재고용 문제를 해소하는 윈윈(win-win)의 지혜를 발휘하게 된 것이다.

물론 초기에는 서로에게 적잖은 난관들이 있었던 것도 사실이다. NHS신탁의 고용팀은 특정 지역 주민들의 채용에 익숙치 않았으며, 파이오니어 주택 그룹 고용팀은 세입자들이 NHS신탁에 채용되는 데 필요한 언어나 절차, 경로 등에 익숙하지 않았다.

그러나 두 기관은 버밍엄 앵커 네트워크에 참여해 서로의 인력 수급 정보를 구체적으로 확보할 수 있었으며, 실업 위험에 처한 세입자들이 NHS신탁으로 재취업하기 위해 필요한 조건 등을 파악하게 되었다. 결국 서로 어려운 상황에서 지역 내 앵커기관끼리의 상호 소통을 통해 지역의 고용 문제에까지 기여한 사례로 남게 되었다. 즉, 지역 내 앵커기관들이 가진 정보력을 네트워킹을 통해 공유하고 소통하며, 조달이나 공급 문제뿐만 아니라 코로나19로 어려워진 지역 고용 문제와 주민들의 경제적 삶까지 해소한, 그야말로 '지역 공동체 부 구축'의 매우 모범적인 사례라고 할 수 있다. 더욱 주목을 끄는 것은 이러한 버밍엄의 변화를 목도한 그 지역 민간 영리기업들도 지역 내 조달과 지역 내 고용에 착목하기 시작했다는 점이다(양준호, 2021.4.6).

5. 영국 CWB의 성공을 조력하는 '지역경제전략센터', CLES

지역경제전략센터(Centre for Local Economic Strategies, 이하 CLES)는 1986년도에 설립된 영국의 전략 기관으로, 지역에 CWB 전략을 제공할 뿐만 아니라 앵커기관과의 네트워킹을 비롯해 지방정부의 성공적인 CWB를 위하여 다방면으로 조력하고 지원한다.

CLES의 활동 방향이나 목적을 보면, 사회 경제적 정의와 효과적인 공공서비스를 달성하기 위해 심도 있게 연구하면서도 실제 지방정부와 협력적 관계를 형성하면서 전술한 사례와 같은 내용을 실현·실천하는 국가 조직이다. 특히 사람과 세계와 지역을 위한 진보적 경제 발전을 그 임무로 한다.

CLES의 주요 활동 방향과 조직 성격은 개략적으로 다음과 같다. ① 지역경제 발전에 대한 인식과 관행을 변화시킴으로써 불평등과 불이익에 대처하고, 다수가 배제된 소수 자본에 의한 경제 성장 방식에 맞서며, 사회적 성장과 함께 모든 사람들을 위한 경제를 옹호하는 조직, ② 지역적 소유권을 확고히 하면서 지역 공급망을 개발하고 이를 촉진하고자 주요 공공·상업시설 및 사회 중추적인 앵커기관들과 협력하면서, 나아가 모든 사람들의 활동 속에 사회적 가치와 행복이 내재될 수 있도록 관련 일들을 진행하고 실천하는 조직, ③ 지역 정부 및 지역의 공공서비스 부문과 협력해 지역사회에 봉사하고, 지역 입지를 강화하는 데 혁신적이며 효율적인 역할을 수행하는 조직, ④ 경제적 불확실성에 대한 지방의 복원력과 관련해 이해를 진전시킬 탁월한 국제적 식견을 가지며, 지방 정부로 이에 대한 전략적 지원과 정책적 조언을 제공하는 조직, ⑤ 빈곤과 주민들 삶의 필요를 해결하기 위해 공공부문과 사회·상업 기관들을 연계·구축하면서 정책을 실현하는 데 매우 앞선 조직, ⑥ 정책 실천의 결과와 반향을 측정해, 이후 경제적·사회적 성장과 공공서비스를 창출하고 개선하는 데 무엇이 더 효과적인지를 파악하며 피드백하는 조직, ⑦ 그리고 이를 통해 나온 결과를 지방의 주요 의사결정자에게 전달해 그들의 행동 변화에 진보적으로 영향을 주려는 조직이다. CLES는 지금도 영국 전역의 지방정부와 협력적 관계를 유지하며, 이를 통해 축적된 노하우를 기반으로 지역의 발전 전략과 실천적 사례 등에 대해 여러 번 보고서를 발표한 바 있다(CLES, "Our work").

6. CLES의 '좋은 지역경제 만들기' 보고서 "CLES-10"

영국의 지역경제전략센터 CLES는 지난 2015년 4월 '좋은 지역경제 만들기: 앵커기관의 역할(Creating a good local economy: The role of anchor institutions)'이라는 이름으로 이른바 "CLES-10"이라는 보고서를 발표한 바 있다.

이 보고서의 내용은 '지역공동체 부 구축'을 더욱 확장하고 발전시킬 수 있는 잠재력을 가지고 있는 지역 앵커기관들의 지역 내 역할에 초점을 두며, 특히 프레스턴에서 진행되었던 CLES와의 협력적 활동들을 강조했다.

그런데 이러한 지역 앵커기관들은 인력 규모가 거대하고 지출 규모가 매우 클 뿐만 아니라, 타 지역으로 쉽게 이전할 가능성이 없기 때문에 지역 내에서 여러 부분에 걸쳐 상당한 이해관계와 지분을 가진다.

그동안 CLES는 여러 앵커기관들을 중심으로 일련의 여러 활동을 지속해 왔는데, 이를테면 미국의 클리블랜드(Cleveland), 피츠버그(Pittsburgh), 필라델피아(Philadelphia), 프로비던스(Providence) 등을 포함한 유럽의 11개 도시들, 그리고 영국의 프레스턴 등지에 있는 지역 앵커기관들과도 활동을 지속해 왔다.

이러한 활동의 결과들로부터 도출된 사실은, 작금의 경제적 불확실성과 긴축의 시대에 영국 전역의 앵커기관들은 이를 회복하고 지역경제를 발전시킬 수 있는 잠재력이 많다는 것을 깨닫게 해준 점이다.

이 "CLES-10" 보고서는 이러한 잠재력을 실현하기 위한 지역 앵커기관들의 10가지 주요 활동 방향을 간략히 설명하는 내용이다(CLES, 2015.4.22).

이 보고서의 내용은 대체적으로 다음과 같은 내용으로 정리할 수 있다.

1) 정치적이고 박애적인 관점

미국뿐만 아니라 유럽 여러 앵커기관의 활동들도, 그 앵커기관들의 잠재력을 실현하고 지역경제가 다시 작동되도록 하기 위해 무엇보다도 정치적이고 박애적인 관점에서 강력히 추진되었다. 특히 미국 클리블랜드와 피츠버그의 경우 경제구조 조정과 인구 감소 상황에서 주요 경제적 과제를 해결하고자 '앵커기관 정책'이 강력히 추진된바, 이를 통해 지역 소비가 활성화되고 역내 기업의 설립과 발전이 촉진되면서 일자리가 창출·유지되었다는 것이다. "CLES-10"는 그 과정에서 지역 앵커기관들이 매개가 되어 함께 추진한 과정을 담고 있다.

2) 달성하고자 하는 바의 이해

앵커기관의 활동으로 달성할 수 있는 것들은 많이 있는데, 그중 전부는 아니지만 주요하게 달성해야 할 분야는 좀 더 명확히 할 필요가 있다는 점을 강조한다.

그 사례로는 다음과 같은 것들이 있을 수 있는데, 이를테면 ① 중소기업의 성장과 같은 경제적 성과, ② 직업을 가지지 못한 지역공동체 구성원들을 위한 일자리 창출과 같은 사회적 성과, ③ 상품과 서비스가 이동하는 거리 측면에서의 환경적 성과, ④ 앵커기관의 활동에서 공통적이고 장기적인 비전을 향해 일할 수 있는 많은 조직의 주체를 모으는 거버넌스 성과들이다. 이러한 앵커기관들의 활동이 앵커기관 자체뿐만 아니라, 지역의 공급망과 여기에 종사하는 사람들, 그리고 더 넓은 지역사회에 긍정적인 행동 양식의 변화를 가져올 수 있다는 것이다.

3) 지역에 있는 상층 리더십에 대한 지원

앵커기관들이 활동하는 데 지역 내 다른 여러 조직의 상층 주체들에게서 리더십 지원을 받을 필요가 있다는 것으로, 리더십 지원을 받을 만한 대상으로는 지역의 민선 단체장, 더 넓고 높은 분야의 교육·보건·주거 혹은 경찰 조직들의 상층 인사들, 그리고 기업과 사회적 분야의 리더들이 포함된다.

이러한 리더들의 지원이나 응원이 없다면 앵커기관의 활동들은 버거워질 것이며, 하나의 예시로 필라델피아에서는 앵커기관을 통한 새로운 형태의 사회적 사업 창출 활동이 시장에 의해 직접 추진되었고, 프레스턴에서는 7개 기관의 고위 지도자들이 처음부터, 그리고 3년간의 활동에 참여해 왔던 점을 예시했다. 또한 이를 매개하고자 지역 고위 리더들을 설득해 앵커기관에 그들의 리더십을 지원할 수 있게 중간 역할을 하는 주체들을 형성하는 것 또한 매우 중요함을 강조했다.

4) 기존 앵커기관의 영향력 규모에 대한 사전 이해

앵커기관의 활동은 확실하게 파악된 근거에 따라 계획을 세워나갈 필요가 있으며, 이런 면에서 기존 앵커기관들의 규모를 파악하고 이해하는 것은 매우 중요하다. 이는 공공건물·사무실공간·운동장·공원 등을 모두 포함하는 것으로, 앵커기관의 특정 분야나 장소에서 이들이 소유하고 관리하는 자산 규모를 이해하는 것을 의미한다.

또한 앵커기관의 조달을 통해 드러나는 구매력 규모에 대한 이해를 의미하며, 특히 얼마만큼 지출되는지의 관점에서, 또 지역경제의 관점에서 그것이 어디로 흘러가고 어떤 부문과 함께 지출되는지, 나아가 어떤 부문이 역외로 유출되는지에 대한 이해를 의미한다.

더하여 이는 앵커기관 직원들의 수나 직원들의 전체 배치 상태, 이들의 임금 수준과 역량의 조합 측면에서 바라보는 앵커기관의 현상과 상태에 대한 이해를 의미한다고 설명한다. 따라서 이러한 기초는 이후 앵커기관의 추가 활동으로 나타나는 효과를 관찰하고 측정할 기준점을 제시해 주며, 이에 대해 클리블랜드뿐만 아니라 프레스턴 또한 앵커기관 활동 초기부터 기존 조달 지출의 규모와 그것이 지역경제에 미치는 직접적인 영향을 탐구해 왔다고 말한다.

5) 앵커전략의 개발

앵커기관의 활동은 관련 조직 전반에 걸친 공동 전략 또는 계획된 보고서에 의해 추진될 필요가 있으며, 이것은 앵커기관 활동들의 목적과 방향을 공식적으로 설정하는 행위라는 점이다.

이를테면 그들은 무엇을 달성하려고 노력할 것인지, 규모의 관점에서 기준점이 무엇인지, 어떤 활동들이 시작할 것인지, 변화가 어떻게 관측될 것인지 등을 설정하게 되며, 특히 프로비던스에서 시작된 활동은 시정부, 대학교, 보건기관, 자선재단들과 관계를 맺으면서 탄탄한 앵커기관 전략에 의해 추진되어 왔음을 말한다. 또한 앵커전략적 차원에서, 프레스턴에서는 앵커기관이 지출하는 조달 비용의 효과를 초기에 최대화하려는 전망과 지원 목표를 개발하는 데 강조점을 두어왔음을 말하고 있다.

6) 거버넌스 시스템의 개발

이미 앞서 기술했듯이 앵커기관 활동은 정치적이고 박애적인 비전이 요구되며, 그러기에 연관된 기관들과의 관계 맺기와 상층 리더십의 수용이 요구된다. 또한 서로 조화되는 전략적 관계와 앵커기관 활동들을 활발하게 수행하기 위한 운영 측면의 차원에서, 지속가능한 활동들을 하는 지역사회의 여러 단체와의 관계도 한편으로 필요하다는 점을 말한다.

클리블랜드의 경우 거버넌스 시스템의 개발과 관련해 세 가지 단계가 구축되어 있는데, 첫 단계의 거버넌스는 전략 그룹(strategic group)이다. 이는 무엇보다도 소중한 그룹으로서 클리블랜드시, 대학병원, 클리블랜드주립대학교, 클리블랜드재단 등이 포함된다. 다음으로는 운영 그룹(operational group)이다. 특정 작업에 초점을 맞춘 그룹으로, 조달 과정에 중점을 두고 클리블랜드에 기반을 둔 비즈니스들과 연관된다. 마지막은 지역사회 그룹(community group)으로, 클리블랜드의 빈곤한 지역에 사는 사람들에게 앵커기관이 직업을 찾게 해주고 직업 훈련의 기회를 지원하는 것을 우선시하는 그룹이다.

7) 다양한 활동의 수행

앵커기관을 운영하는 과정에서 앵커기관은 지역 주민들과 지역경제에 가져다주는 이익을 극대화하기 위해 자체로 실행할 수 있는 다양한 활동들이 있는데, 예를 들어 조달·채용·직원 활동과 관련된 활동을 꼽을 수 있다.

조달 측면에서 앵커기관은 여러 가지 일을 수행할 수 있는데, 이를테면 ① 지역경제에서 유출되는 지출을 조사하고 그것이 지역경제에 미치는 영향력을 조사하는 것, ② 상품 및 서비스를 제공할 잠재력이 있는 비즈니스에 대한 데이터베이스를 개발하는 것, ③ 납품업체 간 납품의 격차를 메우기 위해 협동조합 개발에 대한 가능성을 가늠해 보는 것, ④ 사회적 가치가 더욱 높아지도록 일련의 과정을 조화시키는 것, ⑤ 효율성을 높이기 위해 공통적인 제품 생산에 대해 협업을 유도하는 것들이 그런 행위일 수 있다는 점이다.

또한 채용의 관점에서도 앵커기관들은 이웃의 고용 알선인과 협력해 고용 가능성이 매우 낮은 사람들을 고용할 수 있으며, 앵커기관 직원들에 대해 생활임금을 지불할 수 있다.

그러면서 CLES와 함께 수행되었던 프레스턴에서의 조달 활동들은 앞에서 설명한 각 활동을 통해 지역 전반에 대한 행동 양식의 변화에까지도 중점을 두어 왔다고 말한다.

8) 효과의 측정과 변화에 대한 관찰

앵커기관 활동은 주요 조직의 구성, 기준점과 전략 개발, 전략·운영 그룹 개발, 조치 이행 등으로만 끝나는 것이 아니며, 지속적인 활동과 장기적인 의지가 필요하다. 더욱 중요한 것은 효과를 측정하고 변화를 관찰하는 것인데, 여기에는 ① 지역경제의 지출 수준이 증가했는지를 파악하기 위한 조달 지출 기준의 재설정, ② 조달에 대한 접근 방식 및 행동 양식의 변화에 대한 평가, ③ 공급업체가 경제적·사회적·환경적 측면에서 가져오는 광범위한 영향의 탐색, ④ 생활임금 원칙이 생산성과 직원들의 사기에 미치는 영향을 측정하는 것 등이 포함될 수 있다.

이와 관련해 프레스턴에서의 활동들은 현재 시의회가 하는 조달 지출, 생활임금 지급, 그리고 진행 중인 외형적 개발에 대한 광범위한 영향을 측정하면서 이런 단계로 다가가고 있다.

9) 다른 부분에 대한 영향력과 개입력 확보

아직은 영국 전역에서 앵커기관의 왕성한 활동들의 왕성함이 눈에 띄게 드러나지는 않지만, 그래도 벨퍼스트(Belfasr)와 프레스턴, 그리고 좀 더 넓은 지역인 랭커셔 정도가 CLES와 협력관계를 이루면서 왕성한 활동을 전개하고 있다.

그러나 여러 도시가 직면한 경제적·사회적·환경적 과제들을 처리하는 데 도움을 받고 활용할 수 있는 앵커기관들의 잠재력은 매우 크다. 따라서 느슨한 파트너십을 넘어 앵커기관들이 '행동 중심'의 접근 방식을 이용해, 협력적으로 작업하는 조직들을 실천적으로 조직해 나갈 필요가 있음을 역설한다.

한편으로 앵커기관 외에도 기업 분야의 도시 간 거래들, 지역기업들 간의 파트너십을 통해, 그리고 양도거래의 출현을 통해 부와 권력의 질서가 지역에 한층 더 자리 잡고 있는바, 앵커기관들은 이러한 영역에도 관여하고 영향을 행사할 필요가 있다. 또한 앞서 개괄한 원칙들은 더 많은 부가 지역경제와 지역 주민들의 이익을 위해 활용되어야 함을 강조한다.

10) CLES에 대한 신뢰

영국의 상황에서 볼 때, 앵커기관과 관련해서는 CLES가 가장 앞선 식견을 가지고 있다. 바로 이런 점이 CWB 구축 과정에서 일어나는 여러 활동에서 CLES가 대중의 신뢰를 얻으며 공감대를 넓혀갈 수 있었던 요인이라고 보고서는 강조한다. 또한 이런 점은 CLES가 프레스턴에서 작업해 온 3년 간(2012~2015)의 활동들과 미국과 유럽에서 축적한 경험들로 인해 널리 알려지고 있다.

또한 CLES는 영국 전역의 장소에서 앵커기관들의 부를 어떻게 활용할 수 있을지 생각해야 한다면서, 자신들이 도움을 줄 수 있는 방법을 다음과 같이 제시한다. 이를테면 ① 앵커기관이 달성하고자 하는 얼개들을 개발하는 것, ② 상층 리더들과의 관계를 주선하고 촉진하며 이를 지속하는 것, ③ 앵커기관의 기준점을 측정해 주는 것, ④ 앵커기관의 활동들을 제시하는 것, ⑤ 앵커기관 활동들의 효과와 행동 양식의 변화를 점검하는 것, ⑥ 더욱 확장된 경제발전 의제에 대해 영감을 주는 것 등이다(CLES. 2016.3.23).

7. 우리 현실에 맞는 CWB 모색

영국이나 우리나라의 경우 지방자치 제도의 역사적·문화적 배경이나 사회적 연혁, 법률 체계가 서로 다른 관계로, 영국의 여러 도시에서 성공적으로 수행된 CWB라 하더라도 그것을 우리 현실에 기계적으로 대입해 구현할 수는 없을 것이다.

영국의 지방자치제도는 오랜 역사만큼이나 그 체계와 구조가 다양하고, 자치권의 이양 과정도 거듭 변화해 왔다.

우리나라의 경우에는 지방자치의 역사도 일천하지만, 그 계층 구조의 종류 또한 크게 두 종류(광역, 기초)로 비교적 단순하게 체계화된다.[3] 반면 영국의 경우는 지방자치 계층구조가 매우 복잡하게 구성되어 있을 뿐만 아니라 그 숫자도 우리의 2배에 가깝다.

개략적으로 영국의 지방자치제의 기원은 보통 1835년에 제정된 '도시법인법'에 따라 최초로 선출된 178개의 다목적 지방자치단체가 설치된 때로 보는데(한국법제연구원, 2019.9.30: 31), 이에 따른 체계는 우리의 단순한 체계와는 다르게 단층제(single tier)와 다계층제(multi tier)가 혼합된 혼성 체계로 구성되었다. 광역런던시의 경우는 광역런던시(Greater London Authority)와 버러즈(Boroughs) 2계층 구조, 잉글랜드 비도시 지역은 카운티(Country)와 디스트릭트(District)의 2계층 구조로 이루어진다. 1972년 이후 계속된 지방정부 개혁으로 인해 일부 지역에서는 통합 기관(unitary authority)이 설립되기도 했다(한국법제연구원, 2019.9.30: 9).

반면에 우리나라의 경우 당초 제헌헌법에 지방자치제가 규정되었고 '지방자치법'도 1949년 7월 4일 공포되었지만, 여러 가지 정치적 부침 속에서 시행이 제대로 담보되지 못하다가 1961년 군사정부가 들어서면서 결국 헌법에서조차 명문의 근거가 사라지는 아픔을 경험했다.

그러다 1987년 국민의 힘으로 대통령직선제를 되찾으면서 마침내 제6공화국 헌법에 다시 명문의 규정으로 복원되었다. 이에 1991년 광역 및 기초의회가 먼저 복원되었고, 4년 뒤인 1995년에 제6공화국 헌법에 기초한 제1회 동

---

3) 대한민국 헌법 제117조, 지방자치법 제2조.

시 지방선거가 전국적으로 실시되면서 실질적인 지방자치가 정착되어 지금에 이르렀다.

이렇듯 영국과는 지방자치제의 역사적·문화적 배경이나 사회적 연혁, 법률 체계가 서로 다른 환경 속에서, 오늘날 피폐해진 지역을 복원하고 지역경제를 살려내기 위한 지역순환경제로서의 CWB의 성공적 구축과 접목에서는, 우리의 문화적·제도적 상황과 법률 체계에 조응하는 유연성 발휘와 함께 해당 지역에서의 현실정합적인 인식과 태도가 매우 중요하리라고 생각한다.

그러면서도 이를 좀 더 현실에 맞게 안착 내지는 착근하기 위한 보완적인 내용들을 개략하면 다음과 같다.

1) 확실한 지방분권의 실현

중앙의 통제와 네거티브한 간섭에서 좀 더 자율적이고 자주적인 지방 분권의 실현은 정치적·문화적인 지향일 뿐만 아니라 지역순환경제를 지역에 튼튼히 자리매김하기 위한, 가장 중요한 전제일 것이다. 현재 우리나라의 지방자치제는 1995년 전국 동시 지방선거 이후 꾸준히 진전되기는 했지만, 아직도 여러 권한의 지방이양과 안정적인 자주재원 확보 등 보완해야 할 점들이 많다. 실례로 지자체의 대표적인 자주재원이라 할 수 있는 지방세와 국세의 2018년 비율을 보면 국세는 268조 1947억 원, 전체 지방세는 77조 9239억 원이며, 전체 세입 조세 중 지방세가 차지하는 비율은 23%의 수준으로 국세와 지방세의 개략적 규모 비율은 8 : 2의 관계를 나타낸다(유태현, 2018.7). 이런 점에 비춰볼 때도 좀 더 튼실한 재정 분권으로 나아가기 위해서는 지자체의 자주재원 비율이 좀 더 높아져야 함은 두말할 나위가 없을 것이다.

즉, 지역의 가장 중요한 메인 앵커기관이라 할 수 있는 지자체가 좀 더 안전하고 확실한 조달력을 갖추는 것이 지역순환경제로서의 CWB를 구축하는 데 매우 중요한 필요조건이라고도 할 수 있다.

2) 지역 앵커기관들의 인식 변화와 자각

이른바 지역균형발전이라는 명분하에 지난 참여정부 시절부터 정부공기업의 지방 이전을 정책적으로 추진해 온 바 있다. 이렇게 지역으로 이전한 정부공기업은 조달력이나 구매력 및 사회적 영향력 면에서 볼 때, 해당 지역에서 매우 중요한 앵커기관이었다. 그렇기에 당초 이전 목적에 부합하려면 그 지역과의 소통과 교감을 통해 지역 발전에 일조할 수 있는 사회적 역할을 수행했어야 했다. 하지만 그간의 과정을 돌이켜 보면 그다지 기대에 미치지 못했으며, 지역 앵커기관으로서의 지역에 대한 사회적 역할은커녕 최근 보도에서도 적나라하게 드러났듯이 부동산 투기 등 부정하고 부도덕한 행위로 지역은 물론이고 전국적으로 비난과 질타의 대상만 되고 있는 것이 현실이다.

물론 지난 문재인 정부 또한 그 정책 방향을 이어받아, 이른바 '문재인 정부 국가균형발전 비전과 전략'이라는 기조 속에서 '지역 공기업의 지역할당제' 등을 통해 해당 지역 대학 출신들의 고용을 일정 비율(30%)로 의무화하는 등 나름의 정책 시도를 했지만(정부균형발전위원회, 2015.2.5), 여전히 부족하고 개선해야 할 점들이 많다고 할 수 있다. 지역으로 이전해 지역에 닻을 내린 거대 앵커기관들의 새로운 자각과 인식 변화는 일련의 과정을 반추해 볼 때 무엇보다도 중요한 요소다.

3) 성숙하고 민주적인 주민 의식

프레스턴이나 클리블랜드 등 영국과 미국의 여러 도시에서 CWB의 매우 중요한 성공 요인이자 토대가 되었던 것이 바로 앵커기관과 지역 구성원들의 끈끈한 네트워크를 통한 민주적 연대와 소통을 통한 상호작용이었음을 다시금 떠올려 본다. 성숙하고 민주적인 주민 의식은 우리 현실에 맞는 지역순환경제로서의 CWB 구축에서도 매우 중요한 요소라고 아니할 수 없다. 능동적 참여의식과 실천 행동 등 성숙하고 민주적인 주민 의식은 우리 현실의 접목에서도 다르지는 않을 것이다.

이는 비단 개별화된 주민뿐만 아니라 조직화된 이른바 '시민사화단체'의 구성체에도 요구되는 덕목이라 할 수 있다. 대의를 위해 더불어 연대하고 상호 소통하면서 지역공동체를 함께 강화할 수 있는 성숙된 의식이 지역순환경제의 활성화로도 이어질 수 있는, 지역의 커다란 공적 자산이 될 수 있다고 생각한다.

그 외에도 주민들 간 학습 공동체를 구성해 오늘날의 신자유주의적 시장경제체제의 모순을 비판하며, 주민 스스로가 지역 내의 대안적 경제 시스템을 통해 어려운 지역경제를 극복하고 지역공동체 복원에 힘을 모을 수 있는아래로부터의 탄탄한 조직화 등은 지역순환경제로서의 CWB 경제체제 구축에 모멘텀이 될 것이다.

8. 맺음말

주지하다시피 CWB는 이른바 신자유주의 세계화 속에서, 특히 그 어느 나라보다도 시장경제주의가 지배했던 영국과 미국의 경우에 긴축 재정과 이에 따른 지자체의 예산 삭감 등으로 피폐하고 어려워진 지역 현실을 지역공동체의 힘으로 아래로부터 극복해 나가려는 반신자유주의적 방안이자 실천적 대안경제 시스템이다.

여기서 CWB, 즉 '지역공동체 부 구축'이라는 그 의미 있는 정의를 다시금 개략해 보고자 한다. 이는 무엇보다도 사람 중심의 대안적 경제 시스템으로서, 지역에 뿌리를 내리고 살아가는 생산자·노동자 등 지역공동체의 주체들이 그들 삶의 터전 안에서 생산과 조달·고용 등 일련의 경제활동을 자기 주동적으로 이루어가는 경제모델이라 할 수 있다. 거기에 탄탄한 조달력과 발주력 그리고 재정력을 가진 지역의 앵커기관들이 구심이 되어 그간의 주민 배제적

이었던 외부투자형 지역발전 모델과 맞서면서, 나아가 글로벌 대자본에 대항하면서 지역공동체의 부를 쌓아 지역을 지역 주민 스스로가 살찌우게 하는 지역순환경제라고 말할 수 있다. 이는 그동안 대자본의 횡포에 피폐해질 대로 피폐해진 지역경제를 살리는 것일 뿐만 아니라 지역 공동체를 복원하는 것이자 나아가 시장주의에 습합된 신자유주의 인간형이 아닌, 원래의 인간다운 모습과 서로 협력하고 호혜하는 공동체적 인간형을 회복하는 일련의 과정이라고도 생각한다.

하여, 이를 어려워져만 가는 우리의 지역 현실에 정합적으로 접목하고 제도화해 나가는 것은 매우 의미 있는 실천적 정책 대안일 수 있다. 현실 정합성 면에서나 사회적 가치 면에서나, 특히 급속도로 파괴되어 가는 오늘날의 지역공동체를 복원하고 재구축할 수 있는 대안일 수 있다는 점에서도 그 제고의 가치와 실익은 결코 크지 않다 할 수 없을 것이다.

하지만 작금의 우리 지역 현실을 비추어볼 때, 적잖은 한계 또한 내재해 있는 것도 사실이다. 몇 가지 예시로서, 과거 외부 자본 유치에만 방점을 두었던 지자체들의 지연순환경제에 대한 문제의식 결여, 시민사회의 관심 부족과 그로 인한 학습 광장의 결여, 그리고 지역에 대한 천착보다는 다소 중앙 정치의 담론에 올인하는 지역 진보정치 그룹들의 모습 등은 지역 내 CWB 구축에서 적잖은 한계이자 난제다.

그럼에도 불구하고 새로운 대안경제 시스템이자 지역과 주민이 주체가 되는, 그러면서 지역경제 활성화의 무한한 잠재력을 가진 지역의 앵커기관들과의 네트워킹을 통한 사람 중심의 지역순환경제 시스템인 CWB를 지역에 구축해야 할 의미와 실익은 작지 않다 할 것이다.

참고문헌

≪경향신문≫. 2021.8.13. "감사원, 30년후 수도권 인구쏠림·지방소멸 심화… 저출산 대책 개선해야".

≪뉴시스≫. 2018.5.31. "한국지엠 군산공장 22년 만에 폐쇄".

양준호. 2020a. 「'지역'에 닥친 위기」. 이한주 외. 『뉴 머니, 지역화폐가 온다』. 다할미디어.

______. 2020b. "프레스턴의 '게릴라 로컬리즘'". 「공동소유, 연대경제를 통한 민주적 지역순환형 경제, 그리고 그 과제: 영국 프레스턴 모델을 중심으로」. ≪로컬퍼스트≫, 제11호; 경남도 사회혁신 국제심포지엄 토론문.

______. 2020c. "민주적 지역경제, 지역순환형 경제의 모범사례 도시, 프레스턴". 「공동소유, 연대경제를 통한 민주적 지역순환형 경제, 그리고 그 과제: 영국 프레스턴 모델을 중심으로」. ≪로컬퍼스트≫, 제11호; 경남도 사회혁신 국제심포지엄 토론문.

______. 2020d. "'민주적 지역순환 경제'를 위한 과제: 프레스턴으로부터의 교훈." 「공동소유, 연대경제를 통한 민주적 지역순환형 경제, 그리고 그 과제: 영국 프레스턴 모델을 중심으로」. ≪로컬퍼스트≫, 제11호; 경남도 사회혁신 국제심포지엄 토론문.

______. 2020e. "프레스턴 '게릴라 로컬리즘'의 성과". 「공동소유, 연대경제를 통한 민주적 지역순환형 경제, 그리고 그 과제: 영국 프레스턴 모델을 중심으로」. ≪로컬퍼스트≫, 제11호; 경남도 사회혁신 국제심포지엄 토론문.

______. 2021.3.22. "지역화폐 넘어 '지역공동체 부 구축'이란". ≪중기이코노미≫.

______. 2021.4.6. "지역에 '닻 내려야 할' 앵커기관의 돈은 어디로". ≪중기이코노미≫.

오카다 도모히로(岡田知弘). 2016. "지역의, 지역에 대한 '재투자' 능력 강화하기". 『지역만들기의 정치경제학: 지역 주민이 직접 만드는 순환형 지역경제(地域づくりの経済学入門)』. 양준호·김우영 옮김. 한울엠플러스.

유태현. 2018.7. 「지방세 신세원 확충 방안」. ≪한국지방재정학회 세미나자료집≫. 한국지방재정학회 2018년 지방재정발전 세미나.

지역발전위원회. 2018.2.1. "국가균형발전 비전과 전략". 「문재인 정부 국가균형발전비전」.

한국법제연구원. 2019.9.30. 「주요 외국의 지방자치제도 연구: 영국」. ≪헌전제도연구≫, 18-20-2.

CLES. "Community wealth building in preston." https://cles.org.uk/community-wealth-building-in-practice/community-wealth-building-places/community-wealth-building-in-preston/(검색일: 2021.7.6).

______. "The principles of community wealth building." https://cles.org.uk/what-is-community-wealth-building/the-principles-of-community-wealth-building/(검색일: 2021.7.5).

______. "The community wealth building centre of excellence." https://cles.org.uk/the-community-

wealth-building-centre-of-excellence/(검색일: 2021.7.5)
______. "Community Wealth Building in Birmingham." https://cles.org.uk/community-wealth-building-in-practice/community-wealth-building-places/community-wealth-building-in-birmingham/(검색일: 2021.7.7).
______. "Our Work." https://cles.org.uk/our-work/(검색일: 2021.7.9).
______. "What is community wealth building." https://cles.org.uk/what-is-community-wealth-building/(검색일: 2021.7.5).
______. 2015.4.22. "Creating a good local economy: The role of anchor institutions." https://cles.org.uk/publications/creating-a-good-local-economy-the-role-of-anchor-institutions/(검색일: 2021.7.9).
______. 2016.3.23. "Community Wealth Building: Harnessing the potential of anchor institutions." https://cles.org.uk/publications/harnessing-the-potential-of-anchor-institutions/(검색일: 2021.7.10).
______. 2020.12.10. "Growing anchor networks in place: a how to guide." https://cles.org.uk/publications/growing-anchor-networks-in-place-a-how-to-guide/(검색일: 2021.7.8).
______. 2021.7.16. "Community wealth building: A history." https://cles.org.uk/publications/community-wealth-building-a-history/(검색일: 2021.7.20).

결론

'지역순환경제'로 지역경제 새판 짜기

양준호(인천대학교 경제학과 교수)

1. 핍진한 지역경제

주지하다시피, 지역경제가 숨을 이어가기도 어려운 상황으로까지 전락했다. 서울을 제외한 우리나라 지역경제는 그 성장 동력을 잃어버린 지 오래다. 지역경제를 떠받치던 지역민들의 소득은 대형마트에서의 소비나 쿠팡 등의 온라인쇼핑을 통해 지역 밖으로 다 빠져나가고 있고, 지역민들의 예금을 통해 축적된 은행 자금들은 지역 자금 수요를 외면하고 보다 더 높은 수준의 수익성과 안전성을 찾아 지역 밖으로 투융자된다. 또 지역기업들은 생산과 사업에 필요한 원재료나 중간재를 지역 내 기업들이 아니라 지역 밖의 기업들로부터 조달하면서, 지역경제의 성장을 담보해 낼 지역 내 기업들의 조달력이 지역 밖으로 빠져나가 버렸다. 이러한 지역 내 조달력의 외부 유출은 비단 민간기업이나 사업체에서만 나타나는 것이 아니다. 지자체, 지자체 산하기관, 지역 대학, 지역의 대형 병원과 같이 지역에 '닻을 내려' 그 기능들을 수행하는 이른바 지역 '앵커기관'들조차 공사·물품·용역 등과 같은 공공조달력의 상당 부분을 지역 밖으로 흘려보내고 있다. 이뿐만 아니다. 지역을 떠받쳐야 할 젊은 청년들은 피폐화되고 있는 지역경제에 좋은 일자리를 기대하지 못하고 지역 밖으로, 또 서울로 빠져나간다. 이렇듯, 서울을 제외한 우리나라 지역경제는 그 성장 동력으로 작용해야 할 소득·자금·민간 및 앵커기관의 조달, 그리고 인재가 지역 밖으로 빠져나가면서 그 침체 일변도에서 벗어나지 못 하고 있다. 농촌은 어떠한가? 농가소득은 도시 근로자들의 그것에 절반도 못 미치고, 농촌을 떠받쳐야 할 청년들은 앞다투어 농촌 밖으로 빠져나가면서 농촌인구가 급감하며 심각한 고령화 현상을 마주했다. 국토균형발전이라는 명분으로 추진되는 '혁신도시' 개발은 그 인근 농촌인구를 스펀지와 같이 흡수해 버리면서 되레 농촌은 더욱 핍진해 이제 소멸의 위기에 빠졌다. 농촌 역시 그 경제 동력을 상실했다. 지역경제의, 심각한 위기다.

2. 국내 지자체 대응의 오류

그럼에도 불구하고, 지금껏 지자체와 지역 시민사회는 제대로 된 돌파구를 찾지 못한 것이 사실이다. 지자체는 주로 외부의 기업을 유치하거나 대규모 토목공사형 도시개발로 지역경제를 자극하려 했다. 지역 밖에 있는 기업을 유치하기만 하면, 또 지역을 물리적으로 크게 개조하는 사업들을 벌이기만 하면 지역경제를 살릴 수 있을 만큼의 고용이나 수요가 창출될 수 있다는 문제의식이다. 그러나 그와 같은 대응 기조에 녹아들어 있는 '선한' 정책 의지와는 달리, 예를 들어 지자체의 '상전 대우'를 받으며 유치된 대기업들은 주로 본사가 아니라 분공장이나 백오피스 같은 자회사들을 둔 관계로 해당 지역 사람들을 고용하지도 못했을 뿐만 아니라 지역에서 벌어들인 부가가치를 그 지역 안에 재량껏 재투자하지도 못했다. 왜냐하면 상법상 자회사는 지적재산권 사용료 또는 특허권 사용료 등의 명분에 따라 그들 본사로 수익 대부분을 이전해야 하기 때문이다. 즉, 지자체는 지역경제를 살려보고자 대기업을 유치하기 위해 막대한 규모의 지역민 혈세를 투입했음에도 불구하고, 정작 지역에 유치된 자회사의 모기업은 지자체 노력의 성과인 그들의 수익을 해당 지역 안에 재투하지도 않고, 심지어 지역 밖으로 흘려보내 왔다는 것이다. 이렇듯, 기업 유치의 지역 내 '낙수효과(trickle down effect)'는 전무하다고 해도 과언이 아닌데, 상황이 이런데도 2022년 6월에 있었던 전국 지방선거 단체장 후보자들이 내놓는 공약들을 보면 여전히 대기업 유치로 지역경제를 살리겠다는 데 방점을 찍고 있다. 대기업은 그 자회사가 아닌 본사를 서울이 아닌 여타 지역으로 쉽게 이전해 줄 '만만한' 존재가 아니다. 아울러, 대규모 토목공사형 도시개발 역시 그 수주를 주로 대기업 자회사들이 독점한다는 것을 고려할 때, 이를 통한 지역으로의 '떡고물'은 기대할 수 없는 것이 사실이다. 그러므로 지자체는 대기업을 유치하기만 하면, 또 도시를 크게 뜯어고치기만 하면 지역경제가 살아난다고 보는, 이른바 '대기업유치/도시개발 만능론'에서 하루빨리 벗어나야 한다.

3. '지역순환경제'로 지역경제 새판 짜기

이러한 지역경제의 위기, 그리고 지역경제를 자극할 동력을 지역 밖에서 찾는 정책 대응의 실패를 경험하면서 새롭게 주목받기 시작한 것이 바로 '지역순환경제'다. 지역순환경제는 지역경제의 동력을 다름 아닌 그 지역 안에서 찾는다. 첫째, 지역 내 소득이 그 지역 안에서 소비될 수 있도록 하고, 둘째, 지역 내 은행 자금이 그 지역의 자금수요자들에게 투융자될 수 있도록 하며, 셋째, 지역 내 기업 또는 생산자들이 원재료 및 중간재 등을 지역 안의 여타 기업에서 조달함과 동시에 지역의 인재를 고용할 수 있게 하고, 넷째, 지역 앵커기관들의 거대한 조달력이 지역 내 사업체과 매칭될 수 있도록 하는 데 초점을 맞추는 전략이 바로 지역순환경제다. 그런 차원에서 지역 내 소득의 역외 유출을 막는 것에 목적을 두는 지역화폐, 즉 지금의 지역사랑상품권은 지역순환경제를 위한 가장 친숙한 정책이자 시민실천이라 할 수 있다. 지역화폐는 지역 밖으로 수익을 유출하는 대형마트에서의 소비와 온라인쇼핑에 대항할 수 있는 가장 유효한 정책 대응이자 시민실천이다. 그리고 지역 은행들은 지역민들의 예금으로 자금을 축적하면서도 그 지역민 예금자들의 신용등급이 낮거나 담보 능력이 없으면 그들에게 자금을 공급하지 않고 수익성과 안전성을 찾아 '돈이 되는 곳'으로, 즉 지역 밖으로 투융자해 버리고 만다. 이와 같이 지역 은행들이 지역 밖으로 자금을 유출하는 것을 막고자 미국에서는 '지역재투자법(Community Reinvestment Act)'이라는 연방 차원의 법을 이미 1977년에 제정하여, 자금을 지역 밖으로 유출하는 은행들을 규제함으로써 은행이 지역민들의 자금 수요에 적극 대응할 수 있도록 하고 있다. 최근 부산시의회가 '지역재투자 조례'를 제정한 것은 바로 이와 같은 문제의식을 토대로 한다. 매우 적절한 대응이며, 지역 안에 돈이 '돌고 돌게' 하는 지역순환경제를 위한 대표적인 정책 전략이다. 부산에서의 지역경제 '새판 짜기' 시도에 그 귀추가 주목된다.

4. '지역순환경제'를 위한 여러 시도들

같은 맥락에서, 미국 노스다코타주는 주정부가 출자해 설립한 '지역공공은행'을 운영하면서 지역의 돈이 지역 안에서만 융통될 수 있도록 하는 자금 수요에만 투융자한다. 또한 일본 지자체들이 앞다투며 제정하고 있는 '지역중소기업진흥조례'는 지역기업들에 대한 '지역 내 재투자력' 강화를 목적으로 한다. 즉, 지역 생산자들이 지역 내 여타 생산자들에게서 원재료·중간재·최종재를 조달하는 것을 의무화하는 지역사회 차원의 제도다. 미국 주정부들이 제정·적용하는 '로컬 콘텐츠법(Local Contents act)' 역시 일본 지자체들과 마찬가지로 지역기업들의 조달력이 지역 안에 매칭될 수 있도록 하는 것을 목적으로 한다. 더 나아가, 최근 미국이나 영국에서 나타나는 '지역 공동체 부 구축(community Wealth building)' 운동 역시 지역순환경제를 위한 대표적인 정책이자 시민실천이다. 미국 오하이오주의 클리블랜드시와 영국 랭커셔주의 프레스턴시는 2000년도 이후에 지자체·공기업 등의 지자체 산하기관, 시의회, 지역 거점 대학, 각종 협회, 지역의 대형 병원들이 갖는 거대한 조달력을 지역 내 사업체들이 수주 및 납품 기회로 활용할 수 있도록 조례나 정책에 반영해 가고 있고, 또 이들 앵커기관들이 소유하는 자산들, 즉 부동산·자금·지식과 정보 및 네트워크 등을 지역 사업체들이 활용할 수 있도록 한다. 나아가 앵커기관들의 조달력과 자산을 보다 지역에 착근적이며, 보다 지역에 많이 재투자할 수밖에 없는 지역 협동조합과 같은 사회적경제 조직들에게 연결시켜 앵커기관의 경제적인 역량을 그야말로 '지역 공동체 부'로 구축한다. 클리블랜드시와 프레스턴시의 이와 같은 지역순환경제를 위한 노력은 산업공동화에 따라 침체되고 피폐화된 이 두 도시의 경제를 활성화하는 데 성공했다. 여기서 지역순환경제는 민간 및 공공 사업체들이 지역 내 산업 연관 강화에 기여하는 것을 목적으로 함과 동시에 '민주적 소유(democratic ownership)'가 지역경제에 크게 기여함을 증명하는 것임을 알 수 있다.

5. 지자체의 새로운 정책기조와 문제의식

지역경제의 위기, 이는 지역의 성장 동력으로 작용해야 할 소득·자금·민간과 앵커기관의 조달, 그리고 인재가 지역 밖으로 빠져나가는 것을 막지 못하기 때문에 상황은 날로 심각해지고 있다. 바로 이 점을 지자체는 인식해야 한다. 여기서 연유한 지역경제의 위기를 극복하기 위해서는, 지역의 그 성장 동력들이 지역 안에서 '돌고 또 돌 수 있도록' 하는 것에 정책의 무게중심을 옮겨야 한다. 지역의 경제를 살려내는 것은 투자와 사업의 과실을 밖으로 챙겨나

가는 지역 밖의 자본이나 대기업이 아니라 지역 안에 착근되어 있는 시민과 사업체 그리고 앵커기관들임을 명심해야 한다. 이들의 지역 안에서의 소비와 재투자, 그리고 부(Wealth)의 공유를 담보해 내는 것, 바로 이것이 앞으로 지자체가 올인해야 할 정책 목표다. '지역순환경제'는 그 유력한 방법론이지 않을 수 없다.

다시 '지역순환경제'의 정의를 명확하게 내려보자. 이는 지역 내 기업의 경제활동을 통해 생산된 부가가치가 해당 기업 노동자와 기업의 소득으로 분배되면서 그 지역 안에서의 소비와 투자의 형태로 지출되어 또다시 그 지역 내 기업으로 환류되는, 즉 지역 내 부가가치의 역외 유출이 없는 경제를 말한다. 이와 같은 생산·분배·소비 및 투자의 경제적 선순환 과정 중 어느 한 과정에서라도 지역 밖으로 돈이 유출되면 지역경제는 축소되거나 침체될 수밖에 없다. 즉, 지역경제를 살려내는 동력이 지역 밖으로 빠져나가게 되니 지역의 경제가 활성화될 리 만무하다. 이 때문에 지자체는 지금 내린 '지역순환경제'의 정의에서 언급한 세 단계의 지역경제 순환 과정을 면밀히 파악해 어느 과정에 문제가 있는지, 바꿔 말하면 어느 곳에서 돈이 지역 밖으로 새는지를 주기적으로 분석해야만 한다. '지역순환경제'를 의식한 지자체 정책은 바로 여기서부터 출발해야 한다.

6. 지자체와 시민사회, 지역경제의 '순환구조'를 살펴야

지역 내 기업경영자의 시점에서 볼 때, 지역경제의 순환구조는 다음과 같다. 예를 들어 인천의 남동공단에서 공장을 운영하는 한 경영자가 원재료비 등의 비용을 제외하면 연간 1억 원을 번다고 하자. 그 결과, 남동공단의 이 기업은 1억 원의 부가가치를 생산한 셈이다. 여기까지가 지역경제의 '생산' 과정이다. 그리고 이 기업이 번 돈 중에서 4000만 원은 가계로 흘러들어 가고

6000만 원은 이 기업의 사업 자금으로 다시 충당되며, 또 이 기업 경영자의 아내가 소일거리로 경기도 지역에서 연간 2000만 원을 벌고 있으며, 나아가 이 기업이 중소벤처기업부의 우량기업으로 인증되어 매년 2000만 원의 지원금 또는 보조금을 받고 있다고 하자. 그 결과 지역 외부에서 4000만 원이 유입되기 때문에, 인천 지역 안의 시민들과 기업에 총 1억 4000만 원의 소득이 분배된다. 여기까지는 지역경제의 '분배' 과정이다. 나아가 이렇게 분배된 소득 중에서 이 기업의 경영자 가계는 5000만 원을 인천에서, 1000만 원을 인천 밖에서 소비하며, 또 공장설비 개보수를 위해 5000만 원은 인천의 사업자에게, 남은 3000만 원은 인천 밖에 있는 사업자에게 발주한다고 하자. 그 결과, 인천 지역 밖으로 4000만 원이 유출되기 때문에 인천 지역 내부의 기업에는 1억 원이 지출로서 환류된다. 이는 지역경제의 '지출' 과정이다. 이러한 지출 과정은 다시 생산으로 이어진다.

7. 지자체의 '지역주의적인' 경제정책의 조건

이렇듯 지자체가 지역의 돈의 흐름을 생산(부가가치액), 분배(소득), 지출과 같이 세 단계로 '가시화'해서 추적·검토하게 되면, 지역경제의 전체상을 파악할 수 있음은 말할 필요도 없으며, 각 단계에서 돈이 얼마나 또 어떻게 유입·유출되는지 그 상황을 정확히 파악해 낼 수 있다. 이를 통해 지자체는 지역의 부가가치액을 늘리고 지역경제의 선순환, 즉 '지역순환경제'를 실현해 내는 데 있어서 반드시 개선해야만 하는 문제들을 적실히 추출할 수 있게 된다. 일본의 일부 혁신적인 지자체들이 '지역순환경제'를 구축하기 위해 매년 지역경제 자립도를 측정하는데, 그 지표로서 '지역경제순환율[생산(부가가치액) ÷ 분배(소득)]'을 매년 산출해 이를 토대로 지역경제 정책을 기획하는 것은 우리의 여타 지자체들도 주목할 필요가 있다. 이와 같이 검토하게 되면 '생산'과 관련해 지역 내에서 부가가치액이 가장 큰 산업은 무엇인지, 또 노동생산성은 타 도시에 비해 우위에 있는지, '분배'와 관련해 소득이 역외로 새는지 아니면 역외에서 유입되는지, 또 인구 1인당 소득수준은 타 도시에 비해 우위에 있는지, '지출'과 관련 지역 시민의 소비를 지역 안에서 흡수하는지, 또 지역 밖의 투자를 유치해 내고 있는지를 정확히 파악해 낼 수 있게 된다.

8. 비서울권 지역들이 직면한 위기의 '중층성'

지역이 피폐화되고 있다. 서울을 제외한 우리나라 각지의 지역경제는 활력을 잃고 핍진해 버린 지 오래다. 지역의 경제를 떠받쳐야 할 지역민들의 소득은 역외 소비로 인해 서울로 빠져나가고, 지역기업들은 그 지역 안의 사업체들로부터 물품을 조달하지 못해 그 막대한 조달력이 지역 밖으로 새어나가며, 나아가 지역민들의 예금으로 축적된 은행의 자금들은 지역민들의 자금 수요를 외면한 채 수익만을 위해 서울로 유출된다. 서울과 가까운 곳에 위치한 수도권 지역의 경우 더욱 그렇다. 지역화폐인 경기페이·인천e음 등으로 소득의 역외유출은 많이 완화되기는 했지만, 여전히 지역의 경제 동력들이 지역 안에서 순환되지 않고 지역 밖으로, 특히 서울로 빠져나가고 있다. 이 때문에, 우리나라 지역들은 심각한 경제위기에 봉착했으며, 농촌의 경우 '지역소멸' 직전 상황으로까지 치달았다. 그리고 지역을 경영하고 개발하는 전 과정이 경제적·정치적 이해관계에 목을 매는 지역의 성장연합들에 의해 배타적으로 독점되고 있다. 지역의 주인이자 주인공인 지역민들의 주권은 철저히 외면되었다. 나아가 재벌 대기업이 주도하는, 대형 토목공사에 의존하는 지역개발은 지역의 공유재인 천혜의 자연환경을 마구 파괴한다. 이렇듯 우리나라의 지역들은 지금 지역민주주의의 실종과 생태의 위기와도 마주하고 있다. 이와 같은 지역의 위기에 대해, 앞으로 우리는 지역의 경제 동력들이 지역 안에서 '돌고 또 도는' 순환형 경제, 즉 '지역순환경제'를 지향하는 시민실천과 정책기조를 이끌어내고, 지역 경영에 주민이 직접 참여하는 지역민주주의를 회복해 내면서, 그리고 지역의 생태환경을 지켜내면서, 위기에 맞서야 한다.

9. '지역순환경제' 운동의 진보적 의의

'순환하는 지역경제', '지역민이 민주적으로 통제하고 경영하는 지역경제', '생태를 지켜내는 지역경제'를 지향하는 '지역순환경제' 운동은 첫째, 지역 안에서 벌어들인 돈을 지역 밖으로 유출하는 주범인 재벌 대기업과 같은 독점자본과의 싸움이다. 둘째, 권위적이고 관료적인 중앙정부와 그에 엮인 기득권들이 획책하는 '위에서부터의' 지역개발과 그에 따라 일방적으로 규정되어 버리는 지역 작동 방식과의 싸움이다. 셋째, 지금껏 우리 지역을 좌지우지하면서 경제적·정치적으로 잇속을 챙기고, 지역민들의 주권을 훼손해 온 지역성장연합과의 싸움이다. 넷째, 경제 '성장'을 명분으로 모든 이들의 공유재인 지역의 생태와 환경을 파괴하는 '성장주의'와의 싸움이다. 마지막으로 '지역순환경제' 운동은 '지구경제'를 명분으로 내세우며 선진국들과 독점자본의 이해관계를 위해 지역에 자기완결적인 경제구조가 구축되는 것을 막는 글로벌화와의 싸움이다. 이와 같은 '싸움'을 위해, 우리 지역들은 서로 연대하여 지역의 위기를 초래하는 독점자본, 중앙, 지역성장연합, 성장주의, 글로벌화에 대해 '밑에서부터' 맞서나가야 한다.

10. '지역순환경제'에 대한 오해, 그리고 그 반론

마지막으로, 이와 같은 '지역순환경제' 담론과 관련해 오해가 생기지 않았으면 하는 것이 하나 있다. 그것은 다름 아닌, 지역 내부 기업들의 조달 및 기술과 지역 안의 자금만으로 어떻게 지역경제를 충분히 살릴 수 있느냐고 하면서, "지역경제가 무슨 외딴섬도 아니고!"라고 반론하는 문제 제기에 녹아든 오해다. 그러나 '지역순환경제' 담론은 지역 밖의 자본, 조달력, 기술을 무조건 거부하는 자세를 취하지 않는다. 예컨대 지역 밖의 자본으로부터 투자를 받는 것, 지역 밖의 기업과 산업 연관(조달-납품 관계)을 유지하는 것, 그리고 지역 밖의 기업을 유치해서 첨단기술을 도입하는 것에 대해 '무조건적으로' 거부하는 것이 아니다. 그렇다면 그 '조건'은 무엇일까? 어떤 조건이 성립되어 있을 때, '지역순환경제'를 지향하는 도시가 지역 밖의 경제 동력들을 지역 안으로 끌어들여도 되는 것일까?

그 첫 번째 조건은 지역에서 '시민이 자본을 통제할 수 있는 역량'을 갖추는 것이다. 이는 지역 밖에서 들어오는 국내외 투자 자본이나, 지자체에 의해 유치된 지역 내 대기업이 그 지역에서 번 수익을 그 지역에 재투자할 수 있도록 해당 자본과 대기업을 제어·통제할 수 있는 역량을 말한다. 경험적으로 볼 때, 치열한 학습과 수준 높은 주민자치는 이와 같은 주민의 자본 통제력을 충분히 담보해 준다. 또 이와 같은 역량을 주민들이 갖출 때까지는 외부에서 유치된 자본과 대기업이 지역을 노리개 삼아 가지고 놀지 못하도록, 지역에 충분한 '시민적 벽'을 쳐야 한다. 이와 같은 조건이 성립된 후에는 지역 밖의 경제주체들과의 상호작용을 하거나 지역 밖의 자본을 들여오는 것이 이른바 '지역소멸'을 막는 데 큰 가능성을 부여하면 했지, 지금껏 그랬던 것처럼 지역에서 발생한 부가 지역 밖으로 빠져나가게 하는, 즉 지역경제를 피폐화하는 요인으로는 작용하지 않을 것이다.

두 번째 조건은 지역 스스로가 그 지역의 미래를 진지하게 고민하고, 그 지역 고유의 문화와 역사, 자원과 생태환경을 활용하면서 이러한 공공재들이 그 지역 안에서 '어떻게 존재할 수 있도록 해야 하는지'와 '어떻게 활용해야 하는지'를 깊이 그리고 시민적으로 고민해, 중앙정부나 자본·대기업이 아니라 바로 '지역'이 주체가 되어 '자주적으로 결정하고 또 대응할 수 있는' 역량을 갖추는 것이다. 이와 같은 역량이 구축된 지역은 앞서 언급한 첫 번째 조건인 주민의 '자본에 대한 통제력' 역시 더 강화할 수 있을 것이다.

11. 지역의 자기방어 장치로서의 '지역순환경제'

지역이 이 두 가지 조건을 갖추게 된다면 첫째, 유연하고 개방적이면서도 '지역주의적으로' 작동해 지역경제의 침체를 막는 데 기여하는 지역순환경제를 구축할 수 있다. 이뿐 아니라 둘째, 중앙정부와 대자본으로부터 자유로운, 민주적으로 계획되는 지역경제도 실현해 낼 수 있다. '지역순환경제'는 무슨 닫힌 도시를 지향하는 것이 아니다. 지역이 그 경제의 피폐화를 막기 위해 스스로 사용해야 하는 자기방어 장치다. '지역소멸'의 대위기하에서 '지역순환경제'는 더 이상 선택지가 아니다. 유일한 대안이다.

지은이(수록순)

양준호

인천대학교 경제학과 교수.

현재 인천대학교 후기산업사회연구소 소장과 지역순환경제전국네트워크 공동대표를 맡고 있다. 대표 저서로 『지역화폐가 대안이다: 지역을 살리는 시민화폐』(공저, 2021), 『지역회복, 협동과 연대의 경제에서 찾다: 사회적경제, 사회적금융, 지역화폐의 정치경제학』(2018)이 있으며, 대표 논문으로 「지역금융 활성화 방안으로서의 '지역재투자법(CRA)': 미국 지역재투자법 관련 논쟁과 수정 과정을 중심으로」(2021) 등이 있다.

남승균

인천학연구원 상임연구위원.

현재 인천대학교 사회적경제연구센터 부센터장을 맡고 있다. 대표 저서로 『골목상권의 힘, 지역화폐』(2021), 『언론에 비친 인천 산업사 연구』(2018)가 있으며, 대표 논문으로 「사회적경제와 지역의 내발적 발전에 관한 연구」(2015) 등이 있다.

박창규

인천대학교 후기산업사회연구소 책임연구원.

노회찬 전 의원 보좌관을 지냈다. 대표 논문으로 「지역순환경제 구축 방법론으로서의 사회적경제: 지역 내 '사회적조정'을 통한 민주적 계획경제의 가능성」(공저, 2022), 「인천시 그린뉴딜 이행을 위한 녹색금융 정책 방안」(공저, 2022) 등이 있다.

곽동혁

전 부산시의회 의원.

노무법인샘터 대표노무사로 일하고 있으며, 민생경제특위 위원장, 부산시지역화폐추진공동본부장을 지냈다.

이점순

인천대학교 후기산업사회연구소 책임연구원.

현재 일본 공익재단법인 환동해경제연구소(ERINA) 공동연구원으로 일하고 있다. 대표 논문으로 「지역화폐의 의의 및 그 활성화 방안에 관한 연구: 국내외 지역화폐 사례를 중심으로」(공저, 2020), 「일본의 전자지역화폐의 운영현황과 정책적 시사점에 관한 연구」(공저, 2020) 등이 있다.

송지현

사단법인 시민정책공방 지역순환경제센터장.

인제대학교 국제통상학부 겸임교수를 지냈다. 대표 저서로 『희망에 대하여: 부울경 메가시티』(2021), 대표 논문으로 「지역순환경제를 위한 가상자산 지역화폐 플랫폼: 지역화폐 블록체인 구성을 중심으로」(2022) 등이 있다.

이상헌

인천대학교 후기산업사회연구소 상근연구원.

지역순환경제전국네트워크 사무국장을 맡고 있으며, 전국공무원노조 인천본부장을 지냈다.

한울아카데미 2377

시민이 주도하는 지역순환경제

위기의 지역경제, 그 새판 짜기

엮은이 | 양준호
지은이 | 양준호·남승균·박창규·곽동혁·이점순·송지현·이상헌
펴낸이 | 김종수
펴낸곳 | 한울엠플러스(주)
편　집 | 이동규
편집책임 | 최진희

초판 1쇄 인쇄 | 2022년 8월 16일
초판 1쇄 발행 | 2022년 8월 26일

주소 | 10881 경기도 파주시 광인사길 153 한울시소빌딩 3층
전화 | 031-955-0655
팩스 | 031-955-0656
홈페이지 | www.hanulmplus.kr
등록 | 제406-2015-000143호

Printed in Korea.
ISBN 978-89-460-7377-7 93320

* 책값은 겉표지에 표시되어 있습니다.